Nova Lei de Licitações e Contratos Administrativos comentada

www.editorasaraiva.com.br/direito
Visite nossa página

Darlan Barroso
Marco Antonio Araujo Junior
coordenadores

Marcílio da Silva Ferreira Filho

Nova Lei de Licitações e Contratos Administrativos comentada

2022

saraiva jur

saraiva EDUCAÇÃO | saraiva jur

Av. Paulista, 901, 3º andar
Bela Vista – São Paulo – SP – CEP: 01311-100

SAC | sac.sets@saraivaeducacao.com.br

Diretoria executiva	Flávia Alves Bravin
Diretoria editorial	Ana Paula Santos Matos
Gerência editorial e de projetos	Fernando Penteado
Novos projetos	Aline Darcy Flôr de Souza Dalila Costa de Oliveira
Gerência editorial	Isabella Sánchez de Souza
Edição	Estevão Bula Gonçalves
Produção editorial	Daniele Debora de Souza (coord.) Cintia Aparecida dos Santos Rosana Peroni Fazolari
Arte e digital	Mônica Landi (coord.) Camilla Felix Cianelli Chaves Claudirene de Moura Santos Silva Deborah Mattos Guilherme H. M. Salvador Tiago Dela Rosa
Projetos e serviços editoriais	Daniela Maria Chaves Carvalho Emily Larissa Ferreira da Silva Kelli Priscila Pinto Klariene Andrielly Giraldi
Diagramação	Edson Colobone
Revisão	Célia Regina Souza de Araujo
Capa	Tiago Dela Rosa
Produção gráfica	Marli Rampim Sergio Luiz Pereira Lopes
Impressão e acabamento	Gráfica Paym

DADOS INTERNACIONAIS DE CATALOGAÇÃO NA PUBLICAÇÃO (CIP)
VAGNER RODOLFO DA SILVA - CRB-8/9410

F383n MFerreira Filho, Marcílio da Silva

Nova lei de licitações e contratos administrativos comentada / Marcílio da Silva Ferreira Filho ; coords.: Darlan Barroso, Marco Antonio Araujo Junior. – São Paulo : SaraivaJur, 2022.

256 p.

ISBN 978-65-5362-242-5 (Impresso)

1. Direito. 2. Direito administrativo. 3. Nova lei de licitações. 4. Contratos administrativos. I. Barroso, Darlan. II. Araujo Junior, Marco Antonio. III. Título.

CDD 341.3
2022-940 CDU 342.9

Índices para catálogo sistemático:

1. Direito administrativo	341.3
2. Direito administrativo	342.9

Data de fechamento da edição: 5-5-2022

Dúvidas? Acesse www.editorasaraiva.com.br/direito

CL 607061 CAE 785856

Sobre os Coordenadores

DARLAN BARROSO

Advogado. Sócio-fundador do MeuCurso. Mestre em Direito. Especialista em Direito Processual Civil pela PUC-SP. Professor de Direito Processual Civil e Coordenador de Pós-graduação em Processo Civil no MeuCurso. Foi coordenador de cursos preparatórios na Rede LFG, foi Diretor pedagógico no Damásio Educacional, foi autor e coordenador de obras na Editora RT. Atualmente é autor e coordenador de obras pelo selo Saraiva Jur.

MARCO ANTONIO ARAUJO JUNIOR

Advogado. Mestre em Direitos Difusos e Coletivos. Especialista em Direito das Novas Tecnologias pela Universidad Complutense de Madrid. Atuou como Conselheiro Seccional da OAB-SP (2013/2015 e 2016/2018), Presidente da Comissão de Defesa do Consumidor da OAB-SP (2013/2015 e 2016/2018), Membro da Comissão Nacional de Defesa do Consumidor do Conselho Federal da OAB (2013/2015 e 2016/2018). Diretor Adjunto da Comissão Permanente de Marketing do BRASILCON. Membro do Conselho Municipal de Defesa do Consumidor do PROCON PAULISTANO. Foi Assessor-Chefe da Fundação Procon-SP. Atuou também como Presidente da Associação Nacional de Proteção e Apoio ao Concurso Público (ANPAC) de 2015/2016 e 2017/2018 e atualmente é Vice-Presidente (2019/2020). Foi Professor, Coordenador do Núcleo de Prática Jurídica, Coordenador Acadêmico e Diretor do Curso de Direito da UNIBAN-SP; Professor e Coordenador do Curso Prima-SP; Professor e Diretor Acadêmico da Rede LFG; Professor, Coordenador da Graduação e Pós-graduação da Faculdade Damásio, Vice-Presidente Acadêmico, Diretor Executivo do Damásio Educacional e Diretor Acadêmico do IBMEC-SP. Atualmente, é Professor e Sócio-fundador do MeuCurso, autor e coordenador de obras na Editora Saraiva.

Sobre o Autor

MARCÍLIO DA SILVA FERREIRA FILHO

Doutor em Direito e Políticas Públicas pelo Centro Universitário de Brasília (UniCEUB). Mestre em Direito Público pela Universidade Federal de Pernambuco (UFPE). Pós-Graduado pelo Instituto Brasileiro de Estudos Tributários (IBET). Graduado em Direito pela Universidade Católica de Pernambuco (UNICAP). Ocupante do cargo público de Procurador do Estado. Advogado atuante em Direito Público. Professor e autor de obras jurídicas.

SUMÁRIO

Prefácio

O funcionamento da atividade administrativa sempre dependeu diretamente das licitações empreendidas pelos órgãos públicos, submetidas a normas jurídicas que foram sendo editadas com o passar do tempo. A contratação de pessoas para fornecimentos de bens, prestação de serviços, realização de obras e até mesmo alienação de bens é um pressuposto para desenvolvimento do Estado. Mesmo com a reforma administrativa de 1998 e com a inclusão do princípio da eficiência no rol de princípios do art. 37, *caput*, da Constituição, críticas foram sendo formuladas em relação à burocracia e morosidade decorrente do sistema normativo que tratava das licitações e contratações públicas.

Realmente, a Lei n. 8.666, editada em 21 de junho de 1993, não consegue instrumentalizar o administrador público para lidar com os problemas atuais que a sociedade moderna impõe. Esse déficit foi sendo percebido com o passar do tempo, tanto que foram editadas leis para tentar otimizar o sistema: Lei n. 10.520/2005, Lei n. 12.462/2011, Lei n. 12.232/2010, Lei n. 13.303/2016, entre outras. As modificações foram ocorrendo de forma espalhada, por meio de leis pontuais, o que também era criticado, dada a dificuldade de compreensão do aparato normativo.

Diante desse cenário, o ano de 2021 foi presenteado com uma lei que pretende modificar consideravelmente o panorama no Brasil. A Lei n. 14.133/2021, denominada de Nova Lei de Licitações e Contratos Administrativos, foi editada com inovações importantes e promete ser um instrumento relevante para otimizar a atividade administrativa. São inúmeros os pontos de diferença em comparação ao sistema normativo anterior, atingindo questões como: modalidades de licitação, critérios de julgamento, fases do procedimento, vigência contratual, portal nacional de contratações públicas, plano de contratações, entre outros.

No momento atual de redação deste livro, vive-se um período de transição, com a possibilidade de aplicação da nova lei ou do microssistema normativo anterior, o que durará pelo tempo de 2 (dois) anos, na forma do art. 191 da Lei n. 14.133/2021. Muitos dispositivos ainda não foram regulamentados e alguns órgãos ainda preferem utilizar as normas anteriores sobre licitações, enquanto o processo de aprendizagem na aplicação da nova normativa se desenrola. Justamente por isso, ainda não se tem muitos julgados do Poder Judiciário ou das Cortes de Contas a respeito da nova lei, mas alguns julgados anteriores ainda servem de baliza para questões importantes.

Este livro tem por finalidade explicar os principais pontos da Lei n. 14.133/2021 em comparação ao microssistema normativo anterior de uma forma objetiva e direta. Além da análise dos dispositivos da nova lei, também são mencionados alguns julgados do TCU que continuam servindo de base para compreensão de institutos sobre licitações e contratos. Seja para um primeiro contato com a matéria, seja para quem deseja conhecer melhor as disposições da nova lei, espero que esta obra contribua significativamente.

Marcílio da Silva Ferreira Filho

I – Aspectos Gerais da Licitação

1. O QUE É UMA LICITAÇÃO?

Um particular qualquer, como uma pessoa física ou jurídica de direito privado, pode utilizar seu próprio dinheiro para contratar quem ou o que quiser. A contratação pode ser por um valor mais caro ou mais barato, pode ser qualquer fornecedor e em qualquer lugar, pois as pessoas possuem liberdade de contratar, nos limites da função social do contrato.[1] Além disso, o direito à liberdade é assegurado na Constituição como direito fundamental.

Diferentemente dos particulares em geral, a Administração Pública se submete a princípios explícitos e implícitos extraídos do ordenamento jurídico que orientam a sua atuação, entre eles o **princípio da impessoalidade**. Isso exige que, na decisão administrativa, sejam adotados *critérios objetivos* de escolha da melhor opção para atingir o interesse público. Isso indica que "a Administração não possui uma face personalizada, identificada com determinada pessoa ou grupo. Ela é externa, objetiva, incaracterística de qualquer personificação".[2]

Conceito: Nesse sentido, a licitação é um procedimento administrativo que visa concretizar o **princípio da impessoalidade** nas contratações públicas, viabilizando a seleção de propostas por meio

---

[1] CC/2002: Art. 421. A liberdade contratual será exercida nos limites da função social do contrato. (Redação dada pela Lei n. 13.874, de 2019)

[2] ZAGO, Livia Maria Armentano Koenigstein. *Princípio da impessoalidade*. Rio de Janeiro: Renovar, 2001, p. 148.

de *critérios objetivos* previamente estabelecidos pela administração pública com base na legislação.[3] O agente público, antes de subscrever um contrato em nome do Estado, deverá adotar um procedimento com critérios objetivos para selecionar a pessoa que será contratada, denominado **licitação**.

Nesse sentido, percebe-se que a licitação é um procedimento que precede a contratação pública. Primeiro o Estado seleciona a pessoa vencedora para só após o fim do procedimento licitatório, sendo conveniente e oportuno, realizar a contratação. Ambas as fases (licitação e contratação) são tratadas em normas constitucionais, legais e infralegais que servem de instrumento para viabilizar o atingimento do interesse público.

a) O que diz a Constituição? (fundamento constitucional)

O Direito Administrativo vive, entre suas diversas tendências atuais, um *processo de constitucionalização* e, por isso, todos os institutos jurídico-administrativos devem ser interpretados de acordo com o Texto Constitucional.[4] A Constituição, por sua vez, destina poucos arti-

---

[3] A licitação é "um procedimento administrativo pelo qual um ente público, no exercício da função administrativa, abre a todos os interessados, que se sujeitem às condições fixadas no instrumento convocatório, a possibilidade de formularem propostas dentre as quais selecionará e aceitará a mais conveniente para a celebração de contrato". PIETRO, Mari Sylvia Zanella Di. *Direito Administrativo*. 24. ed. São Paulo: Atlas, 2011, p. 356.

[4] De acordo com Barroso, o processo de constitucionalização no Brasil afetou profundamente o Direito Administrativo. De acordo com o autor: "O Direito Administrativo é um dos mais afetados pelo fenômeno da constitucionalização. A partir da centralidade da dignidade da pessoa humana e dos direitos fundamentais, a relação entre Administração e administrados é alterada, com a superação ou releitura de paradigmas tradicionais, sendo de se destacar: a) a redefinição da idéia de supremacia do interesse público sobre o particular, com o reconhecimento de que os interesses privados podem recair sob a proteção da Constituição e exigir ponderações em concreto; b) a conversão do princípio da legalidade administrativa em princípio da juridicidade, admitindo-se que a atividade administrativa possa buscar seu fundamento de validade diretamente na Constituição, que também funciona como parâmetro de controle; c) a possibilidade de controle judicial do mérito do ato administrati-

gos ao tratamento da licitação e das contratações públicas, mas que servem de base para sua construção normativa infralegal.

O princípio da impessoalidade, previsto expressamente no art. 37, *caput*, da Constituição fundamenta a necessidade de licitação para contratações públicas, com um procedimento dotado de critérios objetivos na escolha da melhor proposta para a Administração Pública. No entanto, há um dispositivo específico tratando do assunto no inciso XXI do art. 37:

> Art. 37 [...] XXI – ressalvados os casos especificados na legislação, as obras, serviços, compras e alienações serão contratados mediante processo de licitação pública que assegure igualdade de condições a todos os concorrentes, com cláusulas que estabeleçam obrigações de pagamento, mantidas as condições efetivas da proposta, nos termos da lei, o qual somente permitirá as exigências de qualificação técnica e econômica indispensáveis à garantia do cumprimento das obrigações.

O art. 37, XXI, da Constituição estabelece a licitação como procedimento seletivo que deve ser utilizado como regra, embora sejam admitidas exceções previstas em lei, conforme parte inicial do dispositivo. A norma constitucional, nesse sentido, acabou estabelecendo o princípio da obrigatoriedade de licitação, que somente pode ser excepcionado nos casos especificados na legislação.

Tanto as normas anteriores sobre licitações, como a Nova Lei de Licitações e Contratos Administrativos (Lei 14.133/21), foram editadas para regulamentar essa norma constitucional e, portanto, devem estar a ela alinhadas. Vale destacar que, embora o legislador tenha liberdade para definir o desenho normativo da licitação por meio de lei ordinária, não pode a exceção ser tornada uma regra. Assim, a criação de hipóteses

---

vo, com base em princípios constitucionais como a moralidade, a eficiência, a segurança jurídica e, sobretudo, a razoabilidade/proporcionalidade". BARROSO, Luís Roberto. A constitucionalização do direito e suas repercussões no âmbito administrativo. In: ARAGÃO, Alexandre Santos de; MARQUES NETO, Floriano de Azevedo (Coord.). *Direito administrativo e seus novos paradigmas*. Belo Horizonte: Fórum, 2012, p. 31-63, p. 63.

de contratação direta sem licitação deve se pautar em uma lógica que objetive concretizar o interesse público.

b) Competência para legislar sobre licitações e contratos administrativos

A competência para legislar sobre licitações e contratos administrativos é **privativa** da **União** quanto à edição de "**normas gerais**", sendo que os Estados, o Distrito Federal e os Municípios podem editar "**normas específicas**" de seu interesse. Essa é a interpretação do art. 22, XXVII da Constituição:

> Art. 22 [...] XXVII – normas gerais de licitação e contratação, em todas as modalidades, para as administrações públicas diretas, autárquicas e fundacionais da União, Estados, Distrito Federal e Municípios, obedecido o disposto no art. 37, XXI, e para as empresas públicas e sociedades de economia mista, nos termos do art. 173, § 1º, III;

Assim, tem-se o seguinte esquema:

É bem verdade que as expressões "normas gerais" ou "normas específicas" são conceitos indeterminados e permitem interpretações diversas. No entanto, o STF já enfrentou a matéria em diversos precedentes, afirmando que assiste **competência suplementar** aos demais entes federados para legislar sobre licitação e contratação, desde que respeitadas as normas gerais estabelecidas pela União.

Jurisprudência: Vale destacar alguns entendimentos do STF:

- O STF já entendeu como inconstitucional norma estadual que fixa nova hipótese de dispensa de licitação fora do rol previsto na legislação federal;[5]
- Também considerou inconstitucional lei estadual que determinava ao poder público adquirir o mínimo de 65% (sessenta e cinco por cento) dos bens e serviços definidos em sistema de registro de preços por invadir competência da União;[6]
- O STF também julgou inconstitucional norma de Tribunal de Contas que previa remessa prévia de Edital de licitação sem nenhuma solicitação específica anterior;[7]
- Por outro lado, já considerou como constitucional norma municipal que determinou a divulgação, nos anúncios ou campanhas nos meios de comunicação, do valor despendido em publicidade ou propaganda pela prefeitura;[8]
- Considerou também como constitucional lei estadual que tratava algumas áreas como de interesse social para fins de regularização fundiária de áreas públicas;[9]
- Também foi considerada constitucional norma municipal que proibiu ao Município contratar parentes, afins ou consanguíneos, do prefeito, do vice-prefeito, dos vereadores e dos ocupantes de cargo em comissão ou função de confiança, bem como dos servidores e empregados públicos municipais, até seis meses após o fim do exercício das respectivas funções;[10]

---

5 ADI 4658, Relator(a): Edson Fachin, Tribunal Pleno, julgado em 25-10-2019, Processo Eletrônico *DJe*-245, Divulg. 8-11-2019, Public. 11-11-2019.

6 ADI 4748, Relator(a): Cármen Lúcia, Tribunal Pleno, julgado em 11-9-2019, Processo Eletrônico *DJe*-211, Divulg. 26-9-2019, Public. 27-9-2019.

7 RE 547063, Relator(a): Menezes Direito, Primeira Turma, julgado em 7-10-2008, *DJe*-236, Divulg. 11-12-2008, Public. 12-12-2008, Ement. vol. 02345-04, PP-00638, *RTJ* vol. 00209-01, PP-00405, RT v. 98, n. 882, 2009, p. 116-124.

8 RE 1159577 AgR, Relator(a): Luiz Fux, Primeira Turma, julgado em 4-12-2018, Processo Eletrônico *DJe*-047, Divulg. 8-3-2019, Public. 11-3-2019.

9 ADI 5333, Relator(a): Cármen Lúcia, Tribunal Pleno, julgado em 14-2-2020, Processo Eletrônico *DJe*-047, Divulg. 5-3-2020, Public. 6-3-2020.

10 RE 423560, Relator(a): Joaquim Barbosa, Segunda Turma, julgado em 29-5-2012, Acórdão Eletrônico *DJe*-119, Divulg. 18-6-2012, Public. 19-6-2012 RT v. 101, n. 923, 2012, p. 678-683.

Esses são apenas alguns entendimentos que foram firmados com o tempo e demonstram que a conclusão acerca do enquadramento de uma norma como geral ou específica depende da análise de cada caso. Apesar disso, a **Lei n. 14.133/2021** foi editada com base no art. 22, XXVII, da Constituição e é considerada como **norma geral**, devendo ser observada pela União, Estados, DF e Municípios.

c) Tendências do Direito Administrativo e contexto de edição da Lei n. 14.133/2021

A Lei n. 8.666/93, utilizada como Lei Geral de Licitações e Contratações Públicas por muito tempo, sofreu muitas críticas. Editada antes da reforma administrativa de 1998, a referida lei era mencionada como parte de uma estrutura de burocracia excessiva no âmbito da administração pública. Mesmo com a inclusão do princípio da eficiência no art. 37, *caput*, da Constituição, a lei continuou sofrendo críticas do ambiente político e acadêmico.[11]

Apesar disso, editaram-se leis específicas para tentar facilitar os trâmites licitatórios e tornar o procedimento mais eficiente. A Lei 10.520/2002, por exemplo, instituiu a modalidade licitatória denominada "pregão", que passou a ser utilizada na maior parte das licitações utilizadas pelo Estado. A Lei n. 12.462/2011, por sua vez, instituiu o Regime Diferenciado de Contratações Públicas – RDC na época de eventos esportivos recebidos pelo Brasil e posteriormente sua abrangência foi ampliada para diversas situações (art. 1º).

Mesmo com essas leis específicas, as críticas quanto ao procedimento licitatório não cessaram. A literatura administrativista passou a apontar para um avanço da administração pública *gerencial* para uma

[11] As tendências de transformação no Direito Administrativo estão ocorrendo em diversos pontos da disciplina, não apenas em matéria de licitação. A doutrina aponta, já há algum tempo, que o Direito Administrativo passa por uma transformação em suas diretrizes básicas, a exemplo da clássica obra de Odete Medauar, que, ao lado de outros autores, começou a afetar leituras sobre institutos clássicos. MEDAUAR, Odete. *O direito administrativo em evolução*. São Paulo: Editora Revista dos Tribunais, 1992.

noção de *governança* que pedia mais diálogo entre administração pública e parceiros privados. Foi nesse contexto, então, que, após muita pressão, surgiu a Lei n. 14.133/2021, prometendo modificações profundas no âmbito dos procedimentos de licitações e contratações públicas.

2. VIGÊNCIA DA LEI E REGRAS DE TRANSIÇÃO

Regime de transição: A Nova Lei de Licitações e Contratos Administrativos (Lei n. 14.133/2021), em seus arts. 191 e 193, estabelece um período de adaptação, já que, **durante o prazo de 2 (dois) anos** da publicação oficial da lei, será possível aplicar as suas normas ou as normas antigas. Trata-se de uma decisão **discricionária** da Administração Pública, que avaliará a conveniência e oportunidade na utilização de uma das leis:

> Art. 193. Revogam-se: [...]
>
> I – os arts. 89 a 108 da Lei n. 8.666, de 21 de junho de 1993, na data de publicação desta Lei;
>
> II – a Lei n. 8.666, de 21 de junho de 1993, a Lei n. 10.520, de 17 de julho de 2002, e os arts. 1º a 47-A da Lei n. 12.462, de 4 de agosto de 2011, **após decorridos 2 (dois) anos da publicação oficial desta Lei**.
>
> Art. 191. Até o decurso do prazo de que trata o inciso II do *caput* do art. 193, a Administração **poderá optar** por licitar ou contratar diretamente de acordo com esta Lei ou de acordo com as leis citadas no referido inciso, e a opção escolhida deverá ser indicada expressamente no edital ou no aviso ou instrumento de contratação direta, **vedada a aplicação combinada desta Lei com as citadas no referido inciso**.
>
> Parágrafo único. Na hipótese do *caput* deste artigo, se a Administração optar por licitar de acordo com as leis citadas no inciso II do *caput* do art. 193 desta Lei, o contrato respectivo será regido pelas regras nelas previstas durante toda a sua vigência.

Observação: Os tipos penais previstos na legislação anterior foram revogados de imediato. Assim, a parte criminal da Nova Lei de Licitações (Lei n. 14.133/2021) não se submete à regra de transição mencionada anteriormente.

Em virtude do princípio da legalidade e do procedimento formal, o administrador público deve utilizar um ou outro microssistema normativo, não podendo efetuar combinações por vedação expressa. Isso visa evitar a criação de procedimentos não previstos pelo legislador que possam afetar a eficiência e a competitividade da licitação. Uma vez selecionado o conjunto normativo a ser utilizado, o contrato será por ele regido durante toda a sua vigência, visando garantir a segurança jurídica.

Contratos anteriores à nova lei: Uma pergunta que surge diz respeito à situação dos contratos que já foram firmados antes da entrada em vigor da lei. De acordo com o art. 190 da Lei n. 14.133/2021, nesse caso, o pacto continuará a ser regido de acordo com as regras previstas na legislação revogada, garantindo a segurança jurídica com aqueles que já firmaram o ajuste com o Estado.

3. ABRANGÊNCIA DA LEI

a) Pessoas abrangidas pela lei

O capítulo I do Título I da Lei n. 14.133/2021 trata sobre o âmbito de aplicação da referida legislação. De acordo com o seu art. 1º, as pessoas jurídicas de **direito público** integrantes da Administração Pública se submetem ao novo regramento, abrangendo: Administração Direta (União, Estados, DF e Municípios) e parte da Indireta (Autarquias e Fundações públicas).

O art. 1º da Lei n. 14.133/2021 prevê também a incidência da lei para:

> – Os **órgãos** dos **Poderes Legislativo** e **Judiciário da União**, dos **Estados** e do **Distrito Federal** e os **órgãos do Poder Legislativo dos Municípios**, *quando no desempenho de função administrativa*;
>
> – Os **fundos especiais** e as **demais entidades controladas** *direta* ou *indiretamente* pela Administração Pública.

Apesar dessa explicação inicial, é preciso destacar que existem algumas categorias especiais no ordenamento jurídico brasileiro. São categorias que possuem uma regulação especial e, por isso, já foram objeto de polêmica quanto à submissão às normas gerais de licitações e contratações públicas. Podemos mencionar algumas delas:

- **Agências Reguladoras**: Reguladas pelo art. 174 da Constituição e pelas Leis n. 13.848/2019 e n. 9.986/2000, possuem personalidade jurídica de direito público e se submetem à obrigatoriedade de licitação por serem consideradas como *autarquias* de regime especial (STF, ADI 1668);[12]
- **Agências Executivas**: A qualificação de Agência Executiva é conferida a autarquias ou fundações de direito público que celebram contrato de gestão como ministério da sua área de atuação para obter mais autonomia com metas pré-fixadas (Decreto Federal n. 2.487/98). Pela sua natureza, também se exige observância das normas de licitações e contratações públicas. Apesar disso, a Lei n. 14.133/2021 permite a dispensa de licitação em razão do valor (art. 75, I e II) para tais agências com aplicação do quantitativo em dobro;
- **Conselhos Profissionais**: Há polêmica quanto à aplicação das normas gerais de licitações e contratações públicas aos conselhos profissionais em virtude das suas características peculiares. Por serem consideradas como autarquias, entende-se pela obrigatoriedade de licitação, exceto para a Ordem dos Advogados do Brasil (OAB), conforme já decidido pelo STF (ADI 3026). O TCU, por sua vez, já afirmou que "Os conselhos de fiscalização profissional sujeitam-se aos princípios constitucionais aplicáveis à Administração Pública e devem observar, portanto, os ditames da Lei n. 8.666/93" (Acórdão 1889/2007-Plenário);

12 Entendeu o STF que as agências reguladoras não podem seguir normas próprias de licitação com base apenas em ato normativo secundário: "A competência atribuída ao Conselho Diretor da ANATEL para editar normas próprias de licitação e contratação deve observar o arcabouço normativo atinente às licitações e contratos. Interpretação conforme à Constituição, no ponto, em observância ao princípio da legalidade". (ADI 1668, Relator(a): Edson Fachin, Tribunal Pleno, julgado em 1º-3-2021, Processo Eletrônico *DJe*-055, Divulg. 22-3-2021, Public. 23-3-2021)

- **Empresas públicas e sociedades de economia mista (Empresas Estatais)**: Embora integrem a Administração Pública indireta com personalidade jurídica de direito privado, submetem-se a estatuto próprio (Lei n. 13.303/2016). Inclusive, de acordo com o Enunciado 17 da Jornada de Direito Administrativo, no âmbito das empresas estatais, a Lei n. 14.133/2021 não teria sequer aplicabilidade subsidiária, devendo eventuais omissões serem sanadas mediante aplicação do Direito Privado.[13] No mesmo sentido é o entendimento do STF.[14] Apesar disso, vale destacar que a matéria penal da Lei n. 14.133/2021 se aplica às empresas estatais, na forma do art. 185 da referida legislação;
- **Organizações sociais (OS's)**: As organizações sociais são pessoas jurídicas de direito privado que não integram a administração pública. Elas fazem parte do chamado "terceiro setor" e, como tal, não se submetem ao dever de licitar, embora "por receberem recursos públicos, bens públicos e servidores públicos, seu regime jurídico tem de ser minimamente informado pela incidência do núcleo essencial dos princípios da Administração Pública (CF, art. 37, *caput*), dentre os quais se destaca o princípio da impessoalidade, de modo que suas contratações devem observar o disposto em regulamento próprio (Lei n. 9.637/98, art. 4º, VIII), fixando regras objetivas e impessoais para o dispêndio de recursos públicos".[15]

---

13 Enunciado 17 da 1ª Jornada de Direito Administrativo: "Os contratos celebrados pelas empresas estatais, regidos pela Lei n. 13.303/2016, não possuem aplicação subsidiária da Lei n. 8.666/93. Em casos de lacuna contratual, aplicam-se as disposições daquela Lei e as regras e os princípios de direito privado".

14 "O regime de licitação e contratação previsto na Lei n. 8.666/93 é inaplicável às sociedades de economia mista que explorem atividade econômica própria das empresas privadas, concorrendo, portanto, no mercado. Não é possível conciliar o regime previsto na Lei n. 8.666/93 com a agilidade própria desse tipo de mercado que é movido por intensa concorrência entre as empresas que nele atuam." STF. Plenário. RE 441280/RS, Rel. Min. Dias Tofolli, julgado em 6-3-2021 (Info 1008).

15 O TCU já decidiu que "As Organizações Sociais, em suas contratações mediante uso de verbas públicas, não estão sujeitas à observância dos estritos procedimentos das normas gerais de licitações e contratos aplicáveis ao Poder Público, e sim aos seus regulamentos próprios, pautados nos princípios gerais aplicáveis à Administração Pública". (Acórdão 5236/2015-Segunda Câmara)

Como se pode observar, é sempre importante acompanhar os julgados mais recentes sobre essas entidades de natureza especial, principalmente pelo fato de que a maior parte dos entendimentos mencionados foram construídos sob a égide da legislação anterior. Com a Lei n. 14.133/2021, alguns desses pontos podem ser enfrentados novamente pelos Tribunais.

Entidade	Obedecem às normas sobre licitações e contratos?
Agências Reguladoras	**SIM** (autarquias de regime especial). **STF: "NÃO podem seguir normas próprias de licitação com base apenas em ato normativo secundário (ADI 1668) ".
Agências Executivas	**SIM** (qualificação conferida às autarquias ou fundações de direito público).
Conselhos Profissionais	**SIM** (autarquias federais). Exceção: OAB (entidade sui generis/ NÃO faz parte de Administração Pública).
Empresas Estatais	Submetem-se a estatuto próprio (Lei n. 13.303/2016).
Organizações sociais (terceiro setor)	**NÃO**, (NÃO integram a administração pública). **Se submetem aos seus regulamentos próprios, pautados nos princípios gerais aplicáveis à Administração Pública.

b) Instrumentos regulados pela lei

Existem instrumentos jurídicos que não se submetem à Lei n. 14.133/2021. O **regime jurídico da administração** abarca instrumentos de **natureza privada** e instrumentos de **natureza pública**, sendo estes a regra, porém não de forma absoluta. Em algumas situações, a administração realiza contratações de natureza privada, quando não há condições de impor suas prerrogativas pelas características da relação jurídica contratual.

Para não gerar dúvidas, a Lei n. 14.133/2021, em seus arts. 2º e 3º, também disciplinou os instrumentos que se submetem ou não à sua disciplina legal:

<table>
<tr><th>SUBORDINAM-SE À LEI (ART. 2º)</th><th>NÃO SE SUBORDINAM À LEI (ART. 3º)</th></tr>
<tr><td>Alienação e concessão de direito real de uso de bens</td><td>Contratos que tenham por objeto: operação de crédito, interno ou externo, e gestão de dívida pública, incluídas as contratações de agente financeiro e a concessão de garantia relacionadas a esses contratos.</td></tr>
<tr><td>Compra, inclusive por encomenda</td><td rowspan="6">Contratações sujeitas a normas previstas em legislação própria.</td></tr>
<tr><td>Locação</td></tr>
<tr><td>Concessão e permissão de uso de bens públicos</td></tr>
<tr><td>Prestação de serviços, inclusive os técnico-profissionais especializados</td></tr>
<tr><td>Obras e serviços de arquitetura e engenharia</td></tr>
<tr><td>Contratações de tecnologia da informação e de comunicação</td></tr>
</table>

A diferenciação entre quais ajustes se submete à legislação pode causar alguma estranheza, mas isso já era defendido na regência do microssistema anterior. A doutrina afirmava que a administração pública firma contratos *privados* e *administrativos*, ambos denominados de "**contratos da administração**".

Assim, a administração pública também firma **contratos privados**, embora de forma **excepcional**. A Lei n. 14.133/2021, nesse sentido, estabelece a sua não incidência sobre:

- Contratos que tenham por objeto operação de crédito, interno ou externo, e gestão de dívida pública, incluídas as contratações de agente financeiro e a concessão de garantia relacionadas a esses contratos; e
- Contratações sujeitas a normas previstas em legislação própria.

c) Normas para contratações específicas

Ainda na parte inicial da lei, também é possível encontrar normas voltadas à sua abrangência quanto a *contratações específicas*, inclusive para viabilizar a adaptação da atividade administrativa a situações peculiares. Deve-se ter em mente que as normas voltadas às contratações públicas não devem ser consideradas como burocracias formais desnecessárias, mas sim como instrumentos de viabilização do interesse público.

- Repartições públicas sediadas no exterior

O § 2º do art. 1º trata de contratações realizadas em repartições públicas sediadas no exterior. Prevê que, nessas hipóteses, as contratações "obedecerão às peculiaridades locais e aos princípios básicos estabelecidos nesta Lei, na forma de regulamentação específica a ser editada por ministro de Estado".

O objetivo da norma é viabilizar uma adaptação a realidades mercadológicas de outros países. O que o art. 1º, § 2º, da Lei n. 14.133/2021 faz é autorizar regulamentação específica por ministro de Estado, a fim de fazer essa adaptação, que deve acontecer dentro dos limites previstos na lei (*secundum legem*).

- Contratações que envolvam recursos provenientes de empréstimo ou doação oriundos de agência oficial de cooperação estrangeira ou de organismo financeiro de que o Brasil seja parte

Nesta hipótese, a Lei n. 14.133/2021 admite expressamente:

> I – condições decorrentes de acordos internacionais aprovados pelo Congresso Nacional e ratificados pelo Presidente da República;
>
> II – condições peculiares à seleção e à contratação constantes de normas e procedimentos das agências ou dos organismos, desde que:
>
> a) sejam exigidas para a obtenção do empréstimo ou doação;
>
> b) não conflitem com os princípios constitucionais em vigor;
>
> c) sejam indicadas no respectivo contrato de empréstimo ou doação e tenham sido objeto de parecer favorável do órgão jurídico do contratante do financiamento previamente à celebração do referido contrato;

Nesse caso, a documentação encaminhada ao Senado Federal para autorização do empréstimo deverá fazer referência às condições contratuais que incidam na hipótese. A competência do Senado decorre da Constituição quanto à fiscalização de operações externas de natureza financeira.

– As contratações relativas à gestão, direta e indireta, das reservas internacionais do País, inclusive as de serviços conexos ou acessórios a essa atividade

Nesse tipo de contratação, a Lei n. 14.133/2021 prevê que o procedimento será disciplinado por "ato normativo próprio do Banco Central do Brasil, assegurada a observância dos princípios estabelecidos no *caput* do art. 37 da Constituição Federal".

d) Situação das microempresas (ME) e empresas de pequeno porte (EPP)

A Constituição de 1988 prevê expressamente o tratamento diferenciado a microempresas (ME) e empresas de pequeno porte (EPP) em seu art. 179.[16] Trata-se de concretização do princípio da **igualdade material**, já que empresas dessa natureza se encontram, muitas vezes, em situação de desvantagem em relação a outras empresas no mercado. A LC n. 123/2006 prevê o estatuto jurídico da ME e EPP e traz regras expressas a serem observadas em matéria de licitações nos arts. 42 a 49.[17]

A Lei n. 14.133/2021 manteve a aplicação da LC n. 123/2006 no âmbito das licitações, conforme seu art. 4º, conferindo tratamento dife-

---

[16] CF/88: "Art. 179. A União, os Estados, o Distrito Federal e os Municípios dispensarão às microempresas e às empresas de pequeno porte, assim definidas em lei, tratamento jurídico diferenciado, visando a incentivá-las pela simplificação de suas obrigações administrativas, tributárias, previdenciárias e creditícias, ou pela eliminação ou redução destas por meio de lei".

[17] "A igualdade material consiste, no dizer de Aristóteles, em tratar igualmente quem é igual e desigualmente aqueles que são desiguais. Por isso, a Lei Complementar Federal n. 123/06 confere tratamento privilegiado às microempresas e empresas de pequeno porte, sem que essa distinção ofenda o princípio da isonomia." SANTOS, Mauro Sérgio dos. *Curso de direito administrativo*. 2. ed. rev. e ampl. Salvador: Juspodivm, 2016, p. 520.

renciado às microempresas e empresas de pequeno porte. São regras de preferência na contratação e de estímulo à participação dessas empresas. No entanto, o § 1º do art. 4º **excluiu** a aplicação da LC n. 123/2006 em duas hipóteses:

i. no caso de licitação para aquisição de bens ou contratação de serviços em geral, ao item cujo valor estimado for superior à receita bruta máxima admitida para fins de enquadramento como empresa de pequeno porte;

ii. no caso de contratação de obras e serviços de engenharia, às licitações cujo valor estimado for superior à receita bruta máxima admitida para fins de enquadramento como empresa de pequeno porte.[18]

Vale destacar que o TCU possui competência para fiscalizar a situação das empresas participantes na qualidade de ME ou EPP, especialmente diante da possibilidade de se configurar fraude à licitação.[19]

---

[18] De acordo com o TCU: "A participação de empresa em licitação na condição de microempresa ou empresa de pequeno porte sem preencher os requisitos necessários para tal, em razão de faturamento superior ao limite legal estabelecido, caracteriza fraude ao certame". (Acórdão 107/2012-Plenário)

[19] Já decidiu o TCU: "Cabe ao TCU analisar a regularidade de situação cadastral de sociedade empresarial como microempresa (ME) ou empresa de pequeno porte (EPP), por força de atribuição constitucional para fiscalizar atos de que resulte receita ou despesa, praticados por responsáveis sujeitos à sua jurisdição. A omissão de empresa acerca de sua situação, que a permitiu participar de certame exclusivo a ME e EPP, configura fraude à licitação". (Acórdão 1439/2011-Plenário)

Receita bruta máxima admitida para fins de enquadramento como EPP	
Até R$ 4.800.000,00	
Se estiver no patamar de até R$ 4.800.000,00	**Acima do patamar de até R$ 4.800.000,00**
Aplicam-se as condições especiais dos arts. 42 a 49 da LC n. 123/2006.	**NÃO se aplica às condições especiais dos arts. 42 a 49 da LC n. 123/2006.** Aplicam-se as exigências da Lei n. 14.133/2021.

Essas duas primeiras regras de restrição devem ser interpretadas em conjunto com o art. 49 da LC n. 123/2006, que estipula outras três hipóteses em que o regime diferenciado da referida lei **também não se aplica**, quais sejam:

i. quando não houver um mínimo de 3 (três) fornecedores competitivos enquadrados como microempresas ou empresas de pequeno porte sediados local ou regionalmente e capazes de cumprir as exigências estabelecidas no instrumento convocatório – art. 49, II;

ii. quando o tratamento diferenciado e simplificado para as microempresas e empresas de pequeno porte não for vantajoso para a administração pública ou representar prejuízo ao conjunto ou complexo do objeto a ser contratado – art. 49, III;

iii. quando a licitação for dispensável ou inexigível, nos termos dos arts. 24 e 25 da Lei n. 8.666, de 21 de junho de 1993, excetuando-se as dispensas tratadas pelos incisos I e II do art. 24 da mesma Lei, nas quais a compra deverá ser feita preferencialmente de microempresas e empresas de pequeno porte, aplicando-se o disposto no inciso I do art. 48 – art. 49, IV.

Outra regra de restrição na aplicação da LC n. 123/2006 foi o § 2º do art. 4º:

> Art. 4º [...] § 2º A obtenção de benefícios a que se refere o caput deste artigo fica limitada às microempresas e às empresas de pequeno porte que, no ano-calendário de realização da licitação, ainda não tenham celebrado contratos com a Administração Pública cujos valores somados extrapolem a receita bruta máxima admitida para fins de enquadramento como empresa de pequeno porte, devendo o órgão ou entidade exigir do licitante declaração de observância desse limite na licitação.

Para tanto, nas contratações com prazo de vigência superior a 1 (um) ano, será considerado o valor anual do contrato na aplicação dos limites legais.

Ainda assim, a LC n. 123/2006 continua vigorando nas licitações com regras específicas para ME e EPP, dentre as quais vale destacar:[20]

iv. **Regularidade fiscal e trabalhista**: Só se exige comprovação de regularidade fiscal e trabalhista para assinatura do contrato (art. 42), devendo a documentação ser apresentada durante o certame, mesmo que haja alguma restrição (art. 43). Nesse sentido, a MP ou EPP deve apresentar toda a documentação conforme o Edital, mas a análise da sua regularidade só ocorre como condição para a assinatura do contrato administrativo;

Havendo alguma restrição na comprovação da regularidade fiscal e trabalhista, será assegurado o prazo de cinco dias úteis, cujo termo inicial corresponderá ao momento em que o proponente for declarado vencedor do certame, prorrogável por igual período, a critério da admi-

---

20 Conforme o TCU, "as licitações processadas por meio do sistema de registro de preços, cujo valor estimado seja igual ou inferior a R$ 80.000,00, podem ser destinadas à contratação exclusiva de Microempresas e Empresas de Pequeno Porte, competindo ao órgão que gerencia a ata de registro de preços autorizar a adesão à referida ata, desde que cumpridas as condições estabelecidas no art. 8º do Decreto n. 3.931/2001, e respeitado, no somatório de todas as contratações, aí incluídas tanto as realizadas pelos patrocinadores da ata quanto as promovidas pelos aderentes, o limite máximo de R$ 80.000,00 em cada item da licitação". (Acórdão 2957/2011-Plenário)

nistração pública, para regularização da documentação, para pagamento ou parcelamento do débito e para emissão de eventuais certidões negativas ou positivas com efeito de certidão negativa.

A não-regularização da documentação, no prazo legal, implicará decadência do direito à contratação, sem prejuízo das sanções pertinentes, sendo facultado à Administração convocar os licitantes remanescentes, na ordem de classificação, para a assinatura do contrato, ou revogar a licitação. Esse benefício permite que as ME's e EPP's possam participar das licitações regularizando sua situação apenas no momento que for convocada para assinar o contrato, ganhando mais tempo do que as demais empresas.

v. **Preferência na contratação e empate fictício**: As ME's e EPP's, no caso de empate, possuem preferência na contratação através de uma regra de empate fictício prevista na legislação. A LC 123/06 cria uma hipótese que considera uma diferença percentual entre a proposta mais bem classificada e as demais propostas, conforme abaixo:

NAS LICITAÇÕES EM GERAL	NO PREGÃO
Entende-se por empate aquelas situações em que as propostas apresentadas pelas microempresas e empresas de pequeno porte sejam iguais ou até 10% (dez por cento) superiores à proposta mais bem classificada.	Na modalidade de pregão, o intervalo percentual estabelecido será de até 5% (cinco por cento) superior ao melhor preço.

O empate permite à ME ou EPP cobrir o valor da melhor proposta e as suas chances de ganhar o procedimento licitatório aumentam. Ocorrendo o empate mencionado, deverão ser observadas as seguintes regras:

– a ME ou EPP mais bem classificada poderá apresentar proposta de preço inferior àquela considerada vencedora do certame, situação em que será adjudicado em seu favor o objeto licitado;

– não ocorrendo a contratação da microempresa ou empresa de pequeno porte, na forma anterior, serão convocadas as **remanescentes** que porventura se enquadrem na mesma condição, na ordem classificatória, para o exercício do mesmo direito;

– no caso de equivalência dos valores apresentados pelas microempresas e empresas de pequeno porte que se encontrem nos intervalos estabelecidos, será realizado **sorteio** entre elas para que se identifique aquela que primeiro poderá apresentar melhor oferta.

Na hipótese da não-contratação nos termos previstos, o objeto licitado será adjudicado em favor da proposta originalmente vencedora do certame, pois será necessário preservar o critério de julgamento previsto no Edital. O disposto no referido artigo somente se aplicará quando a melhor oferta inicial não tiver sido apresentada por microempresa ou empresa de pequeno porte.

No caso de pregão, a microempresa ou empresa de pequeno porte mais bem classificada será convocada para apresentar nova proposta no prazo máximo de 5 (cinco) minutos após o encerramento dos lances, sob pena de preclusão.

vi. **Procedimento licitatório exclusivo**: O Poder Público deverá realizar processo licitatório destinado exclusivamente à participação de microempresas e empresas de pequeno porte nos itens de contratação cujo valor seja de até R$ 80.000,00 (oitenta mil reais) – art. 48, I;

vii. **Subcontratação de ME ou EPP:** Poderá, em relação aos processos licitatórios destinados à aquisição de obras e serviços, exigir dos licitantes a subcontratação de microempresa ou empresa de pequeno porte art. 48, II;

viii. **Cota de contratação**: deverá estabelecer, em certames para aquisição de bens de natureza divisível, cota de até 25% (vinte e cinco por cento) do objeto para a contratação de microempresas e empresas de pequeno porte – art. 48, III.

Vale destacar que a aplicação ou não dessas regras de preferência deverá ser expressamente justificada no processo administrativo referente à licitação, ainda na fase preparatória. Além disso, o Edital deverá conter todas as informações e regras necessárias à participação dos interessados com os benefícios citados.

4. PRINCÍPIOS

Na Lei n. 8.666/93, o art. 3º dispunha acerca de *objetivos* e *princípios* a serem observados no âmbito das licitações. A Lei n. 14.133/2021 trouxe, em seu art. 5º, um **rol mais amplo** e **focado integralmente em princípios** que devem ser observados, com algumas inovações importantes.[21] Vale destacar que princípios, na teoria geral do Direito, são considerados como normas jurídicas e servem para fundamentar a tomada de decisões administrativas e/ou judiciais.

Os 5 (cinco) primeiros princípios mencionados pelo art. 5º da Lei n. 14.133/2021 são os princípios expressos da administração pública, constantes do art. 37, *caput*, da Constituição de 1988, que devem ser observados independentemente de previsão em lei. A sequência dos demais princípios é extensa, alguns já conhecidos, outros inovadores.

PRINCÍPIOS EM COMUM	
Lei n. 8.666/93	**Lei n. 14.133/2021**
Legalidade	
Impessoalidade	
Moralidade	
Publicidade	

[21] Lei n. 14.133/2021: "Art. 5º Na aplicação desta Lei, serão observados os princípios da legalidade, da impessoalidade, da moralidade, da publicidade, da eficiência, do interesse público, da probidade administrativa, da igualdade, do planejamento, da transparência, da eficácia, da segregação de funções, da motivação, da vinculação ao edital, do julgamento objetivo, da segurança jurídica, da razoabilidade, da competitividade, da proporcionalidade, da celeridade, da economicidade e do desenvolvimento nacional sustentável, assim como as disposições do Decreto-lei n. 4.657, de 4 de setembro de 1942 (Lei de Introdução às Normas do Direito Brasileiro)".

<table>
<tr><td colspan="2">Probidade Administrativa</td></tr>
<tr><td colspan="2">Julgamento Objetivo</td></tr>
<tr><td>Vinculação ao Instrumento Convocatório</td><td>Vinculação <u>ao Edital</u>

A modalidade "convite" foi retirada da Nova Lei, então atualmente somente tem-se edital de licitação. Por isso, o princípio é da vinculação ao edital (e não ao instrumento convocatório).</td></tr>
</table>

NOVOS PRINCÍPIOS – NÃO PREVISTOS NA LEI ANTIGA (Lei n. 8.666/93)
Eficiência
Interesse Público
Igualdade
Planejamento
Transparência
Eficácia
Segregação De Funções
Motivação
Segurança Jurídica
Razoabilidade
Competitividade
Proporcionalidade

Celeridade
Economicidade
Desenvolvimento Nacional Sustentável
A Lei n. 8.666/93 tratava o desenvolvimento Nacional Sustentável como **uma finalidade da licitação.** Na Nova Lei é um **PRINCÍPIO e um OBJETIVO** do procedimento licitatório (art. 11).

a) Princípio do interesse público

O princípio do interesse público, mencionado no dispositivo, está relacionado a dois princípios identificados no Direito Administrativo: supremacia e indisponibilidade do interesse público. Tais princípios são mencionados como a base do regime jurídico administrativo e justificam a exigência de normas especiais envolvendo o Poder Público, inclusive no âmbito das contratações públicas.

A supremacia do interesse público indica que tal interesse teria prevalência sobre o interesse privado, sustentando alguns institutos da Lei n. 14.133/2021, como as chamadas cláusulas exorbitantes nos contratos administrativos, que estudaremos mais a frente. É importante ressaltar que o interesse público perseguido pela administração é o **primário**, correspondente ao atendimento das necessidades da coletividade.[22] O interesse secundário, concernente às necessidades da máquina administrativa, só se legitima quando alinhado ao primário.

O princípio da supremacia do interesse público sofreu fortes críticas no âmbito doutrinário e é apontado como objeto de releitura na atualidade. A sua aplicação deve ser avaliada em consonância com os demais princípios (ex.: legalidade) e com os direitos fundamentais). Embora existam alguns autores que refutem a existência desse princípio,

---

22 ALESSI, Renato. *Instituciones de derecho administrativo*. Trad. Por Buenaventura Pellisé Prats. Barcelona: Bosch, 1960, Tomo I.

ele permanece servindo de base teórica para o Direito Administrativo e está mencionado na Lei n. 14.133/2021.[23]

A indisponibilidade do interesse público, por sua vez, aponta que não é possível dispor desse interesse para fazer valer o interesse particular do agente público. É importante destacar que esse princípio não impede a realização de acordos pelo Poder Público, já que a própria Lei n. 14.133/2021, em seu art. 151, é expressa ao admitir a utilização de métodos adequados de resolução de conflitos, assim como também é possível encontrar previsão em legislações específicas da advocacia pública.[24]

Tanto a supremacia do interesse público, como a indisponibilidade do interesse público, deve observar os direitos fundamentais estabelecidos na Constituição. O processo de constitucionalização do Direito Administrativo deixa evidente que a qualificação de um interesse como "público" não deve servir como linguagem para descumprimento de direitos assegurados no ordenamento jurídico.[25]

---

23 "Não se está a negar a importância jurídica do interesse público. Há referências positivas em relação a ele. O que deve ficar claro, porém, é que, mesmo nos casos em que ele legitima uma atuação estatal restritiva específica, deve haver uma ponderação relativamente aos interesses privados e à medida de sua restrição. É essa ponderação para atribuir máxima realização aos direitos envolvidos o critério decisivo para a atuação administrativa. E antes que esse critério seja delimitado, não há cogitar sobre a referida supremacia do interesse público sobre o particular". ÁVILA, Humberto. Repensando o "Princípio da Supremacia do Interesse Público sobre o Particular. *Revista Eletrônica sobre a Reforma do Estado (RERE)*, Salvador, Instituto Brasileiro de Direito Público, n. 11, set./nov., 2007. Disponível em: <http://www.direitodoestado.com.br/rere.asp>. Acesso em: 3 fev. 2022.

24 Nesse sentido, *vide*: NEVES, Cleuler Barbosa das; FERREIRA FILHO, Marcílio da Silva. Contrapesos de uma Administração Pública consensual: legalidade versus eficiência. *Interesse Público – IP*, Belo Horizonte, ano 19, n. 103, p. 49-77, maio/jun. 2017.

25 Nesse sentido: "A constitucionalização do Direito Administrativo permite, desse modo, a mais intensa filtragem constitucional desse ramo do Direito, levando em consideração o ser humano como 'protagonista do direito', porquanto o Direito existe para orientar e disciplinar as atividades humanas. Por essa razão, a ideia de que qualquer interesse rotulado como público deve prevalecer sempre deve ser repensada, para se afirmar a relevância dos direitos

b) Princípio da probidade administrativa

Tal princípio exige a atuação do gestor público com boa-fé e seu descumprimento pode gerar responsabilidades, inclusive na forma da Lei de Improbidade Administrativa (Lei n. 8.429/92, com as modificações decorrentes da Lei n. 14.230/2021). O próprio art. 2º, parágrafo único, IV, da Lei n. 9.784/99 já exigia, no processo administrativo, a atuação segundo padrões éticos de **probidade**, decoro e boa-fé.

c) Princípio da Igualdade (ou isonomia)

A igualdade (ou isonomia) é um princípio a ser observado em toda atuação administrativa, inclusive na parte de licitações. Esse princípio deve ser visto sob a ótica formal (tratar os iguais igualmente) e material (tratar os iguais igualmente e os desiguais desigualmente). Vale destacar que o princípio da igualdade **não** impede a existência de políticas públicas afirmativas que estabeleçam regras especiais visando desfazer desigualdades observadas na sociedade brasileira (ex.: art. 25, § 9º, da Lei n. 14.133/2021).[26]

No âmbito das licitações, o princípio da igualdade é um princípio de grande relevância, na medida em que o procedimento licitatório deve assegurar condições isonômicas para que os interessados possam participar da

---

fundamentais, em consonância com os quais a Administração deve agir, inclusive para proteger as minorias e seus interesses. Ademais, deve haver processualização da atividade administrativa e o incremento da participação popular no âmbito das decisões da Administração". SIQUEIRA, Mariana de. *Interesse público no direito administrativo brasileiro*: da construção da moldura à composição da pintura. Rio de Janeiro: Lumen Juris, 2016, p. 269.

[26] Nesse sentido, já decidiu o STF sobre o sistema de cotas em seleções públicas: "Não contraria – ao contrário, prestigia – o princípio da igualdade material, previsto no caput do art. 5º da Carta da República, a possibilidade de o Estado lançar mão seja de políticas de cunho universalista, que abrangem um número indeterminados de indivíduos, mediante ações de natureza estrutural, seja de ações afirmativas, que atingem grupos sociais determinados, de maneira pontual, atribuindo a estes certas vantagens, por um tempo limitado, de modo a permitir-lhes a superação de desigualdades decorrentes de situações históricas particulares". (ADPF 186)

seleção e, com isso, aumente-se a competitividade, que é favorável à administração pública. Apesar disso, a Lei n. 14.133/2021 prevê algumas normas de estímulo a certas pessoas em condições especiais, o que, como dito, não descumpre a igualdade, mas sim dá concretude a sua versão material.

A título de exemplo, existem algumas situações de estímulo na legislação:

a) Regime jurídico especial das microempresas e empresas de pequeno porte com base na LC n. 123/2006 com regras de empate fictício, licitação exclusiva, subcontratação etc.;

b) Critérios de preferência no caso de empate das propostas no art. 60, § 1º, da Lei n. 14.133/2021;[27]

c) Faculdade de incluir, no edital de licitação, exigência de percentual mínimo de mão de obra responsável pela execução do objeto da contratação constituído por mulheres vítimas de violência doméstica e oriundos ou egressos do sistema prisional (art. 25, § 9º).

O que se verifica, portanto, é que a legislação pode sim estabelecer critérios distintivos para pessoas em situações peculiares, encontrando fundamento sempre na proporcionalidade e razoabilidade. Nestes casos, não haverá violação ao princípio da isonomia, mas sim aplicação concreta do seu conceito material.

d) Princípio do planejamento

O planejamento já era um princípio constante do art. 6º, I, do Decreto-lei n. 200/67 e se relaciona também com a ideia de eficiência. O

---

27 Lei n. 14.133/2021: "Art. 60 [...] § 1º Em igualdade de condições, se não houver desempate, será assegurada preferência, sucessivamente, aos bens e serviços produzidos ou prestados por: I – empresas estabelecidas no território do Estado ou do Distrito Federal do órgão ou entidade da Administração Pública estadual ou distrital licitante ou, no caso de licitação realizada por órgão ou entidade de Município, no território do Estado em que este se localize; II – empresas brasileiras; III – empresas que invistam em pesquisa e no desenvolvimento de tecnologia no País; IV – empresas que comprovem a prática de mitigação, nos termos da Lei n. 12.187, de 29 de dezembro de 2009".

procedimento licitatório deve ser planejado para ter um resultado compatível com as necessidades do interesse público. A Lei n. 14.133/2021 estabelece, como fase do procedimento licitatório, a fase preparatória, em que o planejamento é desenvolvido com qualidade para atingir o resultado pretendido, com normas que veremos adiante.

O planejamento deve evitar que a licitação seja concluída com resultados insatisfatórios, como os casos de licitação fracassada ou deserta. Prepara-se a licitação com instrumentos que permitam alcançar o objetivo final, isso antes mesmo de se divulgar o edital de licitação. Embora tal princípio deva incidir durante todo o procedimento, a sua observância se intensifica especialmente no início do processo administrativo.

A Lei n. 14.133/2021 privilegia o princípio do planejamento, com diversas regras sobre para orientar a atuação administrativa. Destacam-se algumas previsões da lei, como: a) Plano de contratações anuais (art. 12, VII); b) Exigência de estudo técnico preliminar (art. 18, I); c) Planejamento de compras (art. 40); d) sistema de planejamento e gerenciamento de contratações no PNCP (art. 174, § 3º); entre outros.

e) Princípio da transparência

Como decorrência do princípio publicidade, a Lei n. 14.133/2021 também previu o princípio da transparência, que é relevante do ponto de vista democrático e para viabilizar o controle da administração pública.[28] É preciso destacar que a transparência pode ser vista sob duas óticas: transparência *ativa* e *passiva*.

A *transparência ativa* é o dever de prestar informações de interesse coletivo, independentemente de requerimento específico. O art. 3º, II, da Lei n. 12.527/2011 prevê como diretriz da atuação administrativa a: "divulgação de informações de interesse público, independentemente de solicitações". O art. 8º, no mesmo sentido, estabelece que "É dever dos órgãos e entidades públicas promover, independentemente de requerimentos, a divulgação em local de fácil acesso, no âmbito de suas compe-

---

28 FREITAS, Juarez. *O controle dos atos administrativos e os princípios fundamentais*. 5. ed., rev. e ampl. São Paulo: Malheiros, 2013, p. 77.

tências, de informações de interesse coletivo ou geral por eles produzidas ou custodiadas".

É por esse motivo que informações sobre licitações e contratações públicas devem ser disponibilizadas com facilidade para consulta do público em geral não apenas através de publicação no Diário Oficial, mas também através de sítios eletrônicos e instrumentos correlatos. Sabe-se que, atualmente, a consulta a meios eletrônicos vem se tornando muito mais acessível do que tradicionais meios contemplados nas legislações anteriores.

Tanto é assim que a Lei n. 14.133/2021 criou o Portal Nacional de Contratações Públicas (PNCP) em seu art. 174, como sítio eletrônico destinado à "*divulgação centralizada e obrigatória dos atos exigidos pela Lei e realização facultativa das contratações pelos órgãos e entidades dos Poderes Executivo, Legislativo e Judiciário de todos os entes federativos*".

O PNCP é gerido pelo Comitê Gestor da Rede Nacional de Contratações Públicas, a ser presidido por representante indicado pelo Presidente da República e composto de: 3 (três) representantes da União indicados pelo Presidente da República; 2 (dois) representantes dos Estados e do Distrito Federal indicados pelo Conselho Nacional de Secretários de Estado da Administração; e 2 (dois) representantes dos Municípios indicados pela Confederação Nacional de Municípios.

O PNCP conta com informações e funcionalidades relevantes para subsidiar a atividade administrativa:

INFORMAÇÕES	FUNCIONALIDADES[29]
I – planos de contratação anuais;	I – sistema de registro cadastral unificado;
II – catálogos eletrônicos de padronização;	II – painel para consulta de preços, banco de preços em saúde e acesso à base nacional de notas fiscais eletrônicas;

29 É necessário pontuar que as funcionalidades do portal ainda estão sendo testadas, implementadas e desenvolvidas. Por isso, o TCU vem considerando medidas de transição para esse momento, como ocorreu no âmbito do Acórdão 2458/2021-Plenário, desde que garantida sempre a máxima transparência dos atos administrativos.

III – editais de credenciamento e de pré-qualificação, avisos de contratação direta e editais de licitação e respectivos anexos;	III – sistema de planejamento e gerenciamento de contratações, incluído o cadastro de atesto de cumprimento de obrigações previsto no § 4º do art. 88 desta Lei;
IV – atas de registro de preços;	IV – sistema eletrônico para a realização de sessões públicas;
V – contratos e termos aditivos;	V – acesso ao Cadastro Nacional de Empresas Inidôneas e Suspensas (Ceis) e ao Cadastro Nacional de Empresas Punidas (Cnep);
VI – notas fiscais eletrônicas, quando for o caso.	VI – sistema de gestão compartilhada com a sociedade de informações referentes à execução do contrato, que possibilite: a) envio, registro, armazenamento e divulgação de mensagens de texto ou imagens pelo interessado previamente identificado; b) acesso ao sistema informatizado de acompanhamento de obras a que se refere o inciso III do *caput* do art. 19 desta Lei; c) comunicação entre a população e representantes da Administração e do contratado designados para prestar as informações e esclarecimentos pertinentes, na forma de regulamento; d) divulgação, na forma de regulamento, de relatório final com informações sobre a consecução dos objetivos que tenham justificado a contratação e eventuais condutas a serem adotadas para o aprimoramento das atividades da Administração.

A ideia inicial da Lei n. 14.133/2021 era concentrar tudo no PNCP, razão pela qual o Presidente da República havia vetado a exigência de publicação em Diário Oficial. No entanto, o veto foi derrubado pelo Congresso Nacional, que manteve a redação do art. 54, § 1º: "Sem prejuízo do disposto no caput, é obrigatória a publicação de extrato do edital no Diário Oficial da União, do Estado, do Distrito Federal ou do Município, ou, no caso de consórcio público, do ente de maior nível entre eles, bem como em jornal diário de grande circulação".

A *transparência passiva*, por sua vez, é o dever de fornecer informação de interesse particular ou coletivo quando requerida pelo interessado. A prestação de informações deve seguir o art. 5º, XXXIII, da Constituição e a Lei n. 12.527/2011 (Lei de Acesso à Informação), sendo que o sigilo só poderá ser decretado excepcionalmente, quando imprescindível à segurança do Estado ou da sociedade. Os arts. 23 e 24 da Lei n. 12.527/2011 estabelecem regras sobre a classificação de uma informação como sigilosa de maneira excepcional, o que deverá ser observado fielmente pela administração pública.

f) Princípio da eficácia

Eficácia é um conceito um pouco diferente de eficiência, pois é mais focado no *grau de alcance das metas programadas*. Por esse princípio, o procedimento licitatório busca atingir os resultados pretendidos de forma concreta para atender ao interesse público. Nesse sentido, uma licitação não deve ser realizada com o simples intuito de adquirir um bem, contratar um serviço ou realizar uma obra, mas sim de resolver um problema estabelecido em metas do órgão público. A eficácia conta com previsão também no art. 74, II, da Constituição.

Três conceitos devem ser distinguidos aqui: eficiência eficácia e efetividade. A eficiência é voltada aos meios, quando os atos devem ser realizados da melhor maneira possível, ou seja, com menos desperdício ou em menor tempo. A eficácia é voltada aos fins, devendo a atuação cumprir o objetivo ou a meta. A efetividade envolve a capacidade de se fazer algo. A Lei n. 14.133/2021 prevê que a atuação administrativa deve ser orientada pelos três, conforme seu art. 11, parágrafo único.

Ressalte-se que a busca pela eficiência, eficácia e efetividade já era uma pauta no microssistema normativo anterior.[30] Tanto que a criação da modalidade pregão e do RDC ocorreram exatamente no contexto de estímulo por melhores resultados. A Lei n. 14.133/2021 estabelece, como uma previsão relevante disso, o contrato de eficiência em seu art. 6º, LIII.

---

30 SALES, Pedro Carneiro. Regime Diferenciado de Contratações Públicas e contratação por resultados no Brasil. *Revista Digital de Direito Administrativo*, vol. 6, n. 1, p. 124-148, 2019.

g) Princípio da segregação de funções

O princípio da segregação de funções foi um dos novos princípios contemplados na Lei n. 14.133/2021 que ainda gera muitas dúvidas sobre sua amplitude e seus efeitos. A sua inserção na lei tem por finalidade evitar ocultação de erros por parte dos agentes públicos atuantes no procedimento licitatório e viabilizar um maior controle dos atos praticados.

Quando se tem um ou poucos agentes públicos com atribuições para condução completa de um procedimento licitatório, o que se percebe é que existem maiores chances de ocultação de erros e/ou fraudes, já que não há um controle recíproco entre pessoas diferentes. De acordo com o princípio da segregação de funções, deve haver uma separação de competências e atribuições entre os agentes públicos (autorização, execução, revisão, auditoria etc.) para permitir um controle mais assertivo dos atos administrativos.

É importante destacar que tal princípio já servia de base para diversas decisões da Corte de Contas. Por exemplo, em 2014, o TCU entendeu que "As boas práticas administrativas impõem que as atividades de fiscalização e de supervisão do contrato devem ser realizadas por agentes administrativos distintos (princípio da segregação das funções), o que favorece o controle e a segurança do procedimento de liquidação de despesa". (Acórdão 2296/2014-Plenário)

Em outro julgado também de 2014, o TCU firmou entendimento de que "em observância ao princípio da segregação de funções, não se deve permitir, em certames licitatórios para a contratação de serviços de monitoramento ambiental, a participação de empresa já contratada para a execução de outros serviços que podem causar impacto no ambiente a ser monitorado".

Conforme a Portaria n. 63/96, de 27-2-1996 – Manual de Auditoria do TCU, "a segregação de funções é princípio básico do sistema de controle interno que consiste na separação de funções, nomeadamente de autorização, aprovação, execução, controle e contabilização das operações". Nesse sentido, já decidiu o TCU, por exemplo, que "Os documentos apresentados para lastrear a liquidação da despesa devem possuir o devido atesto da execução dos serviços por pessoa diversa da que autorizou o pagamento, em atenção ao princípio da segregação de funções". (Acórdão 18587/2021-Primeira Câmara)

O que a Lei n. 14.133/2021 é trazer o princípio da segregação de funções para o campo jurídico de forma expressa, com aplicação durante todo o procedimento licitatório. As competências deverão ser distribuídas entre agentes diferentes não apenas no que concerne a parte orçamentária (objeto de foco dos julgados anteriores), mas também na prática de atos administrativos pelo Poder Público.

Vale destacar que, além da distribuição de competências entre diferentes agentes públicos, a própria Lei n. 14.133/2021 estabelece três linhas de defesa da administração pública para atuar no controle interno com maior eficiência:

> 1) primeira linha de defesa, integrada por servidores e empregados públicos, agentes de licitação e autoridades que atuam na estrutura de governança do órgão ou entidade;
>
> 2) segunda linha de defesa, integrada pelas unidades de assessoramento jurídico e de controle interno do próprio órgão ou entidade;
>
> 3) terceira linha de defesa, integrada pelo órgão central de controle interno da Administração e pelo tribunal de contas.

Percebe-se, portanto, que o objetivo da legislação foi atuar preventivamente no âmbito do controle da administração pública. Embora existam mecanismos repressivos de infração administrativa e penal, a legislação tenta estruturar uma organização para evitar o cometimento de ilegalidades desde o início do procedimento.

h) Princípio da motivação

No âmbito do procedimento licitatório, os motivos da prática dos atos administrativos devem ser expostos para conhecimento público. Veja-se que a Lei n. 9.784/99 já previa esse princípio em seu art. 2º, *caput*, estabelecendo ainda em seu parágrafo único, inciso VII, o dever de indicação dos pressupostos de fato e de direito que determinarem a decisão.

Observação: Motivo e motivação são conceitos diferentes. O motivo corresponde aos pressupostos de fato e de direito (razão) da prática do ato. A motivação, por outro lado, é a exposição dos motivos para conhecimento do destinatário do ato. Todo ato administrativo possui motivo, mas nem todo ato possui motivação.[31]

O art. 50 da Lei n. 9.784/99, por sua vez, regula a motivação dos atos administrativos, fixando uma lista de atos em que essa motivação é obrigatória, tais como atos que decidam processos administrativos de concurso ou seleção pública (inciso III) e dispensem ou declarem a inexigibilidade de processo licitatório (inciso IV). O seu § 1º prevê ainda que a motivação deve ser explícita, clara e congruente, podendo consistir em declaração de concordância com fundamentos de anteriores pareceres, informações, decisões ou propostas, que, neste caso, serão parte integrante do ato (motivação *aliunde*).

A Lei n. 14.133/2021 reforça tal princípio em relação a todo o procedimento licitatório. O art. 18, IX, prevê a necessidade de motivação circunstanciada das condições do edital, a fim de que os participantes e o público em geral possam ter conhecimento dos motivos que levaram à escolha dos critérios utilizados no instrumento convocatório.[32] O inciso XI, do mesmo artigo, ainda prevê a necessidade de a motivação sobre

---

[31] Conforme José dos Santos Carvalho Filho, "a motivação, portanto, é o motivo expressamente formalizado. Significa que o motivo nem sempre estará constando do ato, mas poderá ser identificado em documentos formais diversos; assim, um ato administrativo pode não conter motivação, mas pode encontrar-se o motivo, por exemplo, em processo administrativo de onde se originou o ato. Desse modo, todo ato, para ser válido, precisa ter motivo, ao passo que nem sempre a motivação é exigível". CARVALHO FILHO, José dos Santos. *Processo Administrativo Federal*: comentários à Lei n. 9.784, de 29-1-1999. 5. ed. rev., ampl. e atual. São Paulo: Atlas, 2013, p. 49-50.

[32] Lei n. 14.133/21: "Art. 18 [...] a motivação circunstanciada das condições do edital, tais como justificativa de exigências de qualificação técnica, mediante indicação das parcelas de maior relevância técnica ou valor significativo do objeto, e de qualificação econômico-financeira, justificativa dos critérios de pontuação e julgamento das propostas técnicas, nas licitações com julgamento por melhor técnica ou técnica e preço, e justificativa das regras pertinentes à participação de empresas em consórcio".

o momento da divulgação do orçamento da licitação, excetuada a hipótese de sigilo prevista no art. 24 da mesma lei.

Exige-se ainda motivação para o processo de padronização em certames licitatórios (art. 43, II), para abertura de novo certame licitatório quando houver ata de registros de preços válida (art. 83), para aplicação de sanções (art. 104, IV), para a rescisão contratual (art. 137), para utilização de remuneração variável em contratos administrativos (art. 144, § 2º), entre outros. A motivação em procedimentos licitatórios é fundamental para permitir o controle por parte do interessado.

Além disso, a motivação também deve observar as disposições da LINDB, arts. 20 e seguintes. São normas recentemente inseridas para tratar da forma de análise e interpretação na atuação administrativa, que trouxeram parâmetros diferentes e relevantes para as decisões. A própria Lei n. 14.133/2021 estabelece também no seu art. 5º a necessidade de observância da LINDB nos procedimentos licitatórios, conforme se verá adiante.

i) Princípio da vinculação ao edital

Diferentemente da lei anterior, a Nova Lei de Licitações fala em vinculação ao edital (e não ao instrumento convocatório). Isso porque a modalidade "convite" foi retirada do contexto normativo e ela era a única modalidade que não tinha o Edital como instrumento convocatório. então, atualmente, deve-se falar que o gestor público se vincula ao edital, que é considerado como a "lei" do certame e, por isso, seus termos devem ser claros e devem conter informações suficientes para a participação dos licitantes no mesmo grau de competitividade.

Com base nesse princípio, o TCU entendeu que "A inabilitação com base em critério não previsto em edital e a ocultação de informações relevantes à habilitação dos licitantes ferem os princípios da legalidade, publicidade, do julgamento objetivo e da vinculação ao disposto no instrumento convocatório" (Acórdão 6979/2014-Primeira Câmara). Além disso, "são consideradas indevidas quaisquer alterações em contrato ocorridas após a homologação do certame, pois os termos dos ajustes firmados com a Administração devem obediência ao princípio da vinculação ao instrumento convocatório". (Acórdão 2588/2010-Plenário)

O art. 92, II, da Lei n. 14.133/2021 prevê que os contratos administrativos deverão conter cláusulas que estabeleçam: "a vinculação ao edital de licitação e à proposta do licitante vencedor ou ao ato que tiver autorizado a contratação direta e à respectiva proposta". A esse respeito, o TCU já havia entendido que "contratos administrativos devem conter cláusula que mencione, expressamente, sua vinculação ao edital ou ao convite norteador de licitação ou ao termo que a dispensou ou a inexigiu". (Acórdão 1892/2007-Plenário)

Vale destacar que, se o Edital violar a lei, estará ele inquinado de vício de legalidade e, consequentemente, deverá ser anulado, caso seja uma ilegalidade insanável, na forma do art. 71, III, da referida lei. O TCU já decidiu também que "As condições do contrato devem retratar o conteúdo do edital e da disputa ocorrida durante a licitação, ante o que determina o princípio da vinculação ao instrumento convocatório". (Acórdão 688/2008-Primeira Câmara)

Observação: Eventuais alterações no Edital devem ser objeto de ampla publicidade e transparência. Já decidiu o TCU que "a adjudicação e a homologação do objeto do certame à empresa declarada vencedora com base em critério de classificação desconforme com os requisitos do edital e do termo de referência, introduzido em sistema oficial (Comprasnet) sem a republicação do instrumento convocatório, afronta os princípios da legalidade, da vinculação ao instrumento convocatório e do julgamento objetivo". (Acórdão 1681/2013-Plenário)

j) Princípio do julgamento objetivo

Esse princípio se relaciona com os critérios que são adotados no âmbito de uma licitação. O procedimento deve ser conduzido sob critérios objetivos para evitar uma tendência na escolha da proposta vencedora. Os tipos de licitação (critérios de julgamento) estão delimitados no art. 33 da Lei n. 14.133/2021 e são: I – menor preço; II – maior desconto; III – melhor técnica ou conteúdo artístico; IV – técnica e preço; V – maior lance, no caso de leilão; VI – maior retorno econômico.

Vale destacar que, em algumas modalidades licitatórias, que serão analisadas adiante, os critérios de julgamento a serem adotados são restritos. A título de exemplo, no Pregão, só é possível a utilização dos critérios menor preço e maior desconto, já que serve à aquisição de bens e serviços comuns.

k) Princípio da segurança jurídica

Esse princípio se aplica à atividade administrativa como um todo também, mas especialmente às licitações.[33] Deve-se buscar a estabilidade das relações jurídicas, através do desenvolvimento da confiança nos participantes e da previsibilidade dos futuros atos a serem praticados. O Direito é um ramo do conhecimento que utiliza linguagem e, por vezes, as suas expressões são indeterminadas, de forma que cabe ao intérprete buscar instrumentos de estabilidade na aplicação das normas jurídicas.[34]

O princípio da segurança jurídica já se encontrava previsto para a administração pública no art. 2º da Lei n. 9.784/99. O parágrafo único, inciso XIII, do referido artigo, como exemplo de aplicação do princípio, prevê que o Poder Público deve buscar a "interpretação da norma administrativa da forma que melhor garanta o atendimento do fim público a que se dirige, vedada aplicação retroativa de nova interpretação". No âmbito das licitações, ele deve ser reforçado.

O procedimento licitatório não pode ser objeto de constantes alterações de entendimento por parte da administração pública. A sua condução deve atender a critérios de previsibilidade. Inclusive, a divulgação de termos claros no edital auxilia nessa perspectiva, assim como a divulgação de regulamentos, pareceres e outros atos de orientação jurídica.

---

33 Embora não tenha previsão constitucional expressa, Celso Antônio Bandeira de Mello destaca que "este princípio não pode ser radicado em qualquer dispositivo constitucional específico. É, porém, da essência do próprio Direito, notadamente de um Estado Democrático de Direito, de tal sorte que faz parte do sistema constitucional como um todo". MELLO, Celso Antônio Bandeira de. *Curso de direito administrativo*. 25. ed. rev. e atual. São Paulo: Malheiros, 2008, p. 123.

34 Nesse sentido: COELHO, Inocêncio Mártires; FERREIRA FILHO, Marcílio da Silva. Indeterminação do Direito e segurança jurídica: diretrizes para uma interpretação estrutural dos modelos jurídicos. *Revista do Instituto de Hermenêutica Jurídica – RIHJ*, Belo Horizonte, ano 16, n. 24, p. 81-100, jul./dez. 2018.

A Lei n. 14.133/2021 consolidou alguns instrumentos para viabilizar maior estabilidade jurídica. A título de exemplo, vale destacar a matriz de alocação de riscos do seu art. 22, permitindo distribuir os riscos entre contratante e contratada em situações imprevistas.[35] Assim, a administração pública deve se valer de meios para atuar com maior previsibilidade.

l) Princípio da razoabilidade e proporcionalidade

Esses dois princípios são mencionados como princípios implícitos da administração pública e devem ser observados como limites à atividade administrativa. Os princípios da razoabilidade e da proporcionalidade são exigências decorrentes do devido processo legal material (CF, art. 5º, LV) e possuem previsão normativa também no art. 2º da Lei n. 9.784/99, que, em seu parágrafo único, inciso VI, impõe à administração pública o dever de "adequação entre meios e fins, vedada a imposição de obrigações, restrições e sanções em medida superior àquelas estritamente necessárias ao atendimento do interesse público".

O próprio STF utiliza os princípios da razoabilidade e proporcionalidade para aferição da constitucionalidade de atos normativos e da atuação administrativa. De acordo com a Corte Suprema, para cumprimento dos referidos princípios, deve-se avaliar na prática do ato administrativo: *necessidade, adequação* e *proporcionalidade em sentido estrito*.[36] É importante destacar que esses princípios possuem força normativa e, portanto, eventual violação aos seus termos gerará invalidade do ato administrativo.

O princípio da razoabilidade e proporcionalidade deve orientar as decisões administrativas, de forma que os critérios acima mencionados

---

[35] De acordo com o TCU, ainda sob vigência do microssistema normativo anterior, "nas licitações realizadas mediante o regime de contratação integrada, previsto no art. 9º da Lei n. 12.462/2011 (RDC), é recomendável inserir 'matriz de riscos' no instrumento convocatório e na minuta contratual, de modo a tornar o certame mais transparente e isonômico, assim como a conferir maior segurança jurídica ao contrato". (Acórdão 1465/2013-Plenário)

[36] A título de exemplo, *vide* RE 349703.

sejam utilizados na definição de casos práticos. Por exemplo, meras formalidades não devem resultar na exclusão dos licitantes quando a medida for desproporcional. Assim, já decidiu o TCU que "A desclassificação de licitante por ter errado a denominação de um sindicato é medida de injustificado rigorismo formal, que fere o princípio da razoabilidade e restringe o caráter competitivo da licitação". (Acórdão 604/2009-Plenário)

Tal princípio, no entanto, não deve ser utilizado para descumprimento de disposições legais ou editalícias. O gestor público se vincula ao Edital e, por isso, suas decisões devem estar alinhadas ao que previsto no instrumento convocatório. Não se deve admitir, nesse sentido, a mudança substancial de propostas já aceitas de forma livre para conformar ao edital.[37] A proporcionalidade e razoabilidade deve ser, portanto, compatibilizada com os demais princípios aplicáveis ao procedimento licitatório.

m) Princípio da competitividade

Para assegurar a seleção da proposta mais vantajosa, a competitividade é um pressuposto. O procedimento licitatório deve assegurar a possibilidade de competição por todos os interessados, não criando cláusulas que restrinjam a participação de maneira injustificada. Esse princípio passa a constar expressamente da Lei n. 14.133/2021 e deve ser observado pela administração pública.[38]

---

37 Apesar disso, o TCU já decidiu que meras formalidades não devem gerar desclassificação quando outros meios puderem elucidar as informações necessárias à proposta. De acordo com a Corte de Contas "admite-se, em respeito ao princípio da razoabilidade, a correção de proposta vencedora de pregão, em que haja o detalhamento de encargos trabalhistas obrigatórios sem que tenha havido cotação, desde que não acarrete alteração do valor final da proposta ou prejuízo à Administração e aos demais licitantes". (Acórdão 10604/2011-Segunda Câmara)

38 Sobre tal princípio, vale destacar a Súmula 177 do TCU, com o seguinte enunciado: "A definição precisa e suficiente do objeto licitado constitui regra indispensável da competição, até mesmo como pressuposto do postulado de igualdade entre os licitantes, do qual é subsidiário o princípio da publicidade, que envolve o conhecimento, pelos concorrentes potenciais das condições básicas da licitação, constituindo,

O procedimento licitatório, embora assegure condições igualitárias a todos os participantes, tem por objetivo também a seleção da proposta mais vantajosa para a administração pública. Esse é, inclusive, o primeiro objetivo previsto no art. 11, I, da Lei n. 14.133/2021: "assegurar a seleção da proposta apta a gerar o resultado de contratação mais vantajoso para a Administração Pública, inclusive no que se refere ao ciclo de vida do objeto".

O TCU possui inúmeros entendimentos em que utiliza o princípio da competitividade como fundamento de decidir. A título de exemplo, já fixou entendimento de que "o fracionamento de despesa restringe o caráter competitivo do certame, sendo irregularidade punível com a aplicação de multa" (Acórdão 1276/2012-Segunda Câmara). A competitividade deve ser ampliada pela administração pública através de instrumentos que estimulem a maior participação possível dos agentes do mercado.

Por vezes, os próprios licitantes adotam condutas que afetam o caráter competitivo do certame, hipótese em que os agentes públicos atuantes no procedimento, em especial os órgãos de controle, devem agir para evitar tais condutas. Assim, o TCU já entendeu que "licitação com a participação de empresas com sócios em comum e que disputam um mesmo item prejudica a isonomia e a competitividade do certame". (Acórdão 1793/2011-Plenário)

Em caso de condutas que violem a competitividade do certame, como "a inadequação das exigências editalícias, que atentam contra o princípio da isonomia, da legalidade, da competitividade e da razoabilidade, conduz à anulação do processo licitatório". (Acórdão 1097/2007-Plenário)

n) Princípio da celeridade

Uma das grandes críticas quanto às licitações é a sua morosidade. A nova Lei, então, estabelece a celeridade como um dos princípios para nortear o gestor na concretização do interesse público. A celeridade também decorre do princípio da razoável duração processual (CF, art. 5º, LXXVIII), que tem aplicabilidade no âmbito dos processos administrativos.

---

na hipótese particular da licitação para compra, a quantidade demandada uma das especificações mínimas e essenciais à definição do objeto do pregão."

Os prazos previstos na Lei n. 14.133/2021 foram adequados para tornar o procedimento mais célere e viabilizar sua conclusão mais rapidamente, como se pode verificar dos prazos de intervalo mínimo para apresentação de propostas e lances do art. 55. Porém, a celeridade não decorre exclusivamente de tais prazos, sendo derivado, na verdade, da condução do procedimento licitatório como um todo, desde a fase de planejamento. Nesse sentido, é importante que os órgãos públicos também regulamentem a matéria internamente e promovam uma gestão de pessoal eficiente para que os atos administrativos sejam praticados no menor tempo possível.

Sobre o assunto, é importante observar que o TCU já considerou que a falta de celeridade do órgão serve de justificativa para contratação emergencial. Assim, "É indevida a contratação emergencial originária da falta de planejamento e celeridade do órgão na instauração e conclusão de processo licitatório" (Acórdão 3076/2010-Plenário). A celeridade, portanto, não deve servir como justificativa para condução do processo com vícios ou descumprimento das condições legais e editalícias.[39]

o) Princípio da economicidade

Esse princípio também é muito relevante e vem sendo utilizado como objeto de análise pelos órgãos de controle. Busca alcançar o melhor custo-benefício nas contratações públicas, mas isso não significa que há, necessariamente, uma imposição de aquisição do que é mais barato. Por vezes, a economicidade será atendida com critérios como "melhor técnica", desde que devidamente motivado.[40]

A economicidade é princípio a ser observado durante toda a contratação, o que inclui eventuais aditivos. De acordo com o TCU, "a economi-

---

39 "A celeridade é um dos objetivos do pregão eletrônico, o que não afasta a necessidade de que o procedimento seja conduzido de forma precisa e inequívoca por parte do agente responsável, não se admitindo comunicação falha ou limitada que possa induzir a erro os licitantes." (Acórdão 2879/2014-Plenário)

40 Já decidiu o TCU, por exemplo, que "A previsão de itens de luxo em edital de pregão realizado com base na Lei n. 10.520/2002, sem a devida justificativa acerca da necessidade e incompatíveis com a finalidade da contratação, contraria os princípios da economicidade e da moralidade administrativa". (Acórdão 1895/2021-Plenário)

cidade da contratação alcançada no certame licitatório deve ser preservada em casos de alterações contratuais, por força dos princípios da seleção da proposta mais vantajosa para a Administração e da vinculação ao instrumento convocatório e ao contrato". (Acórdão 677/2015-Plenário)

Tal princípio serve como base para que a administração pública evite contratação com sobrepreço, determinando, inclusive, verificação de compatibilidade do preço das contratações com o valor de mercado. Nesse sentido, "se houver interesse da Administração em renovar determinado contrato, a pesquisa de preços que demonstre a economicidade da renovação em comparação com a realização de novo certame deve ser realizada com a antecedência necessária". (Acórdão 1029/2009-Segunda Câmara)

A economicidade é um critério de fiscalização no procedimento licitatório e nas contratações públicas. Assim, "é cabível ao TCU adentrar o mérito administrativo, nos casos em que a decisão adotada pelo gestor se mostrar nitidamente em descompasso com o princípio da economicidade, tendo em vista as demais opções legais que estiverem ao seu alcance". (Acórdão 1195/2008-Primeira Câmara)

A fase preparatória será fundamental para que, durante o planejamento, a economicidade seja observada. Os agentes públicos envolvidos devem buscar planejar o procedimento de forma a garantir a obtenção do maior custo-benefício, fazendo as pesquisas que forem necessárias conforme a legislação e regulamentos pertinentes.[41]

p) Princípio do desenvolvimento nacional sustentável

Na lei anterior, esse primado era considerado como um objetivo e agora foi elevado a princípio. Como a administração pública contribui

---

[41] "A Administração deve observar, em suas contratações, a prática de preços de mercado, de acordo com o princípio da economicidade, não cabendo questionar os custos tributários efetivamente incorridos pelas contratadas, tampouco remunerá-las ou apontar sobrepreço de acordo com esses custos. A efetiva carga tributária de cada empresa é matéria intrínseca de sua estrutura administrativa e componente de sua estrutura de custos, a qual não deve servir de base para remunerações contratuais." (Acórdão 332/2015-Plenário)

para o impacto ambiental, deve ela buscar a sustentabilidade nas suas contratações. Apesar disso, o TCU já decidiu que "a determinação de que os produtos a serem adquiridos mediante licitação sejam, necessariamente, de fabricação nacional é ilícita, por constituir restrição indevida ao caráter competitivo do certame". (Acórdão 3769/2012-Segunda Câmara)

q) Observância das disposições do Decreto-lei n. 4.657, de 4 de setembro de 1942 (Lei de Introdução às Normas do Direito Brasileiro)

A LINDB havia sido alterada antes mesmo da edição da Lei n. 14.133/2021 para alterar, consideravelmente, a hermenêutica no âmbito da atividade administrativa. A Lei n. 14.133/2021 reforça a incidência da LINDB, especialmente os seus arts. 20 a 30, no âmbito das licitações, abrangendo a motivação dos atos decisórios. Essas modificações foram justificadas especialmente em virtude do hipercontrole constatado sobre a atividade administrativa, com o objetivo de fazer o intérprete do Direito levar em consideração também as perspectivas práticas de sua decisão.

Nesse sentido, por exemplo, ao art. 20 da LINDB exige que as decisões não sejam pautadas apenas "em valores jurídicos abstratos sem que sejam consideradas as consequências práticas da decisão". Seguindo o princípio da proporcionalidade e razoabilidade, também é necessária a demonstração da "necessidade e a adequação da medida imposta ou da invalidação de ato, contrato, ajuste, processo ou norma administrativa, inclusive em face das possíveis alternativas".[42]

---

42 De acordo com Marçal Justen Filho "o desfazimento do ato administrativo defeituoso não deriva da simples constatação da sua incompatibilidade com norma jurídica de hierarquia superior. O mero reconhecimento da ausência de requisito de validade é insuficiente para autorizar a pronúncia do vício e o desfazimento do ato administrativo. É indispensável avaliar os efeitos concretamente produzidos pelo ato defeituoso, tomando em vista os aspectos da adequação e (especialmente) da necessidade". JUSTEN FILHO, Marçal. Art. 20 da LINDB: dever de transparência, concretude e proporcionalidade nas decisões públicas. *Rev. Direito Adm.*, Rio de Janeiro, Edição Especial: Direito Público na Lei de Introdução às Normas de Direito Brasileiro – LINDB (Lei n. 13.655/2018), p. 13-41, nov. 2018.

O art. 21 exige ainda que a decisão que decretar invalidade "deverá indicar de modo expresso suas consequências jurídicas e administrativas". A doutrina firma, então, que o consequencialismo jurídico foi incorporado ao direito a partir dessa diretriz.[43] Assim, em decisão sobre regularidade de conduta ou validade de ato, contrato, ajuste, processo ou norma administrativa, serão consideradas as circunstâncias práticas que houverem imposto, limitado ou condicionado a ação do agente.

O art. 22, no mesmo sentido, estabelece que "na interpretação de normas sobre gestão pública, serão considerados os obstáculos e as dificuldades reais do gestor e as exigências das políticas públicas a seu cargo, sem prejuízo dos direitos dos administrados". Existem outras disposições relevantes da LINDB que o leitor deve consultar, mas, sem dúvidas, as modificações apontadas devem ser levadas em consideração com caráter de normatividade em face do gestor público, agora com enfoque no âmbito das licitações.

---

[43] "O consequencialismo jurídico chegou de vez ao Direito brasileiro. Diversos dispositivos da LINDB incorporaram exigências da consideração de consequências que é seu sentido mínimo. Tal propósito se dá de modo reativo à cultura do hipercontrole público que tomou conta do Brasil. Como toda cultura, ela não é só o que está nas normas, mas é, antes de tudo, um modo de se compreender e de se fazer o controle público a partir de cinco aspectos: o controle como (i) vagueza; como (ii) opinião; como (iii) performance; como (iv) disputa; e, afinal, como (v) incremento. O hipercontrole não parece ser bom para a sociedade, e é em parte contra ele que se afirma a alteração recente da Lei de Introdução". MENDONÇA, José Vicente Santos de. Art. 21 da LINDB: indicando consequências e regularizando atos e negócios. *Rev. Direito Adm.*, Rio de Janeiro, Edição Especial: Direito Público na Lei de Introdução às Normas de Direito Brasileiro – LINDB (Lei n. 13.655/2018), p. 43-61, nov. 2018.

II – AGENTES PÚBLICOS NA LICITAÇÃO

1. PARTICIPAÇÃO DOS AGENTES PÚBLICOS

A Lei n. 14.133/2021 destina um capítulo a regular a situação dos agentes públicos que atuam no âmbito das licitações. Isso é importante para se obter uma gestão mais eficiente e evitar violações aos princípios administrativos, em especial o princípio da impessoalidade. O agente público que atua em um procedimento licitatório possui deveres e vedações que deve observar para garantir a lisura da seleção.

2. ESCOLHA DOS AGENTES PÚBLICOS PARA ATUAR EM PROCESSO LICITATÓRIO

O art. 7º da Lei n. 14.133/2021 estabelece regras relativas à escolha dos agentes públicos para condução de um processo licitatório. A escolha deverá ser feita pela autoridade máxima do órgão ou da entidade ou por quem as normas de organização administrativa indicarem. A competência é elemento vinculado do ato administrativo e deve obedecer aos critérios definidos na legislação e em normas regulamentares.

De acordo com o *caput* do referido dispositivo, a escolha terá como base critérios de **gestão por competências**, o que significa dizer que a autoridade deve levar em consideração o *perfil* dos agentes públicos para atuar na área, a fim de se obter uma atuação mais eficiente. Para que os processos licitatórios atinjam seus objetivos, é preciso que a condução ocorra por pessoas vocacionadas para o serviço, isso é o que a lei tenta estabelecer como regra no âmbito da administração pública.

A legislação não estabelece como ocorrerá essa gestão por competências, abrindo margem para que o assunto seja tratado em regulamento. É preciso ter cuidado com essa regra. Sob o argumento de "gestão por competências", não se pode permitir a livre movimentação de agentes públicos atuantes em licitações por mera liberalidade da autoridade superior e sem motivação. Isso daria margem a interferências indevidas no processo, com risco de afetar a objetividade do certame.

O art. 7º da Lei n. 14.133/2021 parece indicar, a partir de agora, a necessidade de **motivação** do ato de nomeação com indicação de elementos que permitam indeferir a competência do agente público designado para atuar naquela área, com indicação da formação do agente, perfil de atuação, histórico funcional, entre outras coisas. A falta de motivação para a designação ou para a mudança de lotação passa a afetar a validade do ato administrativo. Isso se alinha ao princípio da impessoalidade e da boa administração.

Observação: O procedimento licitatório previsto na Lei n. 14.133/2021 não é apenas um conjunto de regras formais e imperativas. Nesse novo regramento, privilegia-se o diálogo e a consensualidade, de forma que os agentes públicos que atuarão nesse tipo de procedimento deverão possuir habilidades específicas para viabilizar a funcionalidade do sistema (ex: habilidades de negociação).[44]

A legislação estipula alguns requisitos a serem observados na escolha dos agentes públicos:

a) sejam, *preferencialmente*, servidor efetivo ou empregado público dos quadros permanentes da Administração Pública;

b) tenham atribuições relacionadas a licitações e contratos ou possuam formação compatível ou qualificação atestada por certificação profissional emitida por escola de governo criada e mantida pelo poder público; e

c) não sejam cônjuge ou companheiro de licitantes ou contratados habituais da Administração nem tenham com eles vínculo de

---

[44] "[...] o consenso confere maior lastro à autoridade que nele busca seu fundamento, colaborando para a construção de uma nova legitimação da Administração Pública". BAPTISTA, Patrícia. *Transformações do direito administrativo.* Rio de Janeiro: Renovar, 2003, p. 267.

parentesco, colateral ou por afinidade, até o terceiro grau, ou de natureza técnica, comercial, econômica, financeira, trabalhista e civil.

Vale destacar que, de acordo com o art. 5º da Lei n. 14.133/2021, um princípio que deve ser observado é o da **segregação de funções**, o que é reforçado no § 1º do art. 7º da referida lei. Esse parágrafo veda expressamente "a designação do mesmo agente público para atuação simultânea em funções mais suscetíveis a riscos, de modo a reduzir a possibilidade de ocultação de erros e de ocorrência de fraudes na respectiva contratação".

O princípio da segregação de funções se aplica também aos órgãos de assessoramento jurídico e controle interno da Administração, de sorte que as autoridades que analisarão o processo deverão atuar em momentos distintos, permitindo um controle efetivo sobre os atos administrativos. Evidentemente, a concretude dessa norma depende da criação de um modelo estrutural de competências na legislação de cada ente federativo.

3. AGENTE DE CONTRATAÇÃO E COMISSÃO DE CONTRATAÇÃO

Uma novidade da Lei n. 14.133/2021 é a figura do "agente de contratação" como regra e a utilização da "comissão de contratação" de forma excepcional. A referida legislação transformou o modelo que já era utilizado no pregão em uma regra geral para as licitações, otimizando as decisões administrativas.

A legislação anterior (Lei n. 8.666/93) estabelecia que o procedimento licitatório seria conduzido por uma comissão de licitação com regras rígidas. Existiam algumas exceções no âmbito do pregão (pregoeiro), leilão (leiloeiro) e concurso (com regras mais flexíveis de escolha dos membros da comissão).

A nova legislação (Lei n. 14.133/2021) cria a figura do agente de contratação, tentando unificar o sistema e estabelecendo a sua utilização como regra. De acordo com o art. 6º, LX, da referida lei, agente de contratação é "pessoa designada pela autoridade competente, entre servidores efetivos ou empregados públicos dos quadros permanentes da Administração Pública, para tomar decisões, acompanhar o trâmite da licitação, dar impulso ao procedimento licitatório e executar quaisquer outras atividades necessárias ao bom andamento do certame até a homologação".

O referido agente, designado pela Administração Pública (art. 8º, *caput*), será responsável pela condução do processo licitatório e conta com algumas características que merecem ser destacadas:

AGENTE DE CONTRATAÇÃO	
Requisito para ser agente de contratação	Pessoa designada pela autoridade competente, entre servidores efetivos ou empregados públicos dos quadros permanentes da Administração Pública (art. 8º, *caput*).
Competências	Tomar decisões, acompanhar o trâmite da licitação, dar impulso ao procedimento licitatório e executar quaisquer outras atividades necessárias ao bom andamento do certame até a homologação (art. 8º, *caput*).
Auxílio por equipe de apoio	O agente de contratação será auxiliado por equipe de apoio (art. 8º, § 1º).
Responsabilidade	O agente de contratação responderá individualmente pelos atos que praticar, salvo quando induzido a erro pela atuação da equipe (art. 8º, § 1º).
Pregão	Em licitação na modalidade pregão, o agente responsável pela condução do certame será designado pregoeiro (art. 8º, § 5º).

Esse modelo de agente de contratação será a regra, mas existe uma exceção que pode ser acionada discricionariamente pela Administração Pública:

Exceção – Comissão de contratação: a Administração Pública terá a opção de instituir uma comissão de contratação quando se deparar com bens ou serviços especiais. Não se trata de uma obrigação, mas sim de uma faculdade (ato discricionário), diante da complexidade característica de alguns bens ou serviços. De acordo com o art. 6º, L, comissão de contratação é o "conjunto de agentes públicos indicados pela Administração, em caráter permanente ou especial, com a função de receber, examinar e julgar documentos relativos às licitações e aos procedimentos auxiliares".

A comissão de contratação, quando instituída, deverá ser formada "por, no mínimo, 3 (três) membros, que responderão solidariamente por todos os atos praticados pela comissão, ressalvado o membro que expressar posição individual divergente fundamentada e registrada em ata lavrada na reunião em que houver sido tomada a decisão".

CARACTERÍSTICAS DA COMISSÃO DE CONTRATAÇÃO (excepcional)	
Objeto	Bens ou serviços especiais
Requisito	Escolha conforme art. 7º da Lei
Quantidade de membros	No mínimo, 3 membros
Responsabilidade	Solidária, com possibilidade de ressalva de posição

Observação: Vale destacar que, no âmbito da modalidade de licitação "diálogo competitivo", a utilização da comissão de contratação passa a ser obrigatória, haja vista a complexidade do seu objeto, conforme se verá adiante.

A administração pública também pode contratar **empresa ou profissional especializado para assessorar agentes públicos** em licitação que envolva bens ou serviços especiais cujo objeto não seja rotineiramente contratado pela Administração, poderá ser contratado, por prazo determinado, serviço de empresa ou de profissional especializado para assessorar os agentes públicos responsáveis pela condução da licitação. (§ 4º)

CONTRATAÇÃO DE EMPRESA OU PROFISSIONAL ESPECIALIZADO DE ASSESSORIA	
Objeto	Bens ou serviços especiais
Requisito	O objeto não é rotineiramente contratado pela Administração
Prazo	Prazo determinado
Contratado	Empresa ou profissional especializado em assessoramento

4. VEDAÇÕES AOS AGENTES PÚBLICOS (ART. 9º)

Os agentes públicos que atuam no âmbito de um processo licitatório e de contratações públicas devem observar vedações específicas para garantir a lisura do certame. Essas vedações também se estendem a terceiro que auxilie a condução da contratação na qualidade de integrante de equipe de apoio, profissional especializado ou funcionário ou representante de empresa que preste assessoria técnica.

É importante destacar que o agente público que atua no âmbito da licitação deve observar todos os seus deveres funcionais, inclusive a obediência ao ordenamento jurídico, no que se incluem as regras e princípios. Eventual irregularidade deve ser apurada e a responsabilidade poderá ser determinada a cada caso pelos órgãos de controle.

Aos agentes públicos é proibido:

PROIBIÇÕES DESTINADAS AOS AGENTES PÚBLICOS QUE ATUAM EM LICITAÇÕES
1) admitir, prever, incluir ou tolerar, nos atos que praticar, situações que:
a) comprometam, restrinjam ou frustrem o caráter competitivo do processo licitatório, inclusive nos casos de participação de sociedades cooperativas;
b) estabeleçam preferências ou distinções em razão da naturalidade, da sede ou do domicílio dos licitantes;
c) sejam impertinentes ou irrelevantes para o objeto específico do contrato.
2) estabelecer tratamento diferenciado de natureza comercial, legal, trabalhista, previdenciária ou qualquer outra entre empresas brasileiras e estrangeiras, inclusive no que se refere a moeda, modalidade e local de pagamento, mesmo quando envolvido financiamento de agência internacional;
3) opor resistência injustificada ao andamento dos processos e, indevidamente, retardar ou deixar de praticar ato de ofício, ou praticá-lo contra disposição expressa em lei.

Além dessas proibições, é vedado também "participar, direta ou indiretamente, da licitação ou da execução do contrato agente público de órgão ou entidade licitante ou contratante, devendo ser observadas as situações que possam configurar conflito de interesses no exercício ou após o exercício do cargo ou emprego, nos termos da legislação que disciplina a matéria". (§ 1º)

O TCU também entende que "Viola os princípios da igualdade e da moralidade a participação de licitante que possua quaisquer relações de parentesco com agente público que detenha poder de influência na decisão de contratação". (Acórdão 5277/2009-Segunda Câmara)

5. REPRESENTAÇAO EM PROCESSOS DE RESPONSABILIZAÇÃO

Uma regra inovadora também da Lei n. 14.133/2021 diz respeito à representação de autoridades competentes e servidores públicos no âmbito de processos de responsabilização. Sempre houve dúvida sobre a legitimidade da Advocacia Pública para representar tais agentes públicos em processos dessa natureza, tendo em vista a controvérsia sobre a existência de interesse público ou particular no caso.

O art. 10 da Lei n. 14.133/2021 trouxe uma regra polêmica, estabelecendo que, se a decisão que gerou o processo de responsabilização estiver fundamentada em parecer jurídico do art. 53 da Lei, a advocacia pública deverá promover a defesa do agente público, judicial ou extrajudicial, a seu critério. Nesse sentido, por exemplo, se um servidor público federal decide com base em parecer jurídico pautado no dispositivo mencionado, a Advocacia-Geral da União faria a sua defesa.

Essa regra vale, inclusive, no caso de o agente público não mais ocupar o cargo, emprego ou função em que foi praticado o ato questionado. A ideia é que sua defesa seja promovida sempre que a decisão tenha sido pautada pelo parecer jurídico do órgão de advocacia pública, pouco importando se, no momento da responsabilização, ele esteja exercendo função pública. Vale destacar, no entanto, que tal dispositivo não se aplica quando as provas da prática de atos ilícitos dolosos constarem nos autos do processo administrativo ou judicial.

Mesmo com tais requisitos, a constitucionalidade dessa regra se mostra duvidosa. Sabe-se que a Advocacia Pública é considerada como advocacia de Estado, e nesse sentido, a sua atuação é pautada na defesa do interesse público. Ao exigir a defesa do agente público como pessoa física, inclusive fora da condição de ocupante de cargo público, a norma estabelece uma atuação administrativa que não se vincula diretamente ao interesse público, mas sim visa tutelar o agente. Embora a regra seja polêmica, a meu ver, há vício de constitucionalidade material na norma pela vinculação da Advocacia Pública às matérias de Estado.[45]

A atuação com base nas orientações da advocacia pública não modifica o interesse tutelado. O interesse público não parece ser o foco de proteção, de sorte que a determinação poderá ser contestada sob o enfoque dos princípios administrativos e da função constitucional da Advocacia Pública.[46]

---

45 Nesse sentido: SILVA, José Afonso da. A Advocacia Pública e Estado Democrático de Direito. *Revista de Direito Administrativo*, Rio de Janeiro, n. 230, out./dez. 2002, pp. 281-289; MADUREIRA, Cláudio Penedo. Advocacia pública: órgão do Estado ou do Poder Executivo? *Quaestio Juris*. Vol. 9, n. 02, Rio de Janeiro, 2016. pp.1155-1174; SOUZA, Luciane Moessa de. O papel da Advocacia Pública no Estado Democrático de Direito: da necessidade de sua contribuição para o acesso à Justiça e o desenvolvimento institucional. *Revista de Direito Administrativo & Constitucional*, Belo Horizonte, ano 8, n. 34, p. 141-174, out./dez. 2008.

46 Analisando dispositivo semelhante (Lei n. 8.429, art. 17, § 20), o Ministro Alexandre de Morais do STF deferiu liminar e considerou a previsão inconstitucional, valendo destacar o seguinte trecho: "Aduz a inconstitucionalidade formal subjetiva do § 20 do art. 17, que, ao impor à advocacia pública na esfera estadual a atribuição de promover a defesa do agente público que tenha incorrido em improbidade administrativa com base em parecer emitido pelo órgão público, incorreria em 'inegável ofensa ao poder de auto-organização e autonomia dos Estados, notadamente no que se refere à disposição da estrutura organizacional e das atribuições dos órgãos da advocacia pública'". (Medida Cautelar na ADI 7.042-DF)

III – DO PROCESSO LICITATÓRIO – PARTE GERAL

A Lei n. 14.133/2021 trouxe importantes modificações quanto ao processo licitatório. O microssistema anterior sofria intensas críticas por se mostrar moroso e ineficiente. O objetivo do novo arcabouço normativo foi simplificar o procedimento. Inicialmente, a legislação fixou regras básicas que servem para orientar os atos administrativos no âmbito do referido processo.

1. OBJETIVOS DO PROCESSO LICITATÓRIO (ART. 11)

A Lei n. 8.666/93 estabelecia, como objetivos da licitação, a observância do princípio constitucional da isonomia, a seleção da proposta mais vantajosa para a administração e a promoção do desenvolvimento nacional sustentável. A Lei n. 14.133/2021 *ampliou* a lista de objetivos do processo licitatório no seu art. 11. No referido dispositivo, é possível encontrar 4 (quatro) objetivos que devem ser perseguidos pela Administração Pública:

– assegurar a seleção da proposta apta a gerar o resultado de contratação mais vantajoso para a Administração Pública, inclusive no que se refere ao ciclo de vida do objeto (I);

O primeiro objetivo é selecionar a proposta mais vantajosa para o Poder Público, o que se compatibiliza com o princípio da eficiência. Esse objetivo já constava da legislação anterior, mas a novidade da nova lei foi destacar que a proposta deve ser avaliada também no que concerne ao seu ciclo de vida, a fim de garantir maior duração no seu uso pelo Estado.

É fundamental ressaltar que o resultado de contratação mais vantajoso para a Administração Pública não se confunde com o menor preço, que é apenas um dos critérios possíveis de serem utilizados no processo licitatório. A depender do tipo de objeto, o critério de escolha da proposta pode ser outro como: a) menor preço; b) melhor técnica ou conteúdo artístico; c) técnica e preço; d) maior retorno econômico; ou e) maior desconto. A definição do critério de seleção da proposta deverá ocorrer na fase preparatória e de acordo com a modalidade de licitação, em atenção ao princípio do planejamento.

– assegurar tratamento isonômico entre os licitantes, bem como a justa competição (II);

A isonomia/igualdade é um objetivo e um princípio constitucional que deve ser observado no processo licitatório. A lei anterior também previa esse objetivo em suas disposições, sendo que o novo dispositivo aponta para o fato de que esse objetivo deve proporcionar a justa competição entre os interessados.

É importante que se diga que esse objetivo não impede a existência de normas que privilegiam a igualdade material (tratar os iguais igualmente e os desiguais desigualmente). Pelo contrário, a LC n. 123 que trata de ME e EPP, por exemplo, fixando regras de estímulo à participação dessas empresas, continua vigorando e compatível com o ordenamento jurídico.

– evitar contratações com sobrepreço ou com preços manifestamente inexequíveis e superfaturamento na execução dos contratos (III);

A legislação anterior já vedava, em suas disposições, o sobrepreço, preços inexequíveis e o superfaturamento, mas esse não era um objetivo expresso no art. 3º da Lei n. 8.666. A nova lei (14.133/2021) estabelece como objetivo evitar esse tipo de contratação que pode resultar em prejuízos para a administração pública. Sobrepreço, inexequibilidade e superfaturamento são conceitos diferentes:

Sobrepreço (art. 6º, LVI)	Preço orçado para licitação ou contratado em **valor expressivamente superior** aos *preços referenciais* de mercado, seja de apenas 1 (um) item, se a licitação ou a contratação for por preços unitários de serviço, seja do valor global do objeto, se a licitação ou a contratação for por tarefa, empreitada por preço global ou empreitada integral, semi-integrada ou integrada.
Superfaturamento (art. 6º, LVII)	Dano provocado ao patrimônio da Administração, caracterizado, entre outras situações, por: a) medição de quantidades superiores às efetivamente executadas ou fornecidas; b) deficiência na execução de obras e de serviços de engenharia que resulte em diminuição da sua qualidade, vida útil ou segurança; c) alterações no orçamento de obras e de serviços de engenharia que causem desequilíbrio econômico-financeiro do contrato em favor do contratado; d) outras alterações de cláusulas financeiras que gerem recebimentos contratuais antecipados, distorção do cronograma físico-financeiro, prorrogação injustificada do prazo contratual com custos adicionais para a Administração ou reajuste irregular de preços.
Inexequibilidade	Conceito indeterminado, que deverá ser delimitado no Edital e avaliado tecnicamente pelas autoridades diante da possibilidade de execução do que fora proposto.[47] Antes de promover a desclassificação de uma proposta por ser inexequível, a administração pública deve assegurar o contraditório e a ampla defesa. (TCU, Acórdão 1720/2010-Segunda Câmara)

– incentivar a inovação e o desenvolvimento nacional sustentável (IV).

Neste ponto, o inciso trata de dois objetivos que, embora diferentes, se conectam: inovação e desenvolvimento nacional sustentável.

---

47 "Nas licitações para a contratação de serviços, devem ser estabelecidos critérios objetivos para a aferição de preços inexeqüíveis no instrumento convocatório." (Acórdão 2586/2007-Primeira Câmara)

O estímulo à inovação possui previsão constitucional (CF, art. 218),[48] mas não era objetivo do processo licitatório na legislação anterior. Trata-se de previsão importante no contexto normativo, de maneira que a administração pública deve adotar providências no sentido de estimular atuações inovadoras.

O desenvolvimento nacional sustentável, por sua vez, já estava previsto como objetivo na legislação anterior e foi reforçado aqui. A administração pública, como grande consumidora do nosso país e como responsável por impactos ambientais, deve buscar atender a esse objetivo. É importante destacar que esse objetivo também é previsto no art. 5º da lei como princípio.

Além disso, o parágrafo único do art. 11 menciona o dever de implementar processos e estruturas de governança na administração pública para viabilizar licitações eficientes.[49]

2. REGRAS BÁSICAS DO PROCESSO LICITATÓRIO (ART. 12)

O processo licitatório segue um rito definido na legislação, mas o objetivo aqui não é analisar esse rito ainda. O que o art. 12 da Lei n. 14.133/2021 estabelece são algumas regras básicas que devem ser observadas para garantir, de um lado, a lisura do procedimento e, de outro, que exigências excessivamente formais não prejudiquem o atendimento aos objetivos da licitação.

São regras básicas que devem ser observadas:

---

48 "Art. 218. O Estado promoverá e incentivará o desenvolvimento científico, a pesquisa, a capacitação científica e tecnológica e a inovação."

49 Lei n. 14.133/2021: "Art. 11 [...] Parágrafo único. A alta administração do órgão ou entidade é responsável pela governança das contratações e deve implementar processos e estruturas, inclusive de gestão de riscos e controles internos, para avaliar, direcionar e monitorar os processos licitatórios e os respectivos contratos, com o intuito de alcançar os objetivos estabelecidos no caput deste artigo, promover um ambiente íntegro e confiável, assegurar o alinhamento das contratações ao planejamento estratégico e às leis orçamentárias e promover eficiência, efetividade e eficácia em suas contratações".

– Os documentos serão produzidos por escrito, com data e local de sua realização e assinatura dos responsáveis (I);

Esse inciso trata acerca da forma que os atos administrativos devem adotar. Embora tenhamos um processo mais dialógico no âmbito da nova lei, os documentos devem ser formalizados por escrito, com data e local de realização, além da assinatura dos responsáveis para permitir a sua utilização posterior em momentos de controle.

II – os valores, os preços e os custos utilizados terão como expressão monetária a moeda corrente nacional, ressalvado o disposto no art. 52 desta Lei;

Outra regra importante, que já constava da legislação anterior, é a utilização da moeda corrente nacional como expressão monetária nos processos licitatórios. A única ressalva diz respeito ao art. 52 da Lei n. 14.133/2021, que trata de licitações internacionais. Nessa hipótese, o edital deverá ajustar-se às diretrizes da política monetária e do comércio exterior e atender às exigências dos órgãos competentes.

III – o desatendimento de exigências meramente formais que não comprometam a aferição da qualificação do licitante ou a compreensão do conteúdo de sua proposta não importará seu afastamento da licitação ou a invalidação do processo;

Um ponto de muita crítica nos processos licitatórios regidos pela legislação anterior era o fato de que algumas empresas acabavam sendo desclassificadas ou inabilitadas por questões meramente formais, que não comprometiam a aferição de qualificação ou o conteúdo da proposta apresentada pelo licitante.

De acordo com essa regra da Lei n. 14.133/2021, a forma não deve prevalecer sobre o conteúdo quando for possível sua compreensão, objetivando atender à noção de eficiência. Trata-se, com as devidas adaptações, de aplicação do princípio de que não há nulidade sem dano (*pas de nullité sans grief*). Antes mesmo da nova legislação, o TCU já havia decidido ser "É irregular a desclassificação e inabilitação sem motivação ou com fundamentação imprecisa e deficiente, uma vez que prejudica a defesa dos licitantes e a própria transparência do certame. A revogação do certame não elide a ilicitude praticada". (Acórdão 3772/2012-Segunda Câmara)

Veja-se que esse dispositivo não permite ao Poder Público descumprir o Edital. É fato que a expressão "exigências meramente formais" utiliza palavras indeterminadas que possibilitam ao gestor público, dentro dos limites de razoabilidade e proporcionalidade, definir o pode ser superado e considerado. Assim, "na condução de licitações, falhas sanáveis, meramente formais, identificadas na documentação das proponentes não devem levar necessariamente à inabilitação ou à desclassificação, cabendo à comissão de licitação promover as diligências destinadas a esclarecer dúvidas ou complementar o processamento do certame". (Acórdão 3340/2015-Plenário)

Porém, isso não confere à autoridade poderes para considerar documentação ou propostas em desconformidade com as regras que regem o procedimento. Tanto é assim que o TCU já decidiu que "A falta de apresentação pela licitante de item relevante do custo do serviço a ser contratado, exigência essa contida em edital de pregão eletrônico, não merece ser considerada falha formal passível de correção e justifica a desclassificação da respectiva proposta". (Acórdão 2079/2012-Primeira Câmara)

IV – a prova de autenticidade de cópia de documento público ou particular poderá ser feita perante agente da Administração, mediante apresentação de original ou de declaração de autenticidade por advogado, sob sua responsabilidade pessoal;

Antes mesmo da Lei n. 14.133/2021, algumas regras para facilitar a autenticação de documentos perante o Poder Público, já haviam sido editadas. A título de exemplo, encontra-se o art. 22, § 3º, da Lei n. 9.784/99 e o art. 3º da Lei n. 13.726/2018.[50] Esse inciso, no entanto, asse-

[50] Lei n. 9.784/99: "Art. 22 [...] § 3º A autenticação de documentos exigidos em cópia poderá ser feita pelo órgão administrativo".
Lei n. 13.726/2018: "Art. 3º [...] II – autenticação de cópia de documento, cabendo ao agente administrativo, mediante a comparação entre o original e a cópia, atestar a autenticidade".

verou como deverá acontecer essa prova de autenticidade, facilitando a apresentação de documento público ou particular.

Nesse sentido, a prova de autenticidade pode ser feita perante agente da Administração e, nesse caso, o interessado poderá apresentar o documento original ou declaração de autenticidade por advogado, sob sua responsabilidade pessoal. Essa segunda parte é uma inovação importante no âmbito das licitações.

Observação: "Os documentos públicos têm presunção legal de autenticidade, cabendo o ônus da prova à parte que alega a falsidade, seja obtendo seu reconhecimento judicial, seja carreando aos autos elementos suficientemente fortes para caracterizar a ocorrência da alegada falsificação". (Acórdão 49/2015-Plenário)

V – o reconhecimento de firma somente será exigido quando houver dúvida de autenticidade, salvo imposição legal;

Assim como já existia previsão sobre a autenticidade de documentos, também existia sobre reconhecimento de firma no art. 22, § 2º, da Lei n. 9.784/99 e art. 3º, I, da Lei n. 13.726/2018.[51] Aqui, o que o inciso fez foi replicar o conteúdo da norma que já existia na legislação de processo administrativo. O TCU também já possuía entendimento no sentido de que "a exigência de reconhecimento de firma em documentos apenas pode ser feita em caso de dúvida quanto à autenticidade da assinatura e se houver prévia previsão editalícia". (Acórdão 1301/2015-Plenário)

VI – os atos serão preferencialmente digitais, de forma a permitir que sejam produzidos, comunicados, armazenados e validados por meio eletrônico;

O procedimento licitatório deve observar a regra de ser preferencialmente digital, com o uso de plataformas seguras. Essa regra tem por finalidade permitir uma maior acessibilidade e competitividade, já sen-

---

51 Lei n. 9.784/99: "Art. 22 [...] § 2º Salvo imposição legal, o reconhecimento de firma somente será exigido quando houver dúvida de autenticidade".

Lei n. 13.726/2018: "Art. 3º [...] I – reconhecimento de firma, devendo o agente administrativo, confrontando a assinatura com aquela constante do documento de identidade do signatário, ou estando este presente e assinando o documento diante do agente, lavrar sua autenticidade no próprio documento".

do uma realidade na legislação antiga sobre pregão, agora estendida a todos os processos licitatórios de forma expressa e de modo preferencial. Vale destacar que, de acordo com o § 2º do art. 12, é permitida a identificação e assinatura digital por pessoa física ou jurídica em meio eletrônico, mediante certificado digital emitido em âmbito da Infraestrutura de Chaves Públicas Brasileira (ICP-Brasil).

VII – a partir de documentos de formalização de demandas, os órgãos responsáveis pelo planejamento de cada ente federativo poderão, na forma de regulamento, elaborar plano de contratações anual, com o objetivo de racionalizar as contratações dos órgãos e entidades sob sua competência, garantir o alinhamento com o seu planejamento estratégico e subsidiar a elaboração das respectivas leis orçamentárias.

Como característica da nova lei, o planejamento reaparece nesse inciso. A elaboração de um plano de contratações anual viabiliza previsão sobre gastos e racionaliza as contratações da administração pública, alinhando as ações como planejamento estratégico e leis orçamentárias. Trata-se de um instrumento importante que também permite o conhecimento por parte da população acerca das intenções do órgão.

A fase preparatória do processo licitatório deve observar o plano de contratações anual, inclusive apresentando as justificativas adequadas relativamente ao seu cumprimento *no estudo técnico preliminar* (art. 18, § 1º, III). Vale destacar que esse plano deve ser divulgado e mantido à disposição do público em sítio eletrônico oficial e será observado pelo ente federativo na realização de licitações e na execução dos contratos. Aqui, o objetivo é garantir o princípio da transparência. (§ 1º)

3. PUBLICIDADE E TRANSPARÊNCIA NA LICITAÇÃO (ART. 13)

O princípio da publicidade e da transparência estão expressamente previstos na Lei n. 14.133/2021 e encontram fundamento constitucional. A regra é que as informações relativas ao processo licitatório sejam públicas, a fim de que se possa promover o controle necessário e viabilizar a participação de interessados.

Esse princípio é reforçado no art. 13, ao estabelecer que "os atos praticados no processo licitatório são públicos, ressalvadas as hipóteses de informações cujo sigilo seja imprescindível à segurança da sociedade e do Estado, na forma da lei". As hipóteses de sigilo são fundamentadas no art. 5º, XXXIII, parte final, e na Lei n. 12.527/2011, art. 23, e devem constituir situações excepcionais, devidamente classificadas na forma da legislação. Ademais, "o sigilo conferido a documentos constantes em procedimentos licitatórios, como o orçamento de empresa estatal, não pode ser obstáculo ao exercício do contraditório e da ampla defesa". (Acórdão 423/2019-Plenário)

Assim, a regra deve ser sempre a publicidade e transparência.

Apesar disso, o parágrafo único do art. 13 estabelece duas hipóteses em que a publicidade será diferida, ou seja, postergada para um momento futuro. São elas:

– quanto ao conteúdo das propostas, até a respectiva abertura (I);

Nessa hipótese, a publicidade é diferida porque a divulgação do conteúdo das propostas antes da data marcada para sua abertura pode afetar a proposta de outros participantes e, consequentemente, distorcer os preços e a competitividade. É a ideia de sigilo das propostas, que deve ser observada também nessa nova lei.

– quanto ao orçamento da Administração, nos termos do art. 24 desta Lei (II).

O orçamento estimado do Poder Público pode ser mantido em sigilo, desde que isso seja devidamente justificado, sem prejuízo da divulgação do detalhamento dos quantitativos e das demais informações necessárias para a elaboração das propostas. É o que prevê o art. 24 da Lei n. 14.133/2021, constituindo uma decisão discricionária do órgão licitante, que deverá ser justificada.

O objetivo dessa regra é impedir que os preços apresentados nas propostas pelos licitantes sejam enviesados com a informação sobre o orçamento. Nessa hipótese, no entanto, o sigilo não prevalecerá para os órgãos de controle interno e externo, que poderão ter acesso para efetuar o controle dos atos administrativos.

Vale destacar também uma regra específica do parágrafo único do art. 24 da nova lei: "na hipótese de licitação em que for adotado o critério de julgamento por maior desconto, o preço estimado ou o máximo aceitável constará do edital da licitação".

4. PARTICIPAÇÃO NO PROCESSO LICITATÓRIO E NA EXECUÇÃO DO CONTRATO

A Lei n. 14.133/2021 estabelece regras sobre vedação à participação no processo licitatório (art. 14) e sobre a participação específica de consórcios (art. 15) e de cooperativas (art. 16). Essas regras são relevantes para garantir a observância do princípio da impessoalidade e da eficiência.

a) Vedação à participação *direta* ou *indireta* (art. 14)

Visando garantir a impessoalidade no âmbito do processo licitatório, o art. 14 prevê vedação à participação direta ou indireta, seja na licitação, seja na execução do contrato, do:

I – autor do anteprojeto, do projeto básico ou do projeto executivo, pessoa física ou jurídica, quando a licitação versar sobre obra, serviços ou fornecimento de bens a ele relacionados;

A pessoa que elabora o anteprojeto, o projeto básico ou o projeto executivo, seja ela física ou jurídica, fica impedida de participar do processo licitatório e da execução do contrato para que ela não seja beneficiada com as escolhas que tenha tomado durante o projeto. Vale destacar que não descaracteriza "a infração a ocorrência da exclusão do referido autor do quadro social da empresa participante da licitação, às vésperas do certame". (Acórdão 2264/2011-Plenário)

Vale destacar que a própria lei conceitua os três instrumentos da seguinte maneira:

DOCUMENTO	CONCEITO	FUNDAMENTO
Anteprojeto	Peça técnica com todos os subsídios necessários à elaboração do projeto básico [...]	Art. 6º, XXIV

Projeto básico	Conjunto de elementos necessários e suficientes, com nível de precisão adequado para definir e dimensionar a obra ou o serviço, ou o complexo de obras ou de serviços objeto da licitação, elaborado com base nas indicações dos estudos técnicos preliminares, que assegure a viabilidade técnica e o adequado tratamento do impacto ambiental do empreendimento e que possibilite a avaliação do custo da obra e a definição dos métodos e do prazo de execução [...]	Art. 6º, XXV
Projeto executivo	Conjunto de elementos necessários e suficientes à execução completa da obra, com o detalhamento das soluções previstas no projeto básico, a identificação de serviços, de materiais e de equipamentos a serem incorporados à obra, bem como suas especificações técnicas, de acordo com as normas técnicas pertinentes.	Art. 6º, XXVI

O § 3º do art. 14 equipara aos autores do projeto as empresas integrantes do mesmo grupo econômico para fins de incidência da referida vedação. É uma forma de evitar burla à norma e proteger a competitividade no certame.[52] Vale destacar que outras formas de violação à impessoalidade podem ser identificadas a partir do caso concreto. A título, de exemplo, já decidiu o TCU que "a eventual participação de empresa cujos sócios tenham relações societárias, profissionais e pessoais com o projetista impõe a necessidade de prevenir riscos de frustração ao caráter competitivo da licitação pública e ao princípio da isonomia entre licitantes". (Acórdão 158/2015-Plenário)

Apesar disso, a critério da Administração e exclusivamente a seu serviço, o autor dos referidos documentos poderá participar no apoio das atividades de planejamento da contratação, de execução da licitação

---

52 "A relação de parentesco entre o sócio da empresa vencedora do certame e o autor do projeto caracteriza a participação indireta deste na licitação, o que afronta o disposto no art. 9º, I e § 3º, da Lei n. 8.666/93." (Acórdão 2079/2013-Plenário)

ou de gestão do contrato, desde que sob supervisão exclusiva de agentes públicos do órgão ou entidade. (§ 2º)

Essa vedação, contudo, não impede a licitação ou a contratação de obra ou serviço que inclua como encargo do contratado a elaboração do projeto básico e do projeto executivo, nas contratações integradas, e do projeto executivo, nos demais regimes de execução (§ 4º). Isso porque, nesses regimes, o encargo faz parte da própria forma de execução do ajuste.

II – empresa, isoladamente ou em consórcio, responsável pela elaboração do projeto básico ou do projeto executivo, ou empresa da qual o autor do projeto seja dirigente, gerente, controlador, acionista ou detentor de mais de 5% (cinco por cento) do capital com direito a voto, responsável técnico ou subcontratado, quando a licitação versar sobre obra, serviços ou fornecimento de bens a ela necessários;

Essa regra é destinada às hipóteses em que o autor do projeto básico ou executivo seja empresa, isoladamente ou em consórcio, ou entidade da qual o autor do projeto for dirigente, gerente, controlador, acionista ou detentor de mais de 5% (cinco por cento) do capital com direito a voto, responsável técnico ou subcontratado. Nessa situação, a empresa não pode participar quando a licitação versar sobre obra, serviços ou fornecimento de bens necessários ao projeto. (Acórdão 597/2008-Plenário)

III – pessoa física ou jurídica que se encontre, ao tempo da licitação, impossibilitada de participar da licitação em decorrência de sanção que lhe foi imposta;

A Lei n. 14.133/2021 estabelece algumas penalidades que podem ser impostas pela Administração Pública ao contratado em seu art. 156.[53] Se a pessoa física ou jurídica sofrer penalidade que a impeça de participar do processo licitatório e da execução do contrato, a administração deverá observar tal determinação, averiguando esse *status* durante o procedimento.

---

[53] Lei n. 14.133/2021: "Art. 156. Serão aplicadas ao responsável pelas infrações administrativas previstas nesta Lei as seguintes sanções: I – advertência; II – multa; III – impedimento de licitar e contratar; IV – declaração de inidoneidade para licitar ou contratar".

Esse impedimento será também aplicado ao licitante que atue em substituição a outra pessoa, física ou jurídica, com o intuito de burlar a efetividade da sanção a ela aplicada, inclusive a sua controladora, controlada ou coligada, desde que devidamente comprovado o ilícito ou a utilização fraudulenta da personalidade jurídica do licitante. (§ 1º) Ressalte-se que "a penalidade de suspensão temporária de participação em licitação e impedimento de contratar com a Administração produz efeitos ex nunc, não alcançando automaticamente os contratos celebrados antes da aplicação da sanção". (Acórdão 2183/2019-Plenário)

IV – aquele que mantenha vínculo de natureza técnica, comercial, econômica, financeira, trabalhista ou civil com dirigente do órgão ou entidade contratante ou com agente público que desempenhe função na licitação ou atue na fiscalização ou na gestão do contrato, ou que deles seja cônjuge, companheiro ou parente em linha reta, colateral ou por afinidade, até o terceiro grau, devendo essa proibição constar expressamente do edital de licitação;

Essa é uma regra que visa impedir a influência de pessoas com vínculo ou parentes de autoridades no âmbito do processo licitatório. São duas vedações diferentes, mas que se relacionam.

VEDAÇÃO DECORRENTE DO VÍNCULO (parte inicial)	VEDAÇÃO DECORRENTE DE PARENTESCO (parte final)
Aquele que mantenha vínculo de natureza técnica, comercial, econômica, financeira, trabalhista ou civil com dirigente do órgão ou entidade contratante ou com agente público que desempenhe função na licitação ou atue na fiscalização ou na gestão do contrato.	Aquele que seja cônjuge, companheiro ou parente em linha reta, colateral ou por afinidade, até o terceiro grau, devendo essa proibição constar expressamente do edital de licitação de dirigente do órgão ou entidade contratante ou com agente público que desempenhe função na licitação ou atue na fiscalização ou na gestão do contrato.

Essa proibição se relaciona com o princípio da impessoalidade e com entendimentos já firmados anteriormente no âmbito do TCU. Nesse sentido, "São impedidas de participar de procedimentos licitatórios empresas de pessoas físicas ou jurídicas que mantenham qualquer vínculo de natureza técnica, comercial, econômica, financeira ou trabalhista com membros da comissão de licitação". (Acórdão 710/2008-Plenário)

V – empresas controladoras, controladas ou coligadas, nos termos da Lei n. 6.404, de 15 de dezembro de 1976, concorrendo entre si;

A vedação de concorrência entre empresas controladoras, controladas ou coligadas, nos termos da Lei n. 6.404, de 15 de dezembro de 1976, tem por finalidade evitar uma competição fictícia que prejudique a participação de outros interessados e a eficiência na obtenção da melhor proposta.

VI – pessoa física ou jurídica que, nos 5 (cinco) anos anteriores à divulgação do edital, tenha sido condenada judicialmente, com trânsito em julgado, por exploração de trabalho infantil, por submissão de trabalhadores a condições análogas às de escravo ou por contratação de adolescentes nos casos vedados pela legislação trabalhista.

Essa regra tem por finalidade evitar a contratação de pessoas envolvidas em:

(i) exploração de trabalho infantil;

(ii) submissão de trabalhadores a condições análogas às de escravo; ou

(iii) de contratação de adolescentes nos casos vedados pela legislação trabalhista.

Para vedar a participação da pessoa física ou jurídica no certame, exige-se que ela tenha sido condenada judicial, com trânsito em julgado, nos 5 (cinco) anos anteriores à divulgação do edital. O trânsito em julgado é um requisito obrigatório em virtude do princípio da presunção de inocência.

Vale destacar ainda a regra do § 5º do art. 14. De acordo com esse dispositivo, em licitações e contratações realizadas no âmbito de projetos e programas parcialmente financiados por agência oficial de cooperação estrangeira ou por organismo financeiro internacional com recursos do financiamento ou da contrapartida nacional, não poderá participar pessoa física ou jurídica que integre o rol de pessoas sancionadas por essas entidades ou que seja declarada inidônea nos termos desta Lei.

b) Participação de consórcio (art. 15)

Pessoas jurídicas podem participar de processos licitatórios por meio da formação de consórcio, salvo vedação devidamente justificada em decisão administrativa.[54] Essa possibilidade é salutar especialmente em contratações que exijam grandes investimento, na medida em que empresas podem se unir para concretizar um objeto único, atendendo ao princípio da competitividade.[55]

De acordo com o TCU, "a decisão da Administração de permitir a participação de empresas sob a forma de consórcio nas licitações deve ser **devidamente motivada** e **não deve** implicar a proibição da participação de empresas que, individualmente, possam cumprir o objeto a ser contratado, sob pena de restrição à competitividade". Acórdão 1711/2017-Plenário. Como se observa, a questão da competitividade deve ser avaliada na decisão administrativa ainda na fase preparatória.

A Lei n. 14.133/2021 estabelece algumas normas que devem ser observadas para assegurar a regularidade da participação.

A empresa interessada em participar da licitação por meio de consórcio deverá comprovar os seguintes requisitos:

– comprovação de compromisso público ou particular de constituição de consórcio, subscrito pelos consorciados (i);

A formalização do consórcio deverá acontecer por meio de compromisso público ou particular de constituição de consórcio, que será subscrito pelos consorciados. Esse documento se faz necessário para formalizar a participação de todos os interessados.

Essa formalização não necessita ser registrada em cartório. Conforme decidido pelo TCU "não deve ser exigido, na licitação, registro em

---

54 "A vedação da participação em licitações de empresas em consórcio deve ser justificada, sob pena de restrição à competitividade." (Acórdão 11196/2011-Segunda Câmara)

55 "Não se deve estabelecer limite ao número máximo de empresas em consórcio para participar de licitação, bem como percentual de participação de cada empresa no consórcio." (Acórdão 597/2008-Plenário)

cartório do compromisso de constituição de consórcio, uma vez que tal exigência não consta no rol dos instrumentos sujeitos obrigatoriamente ao registro de títulos e documentos para surtir efeitos perante terceiros (art. 129 da Lei n. 6.015/73) e o Estatuto das Licitações somente o exige para fim de celebração do contrato (art. 33, I e § 2º, da Lei n. 8.666/93)". (Acórdão 3699/2019-Segunda Câmara)

Esse entendimento deve ser mantido com a Lei n. 14.133/2021, já que ela não faz exigências adicionais relacionadas ao registro do compromisso.

– indicação da empresa líder do consórcio, que será responsável por sua representação perante a Administração (II);

Embora o consórcio se constitua por um conjunto de empresas, deverá haver a indicação da empresa líder, responsável pela representação perante a Administração Pública. Essa regra visa facilitar o diálogo entre o Estado e o particular durante o procedimento licitatório e a execução do contrato.[56]

– admissão, para efeito de habilitação técnica, do somatório dos quantitativos de cada consorciado e, para efeito de habilitação econômico-financeira, do somatório dos valores de cada consorciado (III);

Com base na união das empresas para execução do objeto proposto, a Administração poderá considerar, na habilitação técnica e na habilitação econômico-financeira, o somatório dos quantitativos e dos valores de cada consorciado respectivamente. A atuação conjunta das empresas envolvidas na execução da proposta é o que viabiliza esse somatório.[57]

---

[56] "As comunicações do TCU destinadas a promover o contraditório e a ampla defesa devem ser encaminhadas a todas as empresas integrantes do consórcio, quando a empresa líder não detiver poder de representação das demais em juízo, estabelecido no ato constitutivo do consórcio." (Acórdão 929/2007-Plenário)

[57] "A exigência de que cada integrante do consórcio apresente todos os documentos de habilitação, bem como a exigência, como requisito de habilitação

– impedimento de a empresa consorciada participar, na mesma licitação, de mais de um consórcio ou de forma isolada (IV);

Embora a Lei n. 14.133/2021 tenha viabilizado a participação de empresas por meio de consórcio, não é possível participar de mais de um consórcio ou de forma isolada na mesma licitação, pois isso seria uma concorrência fictícia que geraria falta de clareza na condução do procedimento e poderia frustrar a competitividade.

– responsabilidade solidária dos integrantes pelos atos praticados em consórcio, tanto na fase de licitação quanto na de execução do contrato (V).

No caso de participação em consórcio, a responsabilidade dos integrantes é solidária, isto é, todas as empresas consorciadas respondem no âmbito da licitação e do contrato administrativo. Essa regra visa evitar que empresas se utilizem do consórcio para se eximir de responsabilidades perante a Administração Pública.

Além desses requisitos, que devem ser observados pelos interessados em participar de consórcios, a Administração deve aplicar algumas normas durante o processo licitatório:

i) O edital deverá estabelecer para o consórcio acréscimo de 10% (dez por cento) a 30% (trinta por cento) sobre o valor exigido de licitante individual para a habilitação econômico-financeira, salvo justificação (§ 1º). Essa regra não se aplica para consórcio composto, em sua totalidade, de empresas ME e EPP. (§ 2º)

ii) O licitante vencedor é obrigado a promover, antes da celebração do contrato, a constituição e o registro do consórcio, nos termos do compromisso referido no inciso I do caput deste artigo. (§ 3º)

iii) Desde que haja justificativa técnica aprovada pela autoridade competente, o edital de licitação poderá estabelecer limite máximo para o número de empresas consorciadas. (§ 4º)

---

técnica, de comprovação de execução de serviços em determinado tipo de obra, sem a devida motivação, restringem o caráter competitivo do certame." (Acórdão 1100/2013-Plenário)

iv) A substituição de consorciado deverá ser expressamente autorizada pelo órgão ou entidade contratante e condicionada à comprovação de que a nova empresa do consórcio possui, no mínimo, os mesmos quantitativos para efeito de habilitação técnica e os mesmos valores para efeito de qualificação econômico-financeira apresentados pela empresa substituída para fins de habilitação do consórcio no processo licitatório que originou o contrato. (§ 5º)

A responsabilidade solidária impacta, portanto, na participação do consórcio no processo licitatório. Assim, "no caso de dano ao erário provocado por empresas consorciadas, pode o consórcio contratado figurar como responsável solidário pelo débito no acórdão condenatório e ter suas contas julgadas, apesar de não ter personalidade jurídica". (Acórdão 2971/2021-Plenário)

Já decidiu o TCU também que "em decorrência da responsabilidade solidária de empresas organizadas em consórcio, a multa proporcional ao débito deve ser imputada à unidade consorciada e não às suas integrantes individualmente". (Acórdão 3363/2010-Plenário) Além disso, "não cabe desconsiderar a responsabilidade solidária das empresas consorciadas por atos praticados pelo consórcio ao longo da execução contratual, na forma disciplinada pelo art. 33, V, da Lei n. 8.666/93, ainda que alguma delas não tenha, de fato, participado da execução do objeto". (Acórdão 2861/2018-Plenário)

c) Participação de cooperativas (art. 16)

A participação de profissionais organizados sob a forma de cooperativa também é permitida na Lei n. 14.133/2021, quando observados alguns requisitos. De acordo com a Súmula 281 do TCU: "É vedada a participação de cooperativas em licitação quando, pela natureza do serviço ou pelo modo como é usualmente executado no mercado em geral, houver necessidade de subordinação jurídica entre o obreiro e o contratado, bem como de pessoalidade e habitualidade".

Por outro lado, a vedação à participação de cooperativas será considerada como irregular quando não houver motivação adequada. Dessa forma "É irregular a vedação à participação de cooperativas em procedimento licitatório, ressalvados os casos em que o objeto social destas seja incompatível com o objeto do certame respectivo". (Acórdão 22/2003-Plenário)

A Lei n. 14.133/2021 definiu os requisitos para participação de cooperativas no processo licitatório em seu art. 16, sendo os seguintes:

REQUISITOS PARA PARTICIPAÇÃO DE COOPERATIVAS EM LICITAÇÕES
A constituição e o funcionamento da cooperativa devem observar as regras estabelecidas na legislação aplicável, em especial a Lei n. 5.764, de 16 de dezembro de 1971, a Lei n. 12.690, de 19 de julho de 2012, e a Lei Complementar n. 130, de 17 de abril de 2009 (I);
A cooperativa deve apresentar demonstrativo de atuação em regime cooperado, com repartição de receitas e despesas entre os cooperados (II);
Qualquer cooperado, com igual qualificação, deve ser capaz de executar o objeto contratado, vedado à Administração indicar nominalmente pessoas (III);
O objeto da licitação deve se referir, em se tratando de cooperativas enquadradas na Lei n. 12.690, de 19 de julho de 2012, a serviços especializados constantes do objeto social da cooperativa, a serem executados de forma complementar à sua atuação (IV).

IV – FASES DO PROCEDIMENTO LICITATÓRIO

1. COMENTÁRIOS GERAIS SOBRE AS FASES LICITATÓRIAS

Embora cada modalidade licitatória tenha as suas peculiaridades, a Lei n. 14.133/2021 tentou **unificar** as **fases do procedimento licitatório**, permitindo uma maior segurança jurídica durante o procedimento e facilitando a atuação do gestor público. No microssistema normativo anterior, muitas críticas eram formuladas pela ausência de uniformidade e pela dificuldade de compreensão de cada fase, o que tenta ser sanado na legislação de 2021.

a) Meio eletrônico preferencial

A nova lei determina (§§ 2º e 4º do art. 17) que as fases sejam realizadas *preferencialmente* na forma **eletrônica**, podendo ser utilizada a forma presencial, **desde que motivada**, devendo a sessão pública ser registrada em ata e gravada em áudio e **vídeo**. A utilização do meio eletrônico na condução de procedimentos licitatórios já era uma das vantagens do pregão que foi incorporada como regra preferencial na Lei n. 14.133/2021, favorecendo o princípio da celeridade (art. 5º).

No caso de uso do **meio eletrônico**, a Administração poderá determinar, como condição de validade e eficácia, que os licitantes pratiquem seus atos em formato eletrônico, uniformizando o procedimento. Apesar disso, nem sempre o meio eletrônico será utilizado.

Veja-se que, na sistemática da nova legislação, o meio presencial deve ser utilizado apenas de forma **excepcional** e, nesse caso, a sessão pública de apresentação de propostas deverá ser gravada em **áudio** e **vídeo**, e a gravação será juntada aos autos do processo licitatório depois de seu encerramento (§ 5º). Dessa forma, deve haver justificação para o uso da modalidade presencial e os seus acontecimentos deverão ser transpostos para o processo por meio de gravação.

PREFERÊNCIA	INVERSÃO *(Ato motivado)*
LICITAÇÃO ELETRÔNICA	LICITAÇÃO PRESENCIAL (sessão pública ser registrada em ata e gravada em áudio e vídeo)

b) As fases do procedimento

O art. 17 da referida lei, nesse sentido, fixa uma sequência de 7 **(sete) fases a serem observadas durante o procedimento**. Cada fase será analisada especificamente ao longo dos nossos encontros, mas já podemos apresentar a lista para conhecimento:

FASE DA LICITAÇÃO	FUNDAMENTO
Preparatória	Arts. 18 ao 27
Divulgação do edital de licitação	Arts. 53 e 54
Apresentação de propostas e lances, quando for o caso	Arts. 55 a 57
Julgamento	Arts. 59 a 61
Habilitação	Arts. 62 a 70
Recursal	Art. 165
Homologação	Art. 71

Atenção: O que veremos agora é apenas uma exposição introdutória sobre as fases licitatórias, frisando-se que voltaremos à análise mais aprofundada de algumas fases posteriormente.

Regra da sequência das fases no procedimento licitatório	
Lei n. 8.666/93	**Lei n. 14.133/2021**
1) Habilitação 2) Julgamento	1) Julgamento 2) Habilitação

– preparatória (I);

A fase preparatória constitui um *procedimento interno* da Administração Pública, que objetiva reunir os subsídios necessários para lançamento externo do certame. Essa fase será destinada a viabilizar um planejamento do processo licitatório, a fim de que se possa resolver o problema inicial da administração pública e atingir os melhores resultados. Visa concretizar o **princípio do planejamento**.

– de divulgação do edital de licitação (II);

A fase de divulgação do edital de licitação é o momento de tornar público o procedimento e suas regras, atendendo ao princípio da publicidade. As regras do edital devem ser claras e permitir a ampla participação pelos interessados, em razão do princípio da competitividade. Perceba-se que, no modelo atual, há apenas edital, não se falando mais em carta-convite, já que essa modalidade foi extinta na nova legislação.

– de apresentação de propostas e lances, quando for o caso (III);

Com a divulgação do edital, o ato subsequente, que deve ser providenciado pelos interessados, é a apresentação de propostas e lances, quando for o caso. A proposta referida aqui diz respeito ao objeto indicado no Edital, que deve ser de conhecimento dos interessados e que guiará a fase seguinte.

– de julgamento (IV);

No modelo anterior, a regra era promover primeiro a habilitação e só depois o julgamento, o que era bastante criticado pela doutrina. A lei de pregão (Lei n. 10.520) já invertia essas fases, **mas a nova lei veio com**

tornar a regra para todas as modalidades de licitação, de forma que o julgamento deve ocorrer primeiro a habilitação ser promovida apenas em relação a quem for declarado vencedor.

Vale destacar que, de acordo com o § 3º do art. 17, desde que previsto no edital, na fase de julgamento, o órgão ou entidade licitante **poderá**, em relação ao licitante provisoriamente vencedor, realizar análise e avaliação da conformidade da proposta, mediante homologação de amostras, exame de conformidade e prova de conceito, entre outros testes de interesse da Administração, de modo a comprovar sua aderência às especificações definidas no termo de referência ou no projeto básico.

– de habilitação (V);

A fase de habilitação serve para a avaliação da documentação jurídica, técnica, fiscal, social e trabalhista e econômico-financeira, na forma dos arts. 62 e seguintes da Lei n. 14.133/2021. Essa fase **pode ser anterior** à de julgamento ou de apresentação das propostas (inversão das fases), **desde que a inversão aconteça por ato motivado**, com explicitação dos benefícios decorrentes e com previsão expressa no edital.

REGRA	INVERSÃO (Ato motivado – **com explicitação dos benefícios decorrentes e com previsão expressa no edital)**
1. Preparatória; 2. Divulgação do edital de licitação; 3. Apresentação 4. Julgamento; **5. Habilitação;** 6. Recursal; 7. Homologação.	1. Preparatória; 2. Divulgação do edital de licitação; **3. Habilitação;** 4. Apresentação; 5. Julgamento; 6. Recursal; 7. Homologação.

– recursal (VI);

A fase recursal ocorre após a habitação e possui fundamento específico no art. 165, I, da Lei n. 14.133/2021. Essa fase serve ao cumprimento do contraditório e ampla defesa por determinação constitucional (CF, art. 5º, LV).

– *de homologação (V).*

A Lei n. 14.133/2021 não conceitua o ato de homologação, mas ele deve ocorrer após o encerramento das fases de julgamento e habilitação, inclusive com o exaurimento dos recursos administrativos, na forma do art. 71, IV. De acordo com esse dispositivo, após o encerramento do processo, a autoridade competente pode:

a) determinar o retorno dos autos para saneamento de irregularidades;
b) revogar a licitação por motivo de conveniência e oportunidade;
c) proceder à anulação da licitação, de ofício ou mediante provocação de terceiros, sempre que presente ilegalidade insanável;
d) adjudicar o objeto e homologar a licitação.

A homologação, portanto, é uma avaliação sobre o cumprimento dos preceitos legais durante o procedimento licitatório. A autoridade competente poderá, então, homologar ou não o certame.

2. FASE PREPARATÓRIA

a) Instrução do processo

A fase preparatória ocorre *internamente* à administração pública e deve observar o **princípio do planejamento**, compatibilizando-se com o **plano de contratações anual (art. 12, VII)** do órgão e com as **leis orçamentárias**, adotando as considerações técnicas, mercadológicas e de gestão necessárias. Durante essa fase, o processo administrativo serve também para instrução com documentos necessários ao curso do certame.

Perceba-se que o intuito da Lei n. 14.133/2021 foi estabelecer uma fase que vai além do mero atendimento de formalidades legais. Além de produzir a documentação necessária à instrução processual, as autoridades competentes deverão preparar a licitação com estudos, informaçoes e dados necessários ao êxito do certame e à resolução do problema inicial.

Nesse sentido, a Administração Pública deverá providenciar:

i. **a descrição da necessidade da contratação fundamentada em estudo técnico preliminar que caracterize o interesse público envolvido;**

A justificação da contratação é elemento que permite a concretização do princípio da motivação e viabiliza também um controle mais efetivo dos atos administrativos. O estudo técnico preliminar (ETP) deve indicar essa necessidade de maneira clara para apontar que a contratação está sendo realizada com o intuito de cumprir o interesse público e com um planejamento adequado.

De acordo com o art. 6º, XX, da Lei n. 14.133/2021, o estudo técnico preliminar é "documento constitutivo da primeira etapa do planejamento de uma contratação que caracteriza o interesse público envolvido e a sua melhor solução e dá base ao anteprojeto, ao termo de referência ou ao projeto básico a serem elaborados caso se conclua pela viabilidade da contratação". Trata-se, portanto, de documento inicial do processo administrativo.

Os estudos técnicos preliminares servem de norte para todo o procedimento licitatório. Nesse sentido, servem de base para a elaboração do projeto básico, assegurando a viabilidade técnica da obra ou serviço e assegurando o adequado tratamento do impacto ambiental do empreendimento. (Acórdão 1568/2008-Plenário)

No caso de obra, "os estudos técnicos preliminares devem demonstrar a viabilidade técnica a partir de todos os elementos necessários e suficientes, com nível de precisão adequado para caracterizar a obra, com indicações dos estudos técnicos e ambientais, avaliação do seu custo, definição dos métodos e do prazo de execução". (Acórdão 1273/2007-Plenário)

Observação: O estudo técnico preliminar é documento obrigatório e deverá evidenciar o problema a ser resolvido e a sua melhor solução, de modo a permitir a avaliação da viabilidade técnica e econômica da contratação, e contendo os elementos descritos no art. 18, § 1º, da Lei n. 14.133/2021.

ELEMENTOS DO ESTUDO TÉCNICO PRELIMINAR
Descrição da necessidade da contratação, considerado o problema a ser resolvido sob a perspectiva do interesse público.
Demonstração da previsão da contratação no plano de contratações anual, sempre que elaborado, de modo a indicar o seu alinhamento com o planejamento da Administração.
Requisitos da contratação.

Estimativas das quantidades para a contratação, acompanhadas das memórias de cálculo e dos documentos que lhes dão suporte, que considerem interdependências com outras contratações, de modo a possibilitar economia de escala.
Levantamento de mercado, que consiste na análise das alternativas possíveis, e justificativa técnica e econômica da escolha do tipo de solução a contratar.
Estimativa do valor da contratação, acompanhada dos preços unitários referenciais, das memórias de cálculo e dos documentos que lhe dão suporte, que poderão constar de anexo classificado, se a Administração optar por preservar o seu sigilo até a conclusão da licitação.
Descrição da solução como um todo, inclusive das exigências relacionadas à manutenção e à assistência técnica, quando for o caso.
Justificativas para o parcelamento ou não da contratação.
Demonstrativo dos resultados pretendidos em termos de economicidade e de melhor aproveitamento dos recursos humanos, materiais e financeiros disponíveis.
Providências a serem adotadas pela Administração previamente à celebração do contrato, inclusive quanto à capacitação de servidores ou de empregados para fiscalização e gestão contratual.
Contratações correlatas e/ou interdependentes.
Descrição de possíveis impactos ambientais e respectivas medidas mitigadoras, incluídos requisitos de baixo consumo de energia e de outros recursos, bem como logística reversa para desfazimento e reciclagem de bens e refugos, quando aplicável.
Posicionamento conclusivo sobre a adequação da contratação para o atendimento da necessidade a que se destina.

ii. a definição do objeto para o atendimento da necessidade, por meio de termo de referência, anteprojeto, projeto básico ou projeto executivo, conforme o caso;

Além do estudo técnico preliminar, outros documentos podem se mostrar necessários no âmbito do processo licitatório para delimitar o objeto para o atendimento da necessidade. Cada documento possui seu respectivo conceito na Lei n. 14.133/2021 e deve conter as informações necessárias à compreensão do seu conteúdo e cumprimento de suas disposições em conformidade com a lei.

O **termo de referência** é documento necessário para a contratação de *bens* e *serviços*, que deve conter os seguintes parâmetros e elementos descritivos (Lei n. 14.133/2021, art. 6º, XXIII):[58]

---

58 "Os atos de aprovar o termo de referência e de autorizar a contratação funcionam como etapas de controle e de vinculação de responsabilidade em relação

ELEMENTOS DO TERMO DE REFERÊNCIA
Definição do objeto, incluídos sua natureza, os quantitativos, o prazo do contrato e, se for o caso, a possibilidade de sua prorrogação.
Fundamentação da contratação, que consiste na referência aos estudos técnicos preliminares correspondentes ou, quando não for possível divulgar esses estudos, no extrato das partes que não contiverem informações sigilosas.
Descrição da solução como um todo, considerado todo o ciclo de vida do objeto.
Requisitos da contratação.
Modelo de execução do objeto, que consiste na definição de como o contrato deverá produzir os resultados pretendidos desde o seu início até o seu encerramento.
Modelo de gestão do contrato, que descreve como a execução do objeto será acompanhada e fiscalizada pelo órgão ou entidade.
Critérios de medição e de pagamento.
Forma e critérios de seleção do fornecedor.
Estimativas do valor da contratação, acompanhadas dos preços unitários referenciais, das memórias de cálculo e dos documentos que lhe dão suporte, com os parâmetros utilizados para a obtenção dos preços e para os respectivos cálculos, que devem constar de documento separado e classificado.
Adequação orçamentária.

O **anteprojeto**, por sua vez, é a peça técnica com todos os subsídios necessários à *elaboração do projeto básico*, que deve conter, no mínimo, os seguintes elementos (Lei n. 14.133/2021, art. 6º, XXIV):

ELEMENTOS DO ANTEPROJETO
Demonstração e justificativa do programa de necessidades, avaliação de demanda do público-alvo, motivação técnico-econômico-social do empreendimento, visão global dos investimentos e definições relacionadas ao nível de serviço desejado.
Condições de solidez, de segurança e de durabilidade.
Prazo de entrega.
Estética do projeto arquitetônico, traçado geométrico e/ou projeto da área de influência, quando cabível.
Parâmetros de adequação ao interesse público, de economia na utilização, de facilidade na execução, de impacto ambiental e de acessibilidade.
Proposta de concepção da obra ou do serviço de engenharia.

aos procedimentos previamente adotados no processo de licitação, não representando mera formalidade." (TCU, Acórdão 3881/2017-Primeira Câmara)

Projetos anteriores ou estudos preliminares que embasaram a concepção proposta.
Levantamento topográfico e cadastral.
Pareceres de sondagem.
Memorial descritivo dos elementos da edificação, dos componentes construtivos e dos materiais de construção, de forma a estabelecer padrões mínimos para a contratação.

O **projeto básico** é o conjunto de elementos necessários e suficientes, com nível de precisão adequado para definir e dimensionar a obra ou o serviço, ou o complexo de obras ou de serviços objeto da licitação, elaborado com base nas indicações dos estudos técnicos preliminares, que assegure a viabilidade técnica e o adequado tratamento do impacto ambiental do empreendimento e que possibilite a avaliação do custo da obra e a definição dos métodos e do prazo de execução, devendo conter os seguintes elementos (Lei n. 14.133/2021, art. 6º, XXV):[59]

ELEMENTOS DO PROJETO BÁSICO
Levantamentos topográficos e cadastrais, sondagens e ensaios geotécnicos, ensaios e análises laboratoriais, estudos socioambientais e demais dados e levantamentos necessários para execução da solução escolhida.
Soluções técnicas globais e localizadas, suficientemente detalhadas, de forma a evitar, por ocasião da elaboração do projeto executivo e da realização das obras e montagem, a necessidade de reformulações ou variantes quanto à qualidade, ao preço e ao prazo inicialmente definidos.
Identificação dos tipos de serviços a executar e dos materiais e equipamentos a incorporar à obra, bem como das suas especificações, de modo a assegurar os melhores resultados para o empreendimento e a segurança executiva na utilização do objeto, para os fins a que se destina, considerados os riscos e os perigos identificáveis, sem frustrar o caráter competitivo para a sua execução.
Informações que possibilitem o estudo e a definição de métodos construtivos, de instalações provisórias e de condições organizacionais para a obra, sem frustrar o caráter competitivo para a sua execução.

59 "Não se admite a realização de licitação com base em projeto básico que não obteve a aprovação do órgão técnico competente na esfera federal, na hipótese de empreendimento que utilize recursos federais transferidos por meio de termo de compromisso ou contrato de repasse." (TCU, Acórdão 2099/2011-Plenário)

Subsídios para montagem do plano de licitação e gestão da obra, compreendidos a sua programação, a estratégia de suprimentos, as normas de fiscalização e outros dados necessários em cada caso.
Orçamento detalhado do custo global da obra, fundamentado em quantitativos de serviços e fornecimentos propriamente avaliados, obrigatório exclusivamente para os regimes de execução previstos nos incisos I, II, III, IV e VII do *caput* do art. 46 desta Lei.

Por fim, o **projeto executivo** é o conjunto de elementos necessários e suficientes à execução completa da obra, com o detalhamento das soluções previstas no projeto básico, a identificação de serviços, de materiais e de equipamentos a serem incorporados à obra, bem como suas especificações técnicas, de acordo com as normas técnicas pertinentes. (Lei n. 14.133/2021, art. 6º, XXVI)

iii. a definição das condições de execução e pagamento, das garantias exigidas e ofertadas e das condições de recebimento;

O detalhamento das condições de execução e pagamento, garantias e condições de recebimento deve ser feito ainda na fase preparatória, a fim de que possa ser espelhado no Edital. O objetivo é que as regras sejam claramente definidas para que atinjam seus respectivos resultados nas fases seguintes.

iv. o orçamento estimado, com as composições dos preços utilizados para sua formação;

O orçamento estimado é elemento essencial do procedimento licitatório. O valor previamente estimado da contratação deverá ser compatível com os valores praticados pelo mercado, considerados os preços constantes de bancos de dados públicos e as quantidades a serem contratadas, observadas a potencial economia de escala e as peculiaridades do local de execução do objeto. O art. 23 da Lei n. 14.133/2021 estabelece regras para o cálculo do preço estimado, o que poderá também ser objeto de regulamento.

v. a elaboração do edital de licitação;

A fase seguinte à preparatória será a divulgação do edital de licitação. Para que isso aconteça, é preciso que, durante a fase preparatório, este edital seja devidamente elaborado pelas áreas técnicas e submetido, se for o caso, à análise pelo órgão jurídico competente. A elaboração de minutas padronizadas para contratação de objetos de mesma natureza ou natureza semelhante atende ao princípio da eficiência e possui também previsão na nova lei.[60]

vi. a elaboração de minuta de contrato, quando necessária, que constará obrigatoriamente como anexo do edital de licitação;

A minuta do contrato, quando necessária, deve ser também elaborada ainda na fase preparatória pelo setor técnico competente e analisada pelo órgão de assessoramento jurídico quando for o caso. É possível e recomendável que o contrato seja adequado às peculiaridades da contratação, mas deve sempre observar os requisitos de formalização dos arts. 89 e seguintes da Lei n. 14.133/2021. Vale destacar que a minuta de contrato pode ser substituída por outros documentos nas hipóteses do art. 95 da referida lei, sendo possível ainda a contratação verbal quando o valor da contratação não ultrapassar R$ 10.804,08 (dez mil oitocentos e quatro reais e oito centavos).[61]

---

[60] Lei n. 14.133/2021: "Art. 19. Os órgãos da Administração com competências regulamentares relativas às atividades de administração de materiais, de obras e serviços e de licitações e contratos deverão: [...] IV – instituir, com auxílio dos órgãos de assessoramento jurídico e de controle interno, modelos de minutas de editais, de termos de referência, de contratos padronizados e de outros documentos, admitida a adoção das minutas do Poder Executivo federal por todos os entes federativos;".

"Art. 25 [...] § 1º Sempre que o objeto permitir, a Administração adotará minutas padronizadas de edital e de contrato com cláusulas uniformes."

[61] Lei n. 14.133/2021: "Art. 95. O instrumento de contrato é obrigatório, salvo nas seguintes hipóteses, em que a Administração poderá substituí-lo por outro instrumento hábil, como carta-contrato, nota de empenho de despesa, autorização de compra ou ordem de execução de serviço:

I – dispensa de licitação em razão de valor;

II – compras com entrega imediata e integral dos bens adquiridos e dos quais não resultem obrigações futuras, inclusive quanto a assistência técnica, independentemente de seu valor.

vii. o regime de fornecimento de bens, de prestação de serviços ou de execução de obras e serviços de engenharia, observados os potenciais de economia de escala;

No âmbito do fornecimento de bens, prestação de serviços ou execução de obras e serviços de engenharia, regimes que podem ser adotados. Isso existe maior atenção na parte de execução de obras, já que a Lei n. 14.133/2021, em seu art. 46, estabelece regimes como empreitada por preço unitário, empreitada por preço global, empreitada integral, contratação por tarefa, contratação integrada, contratação semi-integrada e fornecimento e prestação de serviço associado.

O regime é a forma como o fornecimento, a prestação ou a execução acontecerá e, por se tratar de uma parte que impacta diretamente no planejamento e êxito da licitação, deve ser definido ainda na fase preparatória, com todos os detalhes e informações pertinentes. É recomendável que o corpo técnico de agentes públicos responsáveis pelo procedimento tenha conhecimento necessário ou esteja assessorado por pessoas com tal conhecimento, a fim de permitir a delimitação do regime mais eficiente para o objeto pretendido.

viii. a modalidade de licitação, o critério de julgamento, o modo de disputa e a adequação e eficiência da forma de combinação desses parâmetros, para os fins de seleção da proposta apta a gerar o resultado de contratação mais vantajoso para a Administração Pública, considerado todo o ciclo de vida do objeto;

Mais a frente, veremos o que a lei prescreve sobre cada um desses aspectos. O fato é que todas as regras da disputa devem estar claras no

---

§ 1º Às hipóteses de substituição do instrumento de contrato, aplica-se, no que couber, o disposto no art. 92 desta Lei.

§ 2º É nulo e de nenhum efeito o contrato verbal com a Administração, salvo o de pequenas compras ou o de prestação de serviços de pronto pagamento, assim entendidos aqueles de valor não superior a R$ 10.000,00 (dez mil reais).” (*Vide* Decreto n. 10.922, de 2021, o novo valor (a partir de 1º-1-2022) é de R$ 10.804,08 (dez mil oitocentos e quatro reais e oito centavos)

Edital, a fim de concretizar os princípios da impessoalidade e do julgamento objetivo. O planejamento deve ser efetuado de maneira completa, levando em consideração o possível resultado mais vantajoso para a administração pública e todo o ciclo de vida do objeto.

> **ix. a motivação circunstanciada das condições do edital, tais como justificativa de exigências de qualificação técnica, mediante indicação das parcelas de maior relevância técnica ou valor significativo do objeto, e de qualificação econômico-financeira, justificativa dos critérios de pontuação e julgamento das propostas técnicas, nas licitações com julgamento por melhor técnica ou técnica e preço, e justificativa das regras pertinentes à participação de empresas em consórcio;**

As escolhas públicas, na Lei n. 14.133/2021, não devem ocorrer de forma aleatória. O gestor público, ao tomar sua decisão, deve motivar, indicando os pressupostos de fato e de direito que a fundamentam. É nesse sentido que a legislação exige tal motivação com relação às condições eleitas para o edital. Isso permite um maior controle por partes dos licitantes e pela população, evitando ainda que determinadas regras sejam utilizadas para privilegiar pessoas específicas em detrimento de outras.

> **x. a análise dos riscos que possam comprometer o sucesso da licitação e a boa execução contratual;**

O planejamento a ser realizado pela administração pública deve contemplar também a análise de riscos que possam afetar o procedimento licitatório. Situações ordinárias ou extraordinárias que possam gerar o fracasso ou a deserção no âmbito do procedimento licitatório devem ser evitadas para que não haja o dispêndio desnecessário de recursos públicos com um procedimento que não resolverá, ao fim, o problema do Poder Público.

É importante ressaltar que a Lei n. 14.133/2021 previu expressamente a possibilidade de uso da matriz de risco em contratações públicas, que é cláusula contratual definidora de riscos e de responsabilidades entre as partes e caracterizadora do equilíbrio econômico-financeiro inicial do contrato, em termos de ônus financeiro decorrente de eventos supervenientes à contratação.[62]

xi. a motivação sobre o momento da divulgação do orçamento da licitação, observado o art. 24 desta Lei.

O momento de divulgação do orçamento da licitação é fundamental para viabilizar o controle por parte dos licitantes e da população, já que é o que permite aferir se houve irregularidades e prática de sobrepreço. Apesar disso, a Lei n. 14.133/2021, em seu art. 24, prevê a possibilidade de orçamento sigiloso, em semelhança ao que acontecia no modelo do RDC.[63]

Vale destacar que, independentemente de se adotar o orçamento sigiloso do art. 24 ou não, é necessário ao gestor público motivar o momento da sua divulgação. Assim, deverá ele, no âmbito do processo administrativo, ainda em fase preparatória, indicar qual será o momento de divulgação e as razões da sua decisão.

Como se observar, a fase preparatória serve para o **planejamento** da licitação, a fim de obter um resultado mais eficiente no atendimento ao interesse público. Durante o trâmite dessa fase, o processo tramita internamente na Administração Pública até a publicação do respectivo edital.

b) Mecanismos e providências do Poder Público

Os órgãos da Administração Pública responsáveis pela gestão dos bens e serviços devem adotar providências determinadas no art. 19 da Lei n. 14.133/2021. A referida lei estabelece como dever a adoção de tais providências, haja vista que viabiliza uma maior eficiência na condução do processo licitatório.

---

[62] Lei n. 14.133/2021, art. 6º, XXVII.

[63] Lei n. 14.133/2021: "Art. 24. Desde que justificado, o orçamento estimado da contratação poderá ter caráter sigiloso, sem prejuízo da divulgação do detalhamento dos quantitativos e das demais informações necessárias para a elaboração das propostas, e, nesse caso:

I – o sigilo não prevalecerá para os órgãos de controle interno e externo;

Parágrafo único. Na hipótese de licitação em que for adotado o critério de julgamento por maior desconto, o preço estimado ou o máximo aceitável constará do edital da licitação".

São elas:

i. instituir instrumentos que permitam, **preferencialmente, a** *centralização dos procedimentos de aquisição e contratação de bens e serviços;*

A centralização dos procedimentos permite o desenvolvimento dos conhecimentos em matéria licitatória e uma gestão eficiente dos recursos humanos e materiais envolvidos. Essa previsão não retira, contudo, o dever de observância do princípio da segregação de funções, devendo as competências serem distribuídas entre pessoas diferentes para atuação no processo. Ressalte-se que essa centralização é uma regra preferencial, podendo ser excepcionada de forma justificada.

ii. criar **catálogo eletrônico de padronização de compras, serviços e obras, admitida a adoção do catálogo do Poder Executivo federal por todos os entes federativos;**

O catálogo eletrônico é um sistema informatizado, de gerenciamento centralizado e com indicação de preços, destinado a permitir a padronização de itens a serem adquiridos pela Administração Pública e que estarão disponíveis para a licitação.[64] Trata-se de um instrumento vantajoso para aferir os preços praticados nos órgãos públicos e viabilizar uma maior padronização da atividade administrativa.

iii. instituir **sistema informatizado** de acompanhamento de obras, inclusive com *recursos de imagem e vídeo;*

Um dos grandes problemas da administração pública na execução de contratos administrativos acontece em obras públicas, com sucessivos atrasos, pedidos de reequilíbrio econômico-financeiro, rescisões contratuais e assim por diante. Pensando nisso, a legislação também prevê o dever de instituir um sistema de acompanhamento de obras e a utilização de recursos audiovisuais deve ser um importante instrumento de controle interno e externo.

---

64 Lei n. 14.133/2021, art. 6º, LI.

iv. instituir, com auxílio dos órgãos de assessoramento jurídico e de controle interno, **modelos de minutas de editais, de termos de referência, de contratos padronizados e de outros documentos,** *admitida a adoção das minutas do Poder Executivo federal por todos os entes federativos;*

A criação de modelos de documentos a serem utilizados no âmbito dos processos licitatórios já é uma prática usual no âmbito da administração pública e passa a conter previsão expressa na Lei n. 14.133/2021, com vistas à otimização e eficiência da atividade administrativa. Para que essas minutas sejam adotadas como padrão no âmbito dos órgãos públicos, é importante que haja uma atuação conjunta dos diversos agentes com competência para atuação nos futuros procedimentos, como órgãos de assessoria jurídica, áreas responsáveis pela condução procedimentos licitatórios, áreas técnicas relacionadas aos possíveis objetos padronizados etc.

Nesse sentido, "as minutas de editais de licitação ou contratos devem ser previamente submetidas à aprovação da assessoria jurídica da Administração, admitindo-se, em caráter excepcional, a utilização de minuta-padrão de contrato a ser celebrado pela Administração, previamente aprovada pela assessoria jurídica, quando houver identidade de objeto – e este representar contratação corriqueira – e não restar dúvidas acerca da possibilidade de adequação das cláusulas exigidas no contrato pretendido às cláusulas previamente estabelecidas na minuta-padrão". (Acórdão 3014/2010-Plenário)

v. promover a **adoção gradativa de tecnologias e processos integrados** que permitam a criação, a utilização e a atualização de modelos digitais de obras e serviços de engenharia.

A Lei n. 14.133/2021 valoriza o uso da tecnologia e de processos integrados no âmbito das licitações, especialmente no que concerne a obras e serviços de engenharia. Esses instrumentos ainda não fazem parte da realidade de muitos órgãos públicos, motivo pelo qual a legislação estabeleceu a adoção gradativa. Trata-se de um processo de melhoria permanente que os órgãos devem adotar para otimizar os procedimentos.

c) Vedação de consumo de artigos de luxo

A Lei n. 14.133/2021 trouxe uma regra importante ao vedar a aquisição de artigos de luxo. Conforme o art. 20 da referida lei "os itens de consumo adquiridos para suprir as demandas das estruturas da Administração Pública deverão ser de **qualidade comum**, *não superior à necessária para cumprir as finalidades às quais se destinam*, **vedada a aquisição de artigos de luxo**".

A definição do enquadramento de um bem de consumo como categoria comum ou de luxo deverá ocorrer por meio de regulamento dos Poderes Executivo, Legislativo e Judiciário, que deverá ser editado a partir de 180 dias da promulgação da Lei n. 14.133/2021. Embora o termo "artigos de luxo" seja um conceito jurídico indeterminado, é fato que o regulamento não pode contrariar a legislação, prevendo mecanismos para burla ao intuito do legislador.

Nesse sentido, o TCU, já em 2021, mas analisando um caso em que se promoveu a licitação com base no microssistema normativo anterior, afirmou que "a previsão de itens de luxo em edital de pregão realizado com base na Lei n. 10.520/2002, sem a devida justificativa acerca da necessidade e incompatíveis com a finalidade da contratação, contraria os princípios da economicidade e da moralidade administrativa." (Acórdão 1895/2021-Plenário)

A vedação à aquisição de artigos de luxo, portanto, não encontra fundamento apenas na legislação, mas também nos princípios administrativos. A utilização de recursos públicos deve acontecer de maneira adequada e razoável para atender ao interesse público e à moralidade administrativa.

d) Audiência e consulta pública

A Lei n. 14.133/2021 também trouxe previsão quanto à possibilidade de uso da audiência pública e da consulta pública na fase preparatória, com vistas à participação da população no processo de planejamento da licitação. Tais instrumentos permitem uma aproximação e diálogo da administração pública com particulares, o que é estimulado no âmbito do processo administrativo.

– **Audiência pública**: A Administração poderá convocar, com antecedência mínima de 8 (oito) dias úteis, audiência pública, **presencial** ou a **distância**, na forma eletrônica, sobre licitação que pretenda realizar, com disponibilização prévia de informações pertinentes, inclusive de estudo técnico preliminar e elementos do edital de licitação, e com possibilidade de manifestação de todos os interessados.

– **Consulta pública**: A Administração também poderá submeter a licitação a prévia consulta pública, mediante a disponibilização de seus elementos a todos os interessados, que poderão formular sugestões no prazo fixado.

Vale destacar que, embora a Lei n. 9.784/99 estipule também normas gerais sobre audiência e consulta pública, as normas da Lei n. 14.133/2021 devem prevalecer no caso concreto, haja vista que regulam a situação específica do procedimento licitatório. No entanto, a Lei n. 9.784/99 pode ser utilizada de forma subsidiária para situações não contempladas na Lei n. 14.133/2021.

Nesse sentido, a abertura da consulta pública será objeto de divulgação pelos meios oficiais, a fim de que pessoas físicas ou jurídicas possam examinar os autos, fixando-se prazo para oferecimento de alegações escritas.[65] Além disso, o comparecimento à consulta pública não confere, por si, a condição de interessado do processo, mas confere o direito de obter da Administração resposta fundamentada, que poderá ser comum a todas as alegações substancialmente iguais.[66]

Os resultados da consulta e audiência pública e de outros meios de participação de administrados deverão ser apresentados com a indicação do procedimento adotado.[67]

e) Matriz de alocação de risco

Um ponto importante trazido pela Lei n. 14.133/2021 diz respeito à matriz de alocação de riscos em atendimento ao princípio do planeja-

---

[65] Lei n. 9.784/99, art. 31, § 1º.

[66] Lei n. 9.784/99, art. 31, § 2º.

[67] Lei n. 9.784/99, art. 34.

mento. O edital poderá contemplar matriz de alocação de riscos entre o contratante e o contratado, hipótese em que o cálculo do valor estimado da contratação poderá considerar taxa de risco compatível com o objeto da licitação e com os riscos atribuídos ao contratado, de acordo com metodologia predefinida pelo ente federativo.[68]

De acordo com o art. 6º, XXVII, da Lei n. 14.133/2021, a matriz de risco é uma "cláusula contratual definidora de riscos e de responsabilidades entre as partes e caracterizadora do equilíbrio econômico-financeiro inicial do contrato, em termos de ônus financeiro decorrente de eventos supervenientes à contratação".

Essa cláusula deve conter ainda, no mínimo, as seguintes disposições:

> i. listagem de possíveis eventos supervenientes à assinatura do contrato que possam causar impacto em seu equilíbrio econômico-financeiro e previsão de eventual necessidade de prolação de termo aditivo por ocasião de sua ocorrência;
>
> ii. no caso de obrigações de resultado, estabelecimento das frações do objeto com relação às quais haverá liberdade para os contratados inovarem em soluções metodológicas ou tecnológicas, em termos de modificação das soluções previamente delineadas no anteprojeto ou no projeto básico;
>
> iii. no caso de obrigações de meio, estabelecimento preciso das frações do objeto com relação às quais não haverá liberdade para os contratados inovarem em soluções metodológicas ou tecnológicas, devendo haver obrigação de aderência entre a execução e a solução predefinida no anteprojeto ou no projeto básico, consideradas as características do regime de execução no caso de obras e serviços de engenharia;

A referida matriz deverá promover a **alocação eficiente dos riscos** de cada contrato e estabelecer a responsabilidade que caiba a cada parte contratante, bem como os mecanismos que afastem a ocorrência

---

68 Lei n. 14.133/2021, art. 22.

do sinistro e mitiguem os seus efeitos, caso este ocorra durante a execução contratual. Para que isso ocorra, é necessário que o contrato administrativo seja firmado com clareza em relação aos encargos de cada uma das partes.

Assim, o contrato deverá refletir a alocação realizada pela matriz de riscos, especialmente quanto:

i. às hipóteses de alteração para o restabelecimento da equação econômico-financeira do contrato nos casos em que o sinistro seja considerado na matriz de riscos como causa de desequilíbrio não suportada pela parte que pretenda o restabelecimento;
ii. à possibilidade de resolução quando o sinistro majorar excessivamente ou impedir a continuidade da execução contratual;
iii. à contratação de seguros obrigatórios previamente definidos no contrato, integrado o custo de contratação ao preço ofertado.

Quando a contratação se referir a obras e serviços de grande vulto ou forem adotados os regimes de contratação integrada[69] e semi-integrada (que serão vistas mais adiante), o edital obrigatoriamente contemplará matriz de alocação de riscos entre o contratante e o contratado.[70] Além disso, nas contratações integradas ou semi-integradas, os riscos decorrentes de fatos supervenientes à contratação associados à escolha da solução de projeto básico pelo contratado deverão ser alocados como de sua responsabilidade na matriz de riscos. Isso se dá em relação a esses

---

[69] Lei n. 14.133/2021: "Art. 6º [...] XXXII – contratação integrada: regime de contratação de obras e serviços de engenharia em que o contratado é responsável por elaborar e desenvolver os projetos básico e executivo, executar obras e serviços de engenharia, fornecer bens ou prestar serviços especiais e realizar montagem, teste, pré-operação e as demais operações necessárias e suficientes para a entrega final do objeto;
XXXIII – contratação semi-integrada: regime de contratação de obras e serviços de engenharia em que o contratado é responsável por elaborar e desenvolver o projeto executivo, executar obras e serviços de engenharia, fornecer bens ou prestar serviços especiais e realizar montagem, teste, pré-operação e as demais operações necessárias e suficientes para a entrega final do objeto".

[70] Nesse sentido: TCU, Acórdão 2980/2015-Plenário.

dois regimes de contratações (integradas ou semi-integradas) porque a responsabilidade do contratado é maior em relação à execução da obra.

f) Estimativa de valor da contratação

A estimativa de valor da contratação também deverá ser mensurada no âmbito da fase preparatória e ser compatível com o mercado. A sua definição de maneira correta também é fundamental para concretizar o princípio do planejamento e viabilizar o êxito da seleção pública. No regime anterior, não havia definição clara sobre os parâmetros a serem utilizados, o que causava condutas diversas nos entes federativos.

As métricas relacionadas à estimativa de valor da contratação, durante a regência do microssistema normativo anterior, eram definidas em maior parte pela legislação de cada ente federativo. A Lei n. 14.133/2021 trouxe uma quantidade maior de normas gerais a serem observadas, mas nada impede a existência de normas específicas editadas por Estados, Distrito Federal e Municípios, na forma da Constituição.

Conforme o art. 23 da Lei n. 14.133/2021: "O valor previamente estimado da contratação deverá ser **compatível** com os **valores praticados pelo mercado**, considerados os preços constantes de bancos de dados públicos e as quantidades a serem contratadas, observadas a potencial economia de escala e as peculiaridades do local de execução do objeto".

No processo licitatório para aquisição de bens e contratação de serviços em geral, conforme regulamento, o valor estimado será definido com base no melhor preço aferido por meio da utilização dos seguintes parâmetros, adotados **de forma combinada ou não**:

i. composição de custos unitários menores ou iguais à mediana do item correspondente no painel para consulta de preços ou no banco de preços em saúde disponíveis no Portal Nacional de Contratações Públicas (PNCP);

ii. contratações similares feitas pela Administração Pública, em execução ou concluídas no período de 1 (um) ano anterior à data da pesquisa de preços, inclusive mediante sistema de registro de preços, observado o índice de atualização de preços correspondente;

iii. utilização de dados de pesquisa publicada em mídia especializada, de tabela de referência formalmente aprovada pelo Poder Executivo federal e de sítios eletrônicos especializados ou de domínio amplo, desde que contenham a data e hora de acesso;

iv. pesquisa direta com no mínimo 3 (três) fornecedores, mediante solicitação formal de cotação, desde que seja apresentada justificativa da escolha desses fornecedores e que não tenham sido obtidos os orçamentos com mais de 6 (seis) meses de antecedência da data de divulgação do edital;

v. pesquisa na base nacional de notas fiscais eletrônicas, na forma de regulamento.

Dessa forma, o órgão competente deverá avaliar o valor estimado considerando essas bases de dados, com o objetivo de verificar o valor de mercado do bem que se pretende contratar. Embora a legislação indique que esses parâmetros de pesquisa possam ser utilizados de forma combinada ou não, as áreas técnicas devem buscar o uso amplo das fontes para confirmar as informações obtidas e evitar valores apurados de forma equivocada.

Nesse sentido, o TCU já decidiu que "é recomendável que a pesquisa de preços para a elaboração do orçamento estimativo da licitação não se restrinja a cotações realizadas junto a potenciais fornecedores, adotando-se, ainda, outras fontes como parâmetro, como contratações similares realizadas por outros órgãos ou entidades públicas, mídias e sítios eletrônicos especializados, portais oficiais de referenciamento de custos". (Acórdão 2816/2014-Plenário)

Outro entendimento relevante do TCU diz respeito à utilização de parâmetros de pesquisa privados. A referida Corte de Contas decidiu que "é irregular a utilização de sistemas privados como referência de custos para contratação de obras e serviços de engenharia sem avaliação de sua compatibilidade com os parâmetros de mercado, e sem a realização de adequadas pesquisas de preços, para fins comparativos, uma vez que está em desacordo com o art. 6º, IX, *f*, da Lei n. 8.666/93, e com os princípios da eficiência e da economicidade". (Acórdão 2595/2021-Plenário)

Uma novidade importante é a utilização do Portal Nacional de Contratações Pública (PNCP), que está regulada no art. 174 da Lei, com o objetivo de unificar informações para otimizar a atuação administrativa, o que se verá mais adiante. Além disso, é importante ressaltar que existem algumas regras específicas para contratações indicadas na Lei n. 14.133/2021, senão vejamos:

No caso específico de processo licitatório para contratação de obras e serviços de engenharia, conforme regulamento, o valor estimado, acrescido do percentual de Benefícios e Despesas Indiretas (BDI) de referência e dos Encargos Sociais (ES) cabíveis, será definido por meio da utilização de parâmetros na seguinte ordem:

i. composição de custos unitários menores ou iguais à mediana do item correspondente do Sistema de Custos Referenciais de Obras (Sicro), para serviços e obras de infraestrutura de transportes, ou do Sistema Nacional de Pesquisa de Custos e Índices de Construção Civil (Sinapi), para as demais obras e serviços de engenharia;

ii. utilização de dados de pesquisa publicada em mídia especializada, de tabela de referência formalmente aprovada pelo Poder Executivo federal e de sítios eletrônicos especializados ou de domínio amplo, desde que contenham a data e a hora de acesso;

iii. contratações similares feitas pela Administração Pública, em execução ou concluídas no período de 1 (um) ano anterior à data da pesquisa de preços, observado o índice de atualização de preços correspondente;

iv. pesquisa na base nacional de notas fiscais eletrônicas, na forma de regulamento.

Nas contratações realizadas por Municípios, Estados e Distrito Federal, desde que não envolvam recursos da União, o valor previamente estimado da contratação, a que se refere o caput do art. 23, poderá ser definido por meio da utilização de outros sistemas de custos adotados pelo respectivo ente federativo. Assim, os entes federados possuem liberdade para indicar seus sistemas de custos quando a licitação não envolver recursos federais.

Nas contratações diretas por inexigibilidade ou por dispensa, quando não for possível estimar o valor do objeto, o contratado deverá comprovar previamente que os preços estão em conformidade com os praticados em contratações semelhantes de objetos de mesma natureza, por meio da apresentação de notas fiscais emitidas para outros contratantes no período de até 1 (um) ano anterior à data da contratação pela Administração, ou por outro meio idôneo.

No processo licitatório para contratação de obras e serviços de engenharia sob os regimes de contratação integrada ou semi-integrada, o valor estimado da contratação será calculado nos termos do § 2º deste artigo, acrescido ou não de parcela referente à remuneração do risco, e, sempre que necessário e o anteprojeto o permitir, a estimativa de preço será baseada em orçamento sintético, balizado em sistema de custo definido no inciso I do § 2º deste artigo, devendo a utilização de metodologia expedita ou paramétrica e de avaliação aproximada baseada em outras contratações similares ser reservada às frações do empreendimento não suficientemente detalhadas no anteprojeto.

Sigilo do orçamento: Desde que justificado, o orçamento estimado da contratação poderá ter caráter sigiloso, sem prejuízo da divulgação do detalhamento dos quantitativos e das demais informações necessárias para a elaboração das propostas, **e, nesse caso, o sigilo não prevalecerá para os órgãos de controle interno e externo.** Na hipótese de licitação em que for adotado o critério de julgamento por maior desconto, o preço estimado ou o máximo aceitável constará do edital da licitação.

O sigilo do orçamento já possuía previsão no âmbito da legislação anterior de RDC e conta agora com uma regra específica na Lei n. 14.133/2021. Esse sigilo, para ser utilizado, deve ser devidamente justificado nos autos do processo administrativo e, mesmo contendo restrição de acesso ao público em geral, não pode ser negado a órgãos de controle interno e externo, já que tais órgãos necessitam da informação para verificar a legalidade dos atos administrativos.

A justificação para sigilo do orçamento deve ser pautada em argumentos que analisem também as consequências práticas da decisão (LINDB, art. 20, *caput*). Além disso, eventual decisão que não encontre fundamental legal e não esteja devidamente justificada, afetando o caráter competitivo do procedimento, pode dar ensejo à responsabilização da autoridade administrativa.

g) Especificações do Edital

O edital deverá conter o objeto da licitação e as regras relativas à convocação, ao julgamento, à habilitação, aos recursos e às penalidades da licitação, à fiscalização e à gestão do contrato, à entrega do objeto e às condições de pagamento, adotando, sempre que possível, minutas padronizadas de edital e de contrato com cláusulas uniformes.[71] Além disso, o Edital também pode e deve tratar de outras especificidades necessárias ao bom desenvolvimento do certame, especialmente considerando o objeto da contratação.

Nesse ponto, o princípio da legalidade não deve servir como trava à atuação administrativa. Na verdade, a legalidade tem passado por um **giro hermenêutico** na atualidade, ampliando-se o seu sentido para compreender que o destinatário da norma jurídica deve se pautar não apenas pela literalidade de normas legais, mas também por princípios, costumes, normas infralegais etc. Assim, a elaboração do Edital deve ser tida como um ato de planejamento não estático, em que o gestor público possui liberdade, dentro dos limites da lei, para estabelecer itens necessários para atingir o resultado pretendido.

Desde que, conforme demonstrado em estudo técnico preliminar, não sejam causados prejuízos à competitividade do processo licitatório e à eficiência do respectivo contrato, o **edital poderá prever a utilização de mão de obra, materiais, tecnologias e matérias-primas existentes no local da execução, conservação e operação do bem, serviço ou obra**.

Todos os elementos do edital, incluídos minuta de contrato, termos de referência, anteprojeto, projetos e outros anexos, **deverão ser divulgados em sítio eletrônico oficial na mesma data de divulgação do edital, sem necessidade de registro ou de identificação para acesso.**

---

[71] Lei n. 14.133/2021, art. 25.

Nas contratações de obras, serviços e fornecimentos de grande vulto, consideradas aquelas cujo valor estimado supere R$ 216.081.640,00 (duzentos e dezesseis milhões oitenta e um mil seiscentos e quarenta reais)[72], o edital deverá prever a **obrigatoriedade de implantação de programa de integridade** pelo licitante vencedor, **no prazo de 6 (seis) meses**, contado da celebração do contrato, conforme regulamento que disporá sobre as medidas a serem adotadas, a forma de comprovação e as penalidades pelo seu descumprimento.

Quanto à obrigatoriedade de implantação de programa de integridade, muitos entes federados já possuíam normas sobre a matéria. Tal norma consta da Lei n. 14.133/2021 sem distinção de aplicação aos entes federativos, de sorte que ela se apresenta como uma norma geral. Todavia, o dispositivo não veda a exigência de programa de integridade em licitações de valor menor, apenas torna obrigatória tal exigência para contratações acima do novo patamar de R$ 216.081.640,00 (duzentos e dezesseis milhões oitenta e um mil seiscentos e quarenta reais).

Será necessário acompanhar os entendimentos futuros sobre a matéria, porém, à primeira vista, parece que o dispositivo não impede os entes federativos de exigir tal programa em contratações de valor inferior ao novo patamar, principalmente se motivado e considerando as peculiaridades da contratação.

O edital também poderá prever a responsabilidade do contratado pela obtenção do **licenciamento ambiental** e realização da desapropriação autorizada pelo poder público. Os licenciamentos ambientais de obras e serviços de engenharia licitados e contratados nos termos desta Lei terão prioridade de tramitação nos órgãos e entidades integrantes do Sistema Nacional do Meio Ambiente (Sisnama) e deverão ser orientados pelos princípios da celeridade, da cooperação, da economicidade e da eficiência.

Independentemente do prazo de duração do contrato, será obrigatória a previsão no edital de índice de reajustamento de preço, com data-

---

72 Lei n. 14.133/2021, art. 6º, XXII.

-base vinculada à data do orçamento estimado e com a possibilidade de ser estabelecido mais de um índice específico ou setorial, em conformidade com a realidade de mercado dos respectivos insumos.

Nas licitações de serviços contínuos, observado o interregno mínimo de 1 (um) ano, o critério de reajustamento será por:

– *reajustamento em sentido estrito*, quando não houver regime de dedicação exclusiva de mão de obra ou predominância de mão de obra, mediante previsão de índices específicos ou setoriais;

– *repactuação*, quando houver regime de dedicação exclusiva de mão de obra ou predominância de mão de obra, mediante demonstração analítica da variação dos custos.

Critérios de reajustamento em licitações de serviços contínuos (Interregno mínimo de 1 ano para poder reajustar)	
Reajustamento em sentido estrito	**Repactuação**
Quando **NÃO** houver regime de dedicação exclusiva de mão de obra ou predominância de mão de obra, mediante previsão de índices específicos ou setoriais.	Quando houver regime de dedicação exclusiva de mão de obra ou predominância de mão de obra, mediante demonstração analítica da variação dos custos.

O edital também poderá, na forma disposta em regulamento, exigir que percentual mínimo da mão de obra responsável pela execução do objeto da contratação seja constituído por:

1) mulheres vítimas de violência doméstica; e

2) oriundos ou egressos do sistema prisional.

Essa norma visa concretizar o princípio da **igualdade material** através de uma política pública afirmativa em matéria de licitação.

h) Margem de preferência

A margem de preferência é uma forma de estimular a contratação do fornecimento de bens que atendam a certos requisitos. Essa margem já existia no microssistema anterior e era regulada pelo Decreto Federal n. 8.224/2014. A Lei n. 14.133/2021 também trata do assunto, com estímulo a certos produtos.

Conforme o art. 26 da Lei n. 14.133/2021, no processo de licitação, poderá ser estabelecida margem de preferência para:

i. bens manufaturados e serviços nacionais que atendam a normas técnicas brasileiras;

ii. bens reciclados, recicláveis ou biodegradáveis, conforme regulamento. Essa margem de preferência não viola o princípio da igualdade/isonomia, mas, pelo contrário, concretiza a sua vertente material, motivo pelo qual a regra se mostra compatível com o texto constitucional.

A margem de preferência de que trata o art. 26:

i. será definida em decisão fundamentada do Poder Executivo federal, no caso do inciso I do caput deste artigo;

ii. poderá ser de até 10% (dez por cento) sobre o preço dos bens e serviços que não se enquadrem no disposto nos incisos I ou II do *caput* deste artigo;

iii. poderá ser estendida a bens manufaturados e serviços originários de Estados Partes do Mercado Comum do Sul (Mercosul), desde que haja reciprocidade com o País prevista em acordo internacional aprovado pelo Congresso Nacional e ratificado pelo Presidente da República.

Para os bens manufaturados nacionais e serviços nacionais resultantes de desenvolvimento e inovação tecnológica no País, definidos conforme regulamento do Poder Executivo federal, a margem de preferência a que se refere o art. 26 poderá ser de até 20% (vinte por cento).

A margem de preferência não se aplica aos bens manufaturados nacionais e aos serviços nacionais se a capacidade de produção desses bens ou de prestação desses serviços no País for inferior:

i. à quantidade a ser adquirida ou contratada; ou

ii. aos quantitativos fixados em razão do parcelamento do objeto, quando for o caso.

Além disso, existem duas regras que permitem a utilização de mecanismos pelo Poder Público. São elas:

i. Os editais de licitação para a contratação de bens, serviços e obras poderão, mediante prévia justificativa da autoridade competente, exigir que o contratado promova, em favor de órgão ou entidade integrante da Administração Pública ou daqueles por ela indicados a partir de processo isonômico, medidas de compensação comercial, industrial ou tecnológica ou acesso a condições vantajosas de financiamento, cumulativamente ou não, na forma estabelecida pelo Poder Executivo federal;

ii. Nas contratações destinadas à implantação, à manutenção e ao aperfeiçoamento dos sistemas de tecnologia de informação e comunicação considerados estratégicos em ato do Poder Executivo federal, a licitação poderá ser restrita a bens e serviços com tecnologia desenvolvida no País produzidos de acordo com o processo produtivo básico de que trata a Lei n. 10.176, de 11 de janeiro de 2001.

Para atender ao princípio da transparência, a Lei n. 14.133/2021 determina que será divulgada, em sítio eletrônico oficial, a cada exercício financeiro, a relação de empresas favorecidas em decorrência da margem de preferência, com indicação do volume de recursos destinados a cada uma delas.[73] Isso também permite o controle sobre aplicação correta das normas e dos percentuais de margem de preferência.

---

[73] Lei n. 14.133/2021, art. 27.

V – MODALIDADES DE LICITAÇÃO

1. QUADRO GERAL

Modalidade de licitação é o procedimento definido em lei para a seleção da proposta vencedora na licitação. A Lei n. 14.133/2021 tentou uniformizar a sucessão de atos em procedimentos licitatórios e modificou o quadro em relação à Lei n. 8.666/93 e Lei n. 10.520/2002, extinguindo a divisão que havia entre modalidades usadas "em razão do valor" e "em razão do objeto". Na legislação atual, todas as modalidades são escolhidas de acordo com o objeto a ser contratado.

Veja-se o quadro comparativo abaixo:

Lei n. 8.666/93 + Lei n. 10.520/2002	Lei n. 14.133/2021
1) Concorrência	1) Pregão
2) Tomada de preços	2) Concorrência
3) Convite	3) Concurso
4) Concurso	4) Leilão
5) Leilão	**5) diálogo competitivo**
6) Pregão	

A Lei n. 14.133/2021 extinguiu as modalidades "tomada de preços" e "convite" e o gênero "em razão do valor". Todas as modalidades previstas na Lei n. 14.133/2021 são escolhidas de acordo com o objeto a ser contratado. Além disso, a nova legislação cria uma modalidade denominada de "diálogo competitivo", também utilizada de acordo com o objeto a ser contratado.

As modalidades da Lei n. 14.133/2021 são utilizadas de acordo com os seguintes objetos:

MODALIDADE	OBJETO
Pregão	Aquisição de **bens e serviços comuns**, cujo critério de julgamento poderá ser o de **menor preço** ou o de **maior desconto** (art. 6º, XLI).
Concorrência	Contratação de **bens e serviços especiais** e de **obras e serviços comuns e especiais de engenharia**, cujo critério de julgamento poderá ser: a) **menor preço;** b) **melhor técnica** ou **conteúdo artístico;** c) **técnica e preço;** d) **maior retorno econômico;** e) **maior desconto.** (art. 6º, XXXVIII)
Concurso	**Trabalho técnico, científico ou artístico**, cujo critério de julgamento será o de **melhor técnica** ou **conteúdo artístico**, e para concessão de *prêmio* ou *remuneração* ao vencedor (art. 6º, XXXIX).
Leilão	**Alienação** de bens **imóveis** ou de bens **móveis inservíveis** ou **legalmente apreendidos** a quem oferecer o **maior lance** (art. 6º, XL).
Diálogo competitivo	Contratação de **obras, serviços e compras** em que a Administração Pública **realiza diálogos** com licitantes previamente selecionados *mediante critérios objetivos*, com o **intuito de desenvolver uma ou mais alternativas capazes de atender às suas necessidades**, devendo os licitantes apresentar *proposta final* após o encerramento dos diálogos (art. 6º, XLII).

Agora veremos as principais características de cada uma das modalidades.

2. CARACTERÍSTICAS DO PREGÃO

A Lei n. 8.666/93 **não** previa o pregão em sua redação original. O pregão surgiu no ordenamento jurídico brasileiro por meio da **Lei n. 10.520, editada em 2002**, e teve por finalidade criar uma modalidade *mais célere* e *eficiente* do que as previstas na legislação geral. A Lei n. 10.520/2002 trouxe vários benefícios e características típicas do pregão, que acabou sendo a modalidade licitatória mais utilizada pela Administração Pública. Vale destacar que a Lei n. 14.133/2021 prevê a modalidade pregão de forma expressa em seu art. 28, I.

FUNDAMENTO DO PREGÃO	
Sistema anterior	**Sistema atual**
Lei n. 10.520/2002, art. 1º	Lei n. 14.133/2021, art. 28, I

Pregão é a modalidade licitatória obrigatória para a aquisição de **bens e serviços comuns**. Essa definição foi prevista inicialmente na Lei n. 10.520/2002 (sistema normativo anterior) e mantida na Lei n. 14.133/2021 (sistema atual), que prevê, em seu art. 6º, XLI, o pregão como sendo: "*modalidade de licitação obrigatória para aquisição de bens e serviços comuns, cujo critério de julgamento poderá ser o de menor preço ou o de maior desconto*".

Nesse sentido, toda vez que a Administração Pública tiver a intenção de contratar **bens e serviços considerados comuns**, *independentemente do valor*, deverá se valer da modalidade pregão. Trata-se de uma modalidade licitatória utilizada em razão do objeto. Por ter um procedimento célere e flexível, o uso dessa modalidade amplia a competitividade, oportunidade de participação e contribui para a redução de gastos da Administração Pública.

Importante: De acordo com a Lei n. 14.133/2021, em seu art. 6º, XIII, bens e serviços comuns são considerados como "*aqueles cujos padrões de desempenho e qualidade podem ser objetivamente definidos pelo edital, por meio de especificações usuais de mercado*".

O objeto do pregão é amplo, porém não se admite a sua utilização para contratações de serviços técnicos especializados de natureza predominantemente intelectual[74] e de obras e serviços de engenharia, exce-

---

[74] Lei n. 14.133/2021: "Art. 6º [...] XVIII – serviços técnicos especializados de natureza predominantemente intelectual: aqueles realizados em trabalhos relativos a: a) estudos técnicos, planejamentos, projetos básicos e projetos executivos; b) pareceres, perícias e avaliações em geral; c) assessorias e consultorias

to os serviços de engenharia de que trata a alínea *a* do inciso XXI do *caput* do art. 6º da Lei n. 14.133/2021 (serviço comum de engenharia).

É bem verdade que o conceito de "bens e serviços comuns", mesmo com a definição legal, ainda constitui uma linguagem indeterminada. Nesse sentido, a análise de enquadramento deverá ser feita pelo gestor público a cada caso e os órgãos de controle devem considerar as peculiaridades do caso prático ao reavaliar os procedimentos licitatórios.[75] O que se recomenda é a criação de regulamentos, manuais e orientações para que haja uma atuação padronizada pelos órgãos técnicos responsáveis pelas licitações.

O próprio art. 40, V, da Lei n. 14.133/2021 estipula o princípio da padronização para compras, além da menção ao catálogo eletrônico de padronização em outras passagens da nova lei, como, por exemplo, em

---

técnicas e auditorias financeiras e tributárias; d) fiscalização, supervisão e gerenciamento de obras e serviços; e) patrocínio ou defesa de causas judiciais e administrativas; f) treinamento e aperfeiçoamento de pessoal; g) restauração de obras de arte e de bens de valor histórico; h) controles de qualidade e tecnológico, análises, testes e ensaios de campo e laboratoriais, instrumentação e monitoramento de parâmetros específicos de obras e do meio ambiente e demais serviços de engenharia que se enquadrem na definição deste inciso; [...] XXI – serviço de engenharia: toda atividade ou conjunto de atividades destinadas a obter determinada utilidade, intelectual ou material, de interesse para a Administração e que, não enquadradas no conceito de obra a que se refere o inciso XII do caput deste artigo, são estabelecidas, por força de lei, como privativas das profissões de arquiteto e engenheiro ou de técnicos especializados, que compreendem: a) serviço comum de engenharia: todo serviço de engenharia que tem por objeto ações, objetivamente padronizáveis em termos de desempenho e qualidade, de manutenção, de adequação e de adaptação de bens móveis e imóveis, com preservação das características originais dos bens; b) serviço especial de engenharia: aquele que, por sua alta heterogeneidade ou complexidade, não pode se enquadrar na definição constante da alínea "a" deste inciso;".

75 A título de exemplo, sobre bens e produtos de tecnologia, o TCU já decidiu que: "é possível o enquadramento de bens e produtos de tecnologia da informação como bens comuns, sempre que apresentem padrões claros de desempenho e de qualidade objetivamente definidos no edital, compatíveis com o padrão de mercado". (Acórdão 1114/2006-Plenário)

seu art. 6º, LI, definindo-o como "sistema informatizado, de gerenciamento centralizado e com indicação de preços, destinado a permitir a padronização de itens a serem adquiridos pela Administração Pública e que estarão disponíveis para a licitação".

Quando o pregão foi criado em 2002 pela Lei n. 10.520/2002, o seu procedimento se diferenciava profundamente das outras modalidades, com características que geravam maior celeridade, tais como: a) inversão das fases de habilitação e julgamento; b) existência uma fase específica de lances sucessivos; c) modalidade eletrônica; d) recurso administrativo único; e) condução por um pregoeiro e não por uma comissão de licitação, entre outros fatores. O TCU já havia decidido que "o pregão permite economia nas aquisições de bens e serviços comuns e deve merecer a preferência da gestão oficial, impondo-se a devida justificativa quando outra opção for utilizada". (Acórdão 1888/2010-Plenário)

O fato é que a Lei n. 14.133/2021 acabou unificando os procedimentos das modalidades licitatórias e incorporou muitas das características do pregão na lei geral, inclusive aproximando bastante o pregão da concorrência, embora ainda existam algumas diferenças.

Nesse sentido, é importante estudar essa modalidade (pregão) entendendo o que há no sistema anterior da Lei n. 10.520/2002 (que permanece em vigor durante o período de transição) e o que você encontra no sistema atual da Lei n. 14.133/2021, salientando desde já que a hipótese de cabimento de ambas é a mesma: **aquisição de bens e serviços comuns**.

a) Procedimento do pregão na legislação anterior (Lei n. 10.520/2002)

A Lei n. 10.520/2002 criou a modalidade pregão como uma modalidade além daquelas previstas na Lei n. 8.666/93 para aquisição de bens e serviços comuns. Nos termos da referida lei, o pregão pode acontecer na forma presencial ou eletrônica, conforme definidos em regulamentação específica (art. 2º, § 1º), tendo sido o pregão eletrônico regulamentado pelo Decreto n. 10.024/2019.

O pregão tem início com a **fase interna** ou preparatória, em que é definido previamente os seguintes pontos: objeto a ser licitado; justificativa da necessidade de contratação; exigências para habilitação; critérios de aceitação das propostas; sanções por inadimplementos e cláusulas do contrato; declaração orçamentária para contratação; e a autorização do órgão consultivo para o início da licitação.[76]

Vale destacar que o pregão é conduzido pelo pregoeiro, com auxílio de uma equipe de apoio, que deverá ser integrada em sua maioria por servidores ocupantes de cargo efetivo ou emprego da administração, preferencialmente pertencentes ao quadro permanente do órgão ou entidade promotora do evento. (art. 2º, § 1º).

Posteriormente, após efetivada a publicação do instrumento convocatório, é dado o início a **fase externa**, realizada pelas seguintes etapas:

- **Publicação do edital:** Por meio de publicação de aviso em diário oficial do respectivo ente federado ou, não existindo, em jornal de circulação local, e facultativamente, por meios eletrônicos e conforme o vulto da licitação, em jornal de grande circulação.[77] O prazo fixado para a apresentação das propostas, contado a partir da publicação do aviso, não será inferior a 8 (oito) dias úteis;
- **Fase de julgamento:** Nessa fase, os interessados ou seus representantes terão suas propostas apresentadas e abertas imediatamente para verificação de conformidade com o Edital, que utilizará, necessariamente, o critério de menor preço (a Lei n. 10.520/2002 apenas prevê o tipo menor preço). No curso da sessão, o autor da oferta de valor mais baixo e os das ofertas com preços até 10% (dez por cento) superiores àquela poderão fazer novos lances verbais e sucessivos, até a proclamação do vencedor. Não havendo pelo menos 3 (três) ofertas nas condições definidas no inciso anterior, poderão os autores das melhores propostas, até o máximo de 3 (três), oferecer novos lances verbais e sucessivos, quaisquer que sejam os preços oferecidos;[78]
- **Fase de Habilitação:** Essa fase serve para verificar se o licitante vencedor possui os requisitos necessários para ser habilitado e pos-

[76] Art. 3º, I a IV, da Lei n. 10.520/2002.

[77] Art. 4º, I, da Lei n. 10.520/2002.

[78] Art. 4º, VII a XII, da Lei n. 10.520/2002.

sivelmente contrato pela Administração Pública. A habilitação far-se-á com a verificação de que o licitante está em situação regular perante a Fazenda Nacional, a Seguridade Social e o Fundo de Garantia do Tempo de Serviço – FGTS, e as Fazendas Estaduais e Municipais, quando for o caso, com a comprovação de que atende às exigências do edital quanto à habilitação jurídica e qualificações técnica e econômico-financeira;[79]

Na época de criação do pregão como modalidade licitatória pela Lei n. 10.520/2002, um dos grandes benefícios apontados foi a inversão das fases de habilitação e julgamento. No pregão da Lei n. 10.520/2002, primeiro se julga a proposta, depois se habilita apenas o vencedor. Isso foi incorporado para todas as modalidades de licitação na Lei n. 14.133/2021, conforme veremos a frente.

- **Adjudicação:** A fase seguinte é a de adjudicação do objeto com a declaração oficial do vencedor da licitação;[80]
- **Homologação:** Aqui acontece o encerramento da licitação após a revisão dos atos licitatórios com base nas exigências legais;[81]

Importante: Os demais licitantes poderão recorrer da decisão que declara o vencedor. Para isso, eles terão o prazo de três dias para elaboração e apresentação das razões do recurso. O prazo é imediato e começa a correr após a declaração do vencedor. Caso os recursos sejam improvidos, a autoridade competente fará a adjudicação.[82]

Após a adjudicação, o vencedor será obrigado a celebrar o contrato com a Administração Pública no prazo de sessenta dias, a partir da abertura e apresentação da proposta. Por outro lado, o Poder Público não será obrigado a celebrar o contrato administrativo com o vencedor. Contudo, caso necessite da contratação, não poderá fazer com outro.[83] Há, inclusi-

---

79 Art. 4º, XIII, da Lei n. 10.520/2002.

80 Art. 4º, XXI, da Lei n. 10.520/2002.

81 Art. 4º, XXII, da Lei n. 10.520/2002.

82 Art. 4º, XIX a XXI, da Lei n. 10.520/2002.

83 Art. 6º da Lei n. 10.520/2002.

ve, penalidade específica prevista no art. 7º da Lei n. 10.520/2002 para quem não celebra o contrato com a administração depois de convocado.

É importante registrar que, como o pregão serve para aquisição de bens e serviços comuns, através de um procedimento mais célere, a Lei 10.520/02 proíbe a exigência de: garantia de proposta; aquisição do edital pelos licitantes, como condição para participação no certame; e pagamento de taxas e emolumentos, salvo os referentes a fornecimento do edital, que não serão superiores ao custo de sua reprodução gráfica, e aos custos de utilização de recursos de tecnologia da informação, quando for o caso.[84]

b) Procedimento do pregão eletrônico (Decreto n. 10.024/2019):

Com o advento do Decreto 10.024/2019, o pregão eletrônico tornou-se uma modalidade licitatória obrigatória para os órgãos da administração pública federal direta e as entidades de direito público da administração pública indireta (autarquias e fundações).[85]

Importante: As demais entidades da administração pública indireta (empresas públicas e sociedades de economia mista) poderão adotar, no que couber, as disposições do referido decreto.[86]

O pregão eletrônico deverá observar a seguintes fases:

- **Planejamento de contratação:** Fase preparatória. Essa etapa compreende a elaboração do estudo técnico, termo de referência, elaboração do edital, definição das exigências da habilitação, designação do pregoeiro e de sua equipe que conduzirão o pregão e o estabelecimento dos deveres dos licitantes interessados;[87]
- **Publicação do aviso de edital:** Por meio da publicação do aviso do edital no Diário Oficial da União e no sítio eletrônico oficial do órgão ou da entidade promotora da licitação. Eventuais modificações no edital deverão ser divulgadas pelo mesmo instrumento de publicação uti-

---

84 Art. 5º da Lei n. 10.520/2002.

85 Art. 1º, § 1º, do Decreto n. 10.024/2019.

86 Art. 1º, § 2º, do Decreto n. 10.024/2019.

87 Arts. 14 a 19 do Decreto n. 10.024/2019.

lizado para divulgação do texto original. Vale ressaltar que qualquer pessoa poderá impugnar os termos do edital do pregão em até três dias úteis, contada a partir da data de abertura da sessão pública;[88]

- **Apresentação de propostas e de documentos de habilitação:** O licitante terá o prazo mínimo de oito dias úteis para apresentar suas propostas e os documentos de habilitação, contado da data de publicação do aviso do edital;[89]
- **Abertura de sessão pública e envio de lances, ou fase competitiva:** Aberta a sessão, o pregoeiro verificará as propostas apresentadas e desclassificará aquelas que estejam desconformes com os requisitos estabelecidos pelo edital. Os lances deverão ser feitos de modo eletrônico sob o modo de disputa aberto ou fechado. Se houver o empate de propostas, o pregoeiro deverá atentar-se aos critérios de desempate estabelecidos pelo decreto;[90]
- **Julgamento:** Finalizada a fase de envio das propostas, o pregoeiro encaminhará contraproposta ao licitante que tenha apresentado o melhor preço e dará início a negociação da proposta. Encerrada a negociação, o pregoeiro examinará a proposta classificada quanto à adequação ao objeto e à compatibilidade do preço em relação ao máximo estipulado para contratação o edital;[91]
- **Habilitação:** Verificação e análise das seguintes documentações apresentadas pelo licitante vencedor;[92]
- **Recursal:** Qualquer licitante poderá recorrer contra a decisão que declarar o vencedor no prazo de três dias.[93]
- **Adjudicação e homologação:** Decididos os recursos e constatada a regularidade dos atos praticados, a autoridade competente adjudicará o objeto e homologará o procedimento licitatório.[94]

---

88 Arts. 20 a 24 do Decreto n. 10.024/2019.

89 Arts. 25 e 26 do Decreto n. 10.024/2019.

90 Arts. 27 a 37 do Decreto n. 10.024/2019.

91 Arts. 38 e 39 do Decreto n. 10.024/2019.

92 Arts. 40 a 43 do Decreto n. 10.024/2019.

93 Art. 44 do Decreto n. 10.024/2019.

94 Arts. 45 e 46 do Decreto n. 10.024/2019.

c) Procedimento do pregão na nova legislação (Lei n. 14.133/2021)

A nova lei de licitações (Lei n. 14.133/2021) unificou o procedimento da modalidade concorrência e pregão, com algumas poucas diferenças entre os dois, adotando muitas características já previstas para o pregão no sistema normativo anterior. Na nova lei, você pode perceber a permanência de várias características do pregão, como: a) condução pelo pregoeiro; b) modalidade eletrônica; c) inversão das fases de habilitação e julgamento; d) recurso administrativo único; e) existência de fase de lances; etc.

Apesar disso, algumas características devem ser destacadas na nova lei. As **fases do pregão** correspondem ao previsto no art. 17 da Lei n. 14.133/2021, sendo: **preparatória; divulgação do edital de licitação; apresentação de propostas e lances, quando for o caso; julgamento; habilitação; recursal; e homologação.**

O art. 17, § 1º, da Lei n. 14.133/2021 permite que a fase de habilitação venha antes da fase de apresentação de propostas e lances e de julgamento, desde que preenchidos os seguintes requisitos: a) ato motivado com explicitação dos benefícios decorrentes; e b) previsão expressa no edital de licitação. A regra é que a habilitação ocorre apenas depois da fase de julgamento, habilitando-se apenas o vencedor.

Importante: As licitações deverão ser realizadas, preferencialmente, na modalidade eletrônica.[95] Poderá ser feita de forma presencial desde que o ato seja motivado, devendo a sessão pública ser registrada em ata e gravada em áudio e vídeo.[96] Vale destacar que "o pregão eletrônico deve contemplar o processamento eletrônico de todas as suas fases, devendo-se utilizar, no caso de dificuldades técnicas, outros meios de comunicação igualmente ágeis, como fax e correio eletrônico, para notificação dos licitantes, caso opte-se por não suspender o certame até o restabelecimento de sua normalidade". (Acórdão 3528/2007-Primeira Câmara)

Na **fase preparatória,** a Administração Pública se organiza, internamente, para licitar, com observância do princípio do **planejamento**.

---

[95] Nesse caso, "O envio de impugnações e pedidos de informação por parte dos interessados em licitação na modalidade pregão eletrônico deve ser permitidos pela via eletrônica". (Acórdão 2655/2007-Plenário)

[96] Art. 29 da Lei n. 14.133/2021.

Durante essa fase, o Estado deverá analisar a contratação que pretende fazer e se ela é compatível com o plano de contratações anuais e com as leis orçamentárias, abordando todas as considerações técnicas, mercadológicas e de gestão que possam interferir na contratação.[97]

Trata-se de uma fase em que o foco é o planejamento, com um estudo e uma preparação adequada para que o certame ocorra de forma eficiente.

Para conseguir comprovar a necessidade da contratação com base o interesse público, a Administração Pública deverá elaborar um **estudo técnico preliminar.** Esse estudo justifica qual é a melhor opção que o Poder Público tem ou possa vir a ter para solucionar o "problema" que dá origem a licitação. Essa fundamentação é feita com base no preenchimento de alguns elementos.[98]

Como forma de auxílio, os órgãos com competências regulamentares relativas às atividades de administração de materiais, de obras e serviços e de licitações, **instituirão medidas procedimentais** que possam ajudar de forma prática e rápida o procedimento licitatório, como a elaboração de catálogos de padronização de compras e a instituição de sistema informatizado de acompanhamento e compras.[99]

Caso a contratação seja de grande interesse público, a administração poderá convocar, com antecedência mínima de oito dias úteis, **audiência pública** ou realizar **consulta pública**. A diferença entre esses dois instrumentos é que a audiência pública serve para ouvir os interessados presencialmente ou por meio eletrônico, com manifestações orais, enquanto a consulta pública corresponde a um prazo específico em que manifestações escritas podem ser endereçadas ao órgão público. Ambos podem ser utilizados na fase preparatória.[100]

---

97 Art. 18 da Lei n. 14.133/2021.

98 Art. 18 da Lei n. 14.133/2021.

99 Art. 19, II e III, da Lei n. 14.133/2021.

100 Art. 21 da Lei n. 14.133/2021.

Em relação as regras do certame, o edital deverá conter informações sobre o objeto da licitação, regras relativas à convocação, julgamento, habilitação, recursos, penalidades, fiscalização, gestão do contrato, entrega do objeto e às condições de pagamento,[101] além de contemplar a matriz de alocação de riscos entre o contratante e o contratado.[102]

Quanto aos critérios financeiros, o valor previamente estimado da contratação deverá ser compatível com os valores praticados no mercado, considerados os preços constantes de bancos de dados públicos e as quantidades a serem contratadas.[103] Existem também a possibilidade do orçamento estimado da contratação ter caráter sigiloso.[104]

Finalizada a **fase preparatória**, o certame seguirá para o órgão de assessoramento jurídico da Administração Pública que realizará o controle prévio de legalidade, mediante análise jurídica de contratação, e em seguida dará início à fase de **divulgação do edital de licitação**.[105] Além dessa atribuição, o órgão de assessoramento também deverá realizar controle prévio de legalidade de contratações diretas, acordos, termos de cooperação, convênios, ajustes, adesões a atas de registro de preços, outros instrumentos congêneres e de seus termos aditivos.[106]

Feita a divulgação do edital de licitação, a Administração Pública abrirá prazos mínimos para a **apresentação de propostas e lances**. Esses prazos são diferentes para os distintos tipos de contratações, sendo atribuído para cada um os seguintes:[107]

---

[101] Art. 25 da Lei n. 14.133/2021.

[102] Art. 22 da Lei n. 14.133/2021.

[103] Art. 23 da Lei n. 14.133/2021.

[104] Art. 24 da Lei n. 14.133/2021.

[105] Art. 53 da Lei n. 14.133/2021.

[106] Art. 53, § 4º, da Lei n. 14.133/2021.

[107] Art. 55 da Lei n. 14.133/2021.

TIPOS DE CONTRATAÇÕES	PRAZO
Aquisição de bens	**a) 8 (oito) dias úteis**, quando adotados os critérios e julgamento e menor preço ou de maior desconto; **b) 15 (quinze) dias úteis**, nos casos não abrangidos na hipótese acima.
Serviços e obras	**a) 10 (dez) dias úteis**, no caso de serviços comuns e de obras e serviços comuns de engenharia desde que adotados os critérios de julgamento de menor preço ou de maior desconto; **b) 25 (vinte e cinco) dias úteis**, no caso de serviços especiais e de obras serviços especiais de engenharia desde que adotados como critério de julgamento menor preço ou maior desconto; **c) 60 (sessenta) dias úteis**, quando o regime e execução for de contratação integrada; **d) 35 (trinta e cinco) dias úteis**, quando o regime de execução for o de contratação semi-integrada ou nas hipóteses acima não abrangidas.
Critério de julgamento de maior lance	**15 (quinze) dias úteis**, para as licitações em que se adote o critério e julgamento de maior lance.
Critério de julgamento de técnica e preço ou melhor técnica ou conteúdo artístico	**35 (trinta e cinco) dias úteis**, para as licitações em que se adote o critério de julgamento de técnica e preço ou de melhor técnica ou conteúdo artístico.

Vale destacar que, conforme o art. 6º, XLI, da Lei n. 14.133/2021, o pregão só admite os critérios de julgamento de **menor preço** ou o de **maior desconto**. A nova lei trouxe expressamente o critério de julgamento de "maior desconto" que passou a ser possível de uso no âmbito do pregão.

Importante: Se houver alteração no edital, a Administração Pública deverá divulgar novo edital na mesma forma de sua divulgação inicial além de ter que cumprir os mesmos prazos dos atos e procedimentos originais, exceto quando a alteração não comprometer a formulação das propostas.[108]

---

[108] Art. 55, § 1º, da Lei n. 14.133/2021.

O modo de disputa do procedimento licitatório poderá ser de forma isolada ou conjunta de modo aberto (quando os licitantes apresentarem suas propostas por meio de lances públicos e sucessivos) ou fechado (quando as propostas permanecerem em sigilo até a data e hora designados para sua divulgação).[109] Os lances também podem ser considerados intermediários quando forem iguais ou inferiores ao maior já ofertado (critério de julgamento de maior lance) ou quando forem iguais ou superiores ao menor já ofertado (demais critérios de julgamento).[110]

Feitas as apresentações das propostas e lances, a Administração Pública dará início ao **julgamento das propostas.** Contudo, existem hipóteses em que as propostas serão desclassificadas, sendo elas:[111]

- Quando contiverem vícios insanáveis;
- Quando não obedecerem às especificações técnicas pormenorizadas no edital;
- Quando presentarem preços inexequíveis ou permanecerem acima do orçamento estimado para a contratação;
- Quando não tiverem sua exequibilidade demonstrada, quando exigido pela Administração;
- Quando apresentarem desconformidade com quaisquer outras exigências do edital, desde que insanável.

Existem também critérios de desempate entre duas ou mais propostas, sendo elas:[112]

- Disputa final, hipótese em que os licitantes empatados poderão apresentar nova proposta em ato contínuo à classificação;
- Avaliação do desempenho contratual prévio dos licitantes, para a qual deverão preferencialmente ser utilizados registros cadastrais para efeito de atesto de cumprimento de obrigações previstos nesta Lei;
- Desenvolvimento pelo licitante de ações de equidade entre homens e mulheres no ambiente de trabalho, conforme regulamento;

---

[109] Art. 56 da Lei n. 14.133/2021.

[110] Art. 56, § 3º, da Lei n. 14.133/2021.

[111] Art. 59 da Lei n. 14.133/2021.

[112] Art. 60 da Lei n. 14.133/2021.

- Desenvolvimento pelo licitante de programa de integridade, conforme orientações dos órgãos de controle.

Importante: Ainda assim, se não houver desempate, será assegurada preferência, sucessivamente, aos bens e serviços produzidos ou prestados por empresas estabelecidas no território do Estado ou do Distrito Federal do órgão ou entidade da Administração Pública estadual ou distrital licitante ou, no caso de licitação realizada por órgão ou entidade de Município, no território do Estado em que este se localize; empresas brasileiras, empresas que invistam em pesquisa e no desenvolvimento de tecnologia no País, empresas que comprovem a prática de mitigação.[113]

Por fim, a Administração Pública definirá o resultado do julgamento e poderá negociar condições mais vantajosas com o vencedor. Caso ele seja desclassificado, a negociação poderá ser feita com os demais licitantes, seguindo a ordem de classificação inicialmente estabelecida.

Finalizado o julgamento das propostas, será feita a **habilitação.** Nessa fase ocorre a verificação das informações e documentos que demonstram a capacidade do licitante de realizar o objeto da licitação.[114] Ela divide-se em quatro:

- **Habilitação jurídica:** Demonstração da capacidade do licitante de exercer direitos e assumir obrigações. Nessa fase também será feita a análise objetiva dos documentos para atestar a comprovação de existência jurídica da pessoa e, quando cabível, de autorização para o exercício da atividade a ser contratada.[115]
- **Habilitação técnica:** Comprovação das qualificações técnicas.[116]
- **Habilitação fiscal, social e trabalhista:** Demonstração de regularidade perante órgãos fiscais, sociais e trabalhistas, como a Fazenda federal, Seguridade social e Justiça do Trabalho.[117]

---

[113] Art. 60, § 1º, da Lei n. 14.133/2021.

[114] Art. 62 da Lei n. 14.133/2021.

[115] Art. 66 da Lei n. 14.133/2021.

[116] Art. 67 da Lei n. 14.133/2021.

[117] Art. 68 da Lei n. 14.133/2021.

- **Habilitação econômico-financeira:** Demonstração da aptidão técnica do licitante para cumprir as obrigações decorrentes do futuro contrato. Para isso, esse requisito deverá ser comprovado de forma objetiva por meio da apresentação de alguns documentos.[118]

Feita a entrega dos documentos para habilitação, não será admitida a substituição ou apresentação de novos documentos, salvo em situações excepcionais.[119] Todas as condições estabelecidas para essa fase serão definidas no edital.[120]

Finalizada essa etapa, a Administração Pública expedirá ato de habilitação ou inabilitação para o licitante vencedor. Esse ato poderá ser revisto por meio de **recurso,** que deverá ser protocolado no prazo de três dias úteis, contada da data de intimação ou de lavratura da ata. Existem outros atos da Administração que também cabem recurso no mesmo prazo, como:[121]

- Irregularidade no edital de licitação;[122]
- Ato que defira ou indefira pedido de pré-qualificação de interessado ou de inscrição em registro cadastral, sua alteração ou cancelamento;
- Julgamento das propostas;
- Anulação ou revogação da licitação;
- Extinção do contrato, quando determinada por ato unilateral e escrito da Administração.

---

118 Balanço patrimonial, demonstração de resultado de exercício e demais demonstrações contábeis dos dois últimos exercícios sociais e a certidão negativa de feitos sobre falência expedida pelo distribuidor da sede do licitante (art. 69, I e II, da Lei n. 14.133/2021).

119 Para complementação de informações sobre os documentos já apresentados pelos licitantes e desde que seja necessária para apurar fatos existentes à época da abertura do certame e para atualização de documentos cuja validade tenha expirado após a data de recebimento das propostas (art. 64, I e II, da Lei n. 14.133/2021).

120 Art. 65 da Lei n. 14.133/2021.

121 Art. 165 da Lei n. 14.133/2021.

122 Nessa hipótese, a impugnação deverá ser protocolada em até três dias uteis antes da data de abertura do certame (art. 164 da Lei n. 14.133/2021).

Importante: É admitido pedido de reconsideração do ato que não caiba recurso hierárquico no prazo de três dias uteis, contado da data de intimação.[123] Tanto o recurso quanto o pedido de reconsideração terão efeito suspensivo do ato ou da decisão recorrida até que sobrevenha decisão final da autoridade competente.[124]

Encerradas as etapas de julgamento e habilitação, e exauridos todos os recursos administrativos, o certame será encaminhado à autoridade superior para: determinar o retorno dos autos para saneamento de irregularidades; revogar a licitação por motivo de conveniência e oportunidade; proceder à anulação da licitação, de ofício ou mediante provocação de terceiros, sempre que presente ilegalidade insanável; ou **adjudicar o objeto e homologar a licitação**.[125]

3. CARACTERÍSTICAS DA CONCORRÊNCIA

Concorrência é a modalidade licitatória para contratação de bens e serviços especiais e de obras e serviços comuns e especiais de engenharia. O critério de julgamento das propostas, segundo a Lei n. 14.133/2021, poderá ser menor preço, melhor técnica ou conteúdo artístico, técnica e preço, maior retorno econômico e maior desconto.[126] Como se observa, essa modalidade contempla um maior número de critérios de julgamento do que em relação ao pregão, além de ter um objeto mais amplo de cabimento.

Essa modalidade licitatória também teve seu procedimento alterado pela Lei n. 14.133/2021. Como a Lei n. 8.666/93 passa por um período de transição que já vimos, é necessário compreender o procedimento nas duas leis.

a) Procedimento da concorrência na legislação anterior (Lei n. 8.666/93)

Inicialmente, vale destacar que a Lei n. 8.666/93, em seu art. 22, previu três modalidades de licitação, utilizadas em razão do valor: con-

---

123 Art. 165, II, da Lei n. 14.133/2021.

124 Art. 168 da Lei n. 14.133/2021.

125 Art. 71 da Lei n. 14.133/2021.

126 Art. 6º, XXXVIII, da Lei n. 14.133/2021.

corrência (valores mais altos), tomada de preços (valores intermediários) e convite (valores mais baixos).[127] A concorrência, nesse esquema, serviria para contratações de valores *mais altos* ou para os *objetos especificados* no art. 23, § 3º, da Lei n. 8.666/93. As modalidades em razão do valor era muito criticadas pela sua morosidade.

O início da licitação começa com a **fase interna** (denominada, na nova lei, de fase preparatória). Essa etapa é o momento em que a Administração Pública se organiza internamente, com a abertura do processo administrativo e a realização dos atos preparatórios. O procedimento seria conduzido por uma comissão de licitação, conforme previsto no art. 38, III, da Lei n. 8.666/93.

É necessário o preenchimento de alguns requisitos na fase interna para dar concretude ao procedimento como um todo, sendo eles: exposição de motivos que justifiquem a necessidade da licitação; definição da comissão responsável pelo certame;[128] elaboração do edital e encaminhamento para órgão de consultoria jurídica para aprovação;[129] audiência pública para as licitações que envolvam contratações de valores altos.[130]

Encerrada a fase interna, a Administração Pública dará início a **fase externa** que é composta pelas seguintes etapas:

- **Publicação do edital:** Feita em diário oficial e em jornal de grande circulação.[131] Qualquer cidadão poderá impugnar o edital, devendo protocolar o pedido até cinco dias úteis antes da data fixada para abertura dos envelopes.[132]

---

[127] Essas duas últimas modalidades (tomada de preços e convite) foram extintas na Lei n. 14.133/2021 e passarão a não mais existir depois de finalizado o período de transição.

[128] Art. 38, II, da Lei n. 8.666/93.

[129] Art. 40 da Lei n. 8.666/93.

[130] Art. 39 da Lei n. 8.666/93.

[131] Art. 21 da Lei n. 8.666/93.

[132] Art. 41, § 1º, da Lei n. 8.666/93.

- **Habilitação:** Fase de qualificação em que serão analisados os requisitos e documentos pessoais dos licitantes. Os interessados deverão entregar os documentos relativos à habilitação jurídica, qualificação técnica, qualificação econômico-financeira, regularidade fiscal, concernente ao art. 7º, XXXIII, da CF/88, regularidade fiscal e trabalhista para a Administração Pública.
- **Julgamento:** O julgamento começa com a avaliação da regularidade formal e material das propostas, com a abertura e verificação dos envelopes. Em seguida, na fase da classificação, serão aplicados os critérios de julgamento estipulados no edital na classificação. Subsequentemente, a comissão passará ao exame das propostas aptas.[133] Em casos de empate, a lei designará critérios de desempate.[134]
- **Homologaçao:** Após a classificação das propostas, a comissão licitante encaminhará o procedimento para homologação.[135]
- **Adjudicação:** Ato que dá fim ao procedimento licitatório ao atribuir ao vencedor o objeto da licitação.[136]

Importante: Durante o procedimento licitatório, é possível que os participantes protocolem recurso, no prazo de cinco dias úteis a contar da intimação do ato ou lavratura do ato, nos casos de: habilitação ou inabilitação do licitante; Julgamento das propostas; anulação ou revogação das propostas; indeferimento do pedido de inscrição em registro cadastral sua alteração ou cancelamento; rescisão do contrato (art. 79, I); e aplicação das penas de advertência, suspensão temporária ou multa.[137]

O Poder Público, após a adjudicação, não é obrigado a celebrar o contrato com o licitante vencedor. Porém, se for necessário, observar a adjudicação feita no procedimento licitatório.

b) Procedimento da concorrência (Lei n. 14.133/2021)

Com o advento da Lei n. 14.133/2021, houve a unificação do procedimento da modalidade concorrência e pregão. Nesse sentido, as regras

---

133 Art. 43 da Lei n. 8.666/93.

134 Art. 3º, § 2º, da Lei n. 8.666/93.

135 Art. 43, VI, da Lei n. 8.666/93.

136 Art. 43, VI, da Lei n. 8.666/93.

137 Art. 109, I, da Lei n. 8.666/93.

aplicáveis a um, em relação ao procedimento, serão aplicadas ao outro, no que couber, com alguns pontos de diferenciação. As fases são as mesmas daquelas trabalhadas no tópico "Procedimento do pregão na nova legislação (Lei n. 14.133/2021)", sendo elas: preparatória; de divulgação do edital de licitação; de apresentação de propostas e lances, quando for o caso; de julgamento; de habilitação; recursal; e de homologação.[138]

Registre-se que, diferentemente da Lei n. 8.666/93, a Lei n. 14.133/2021 não prevê as modalidades de tomada de preços e convite, que eram utilizadas comparativamente à concorrência em razão do valor. A concorrência passou a ser fixada na Lei n. 14.133/2021 como única modalidade para contratação de bens e serviços especiais e de obras e serviços comuns e especiais de engenharia.

Percebe-se que a Lei n. 14.133/2021 alterou o procedimento da concorrência em relação à Lei n. 8.666/93, especialmente em algumas características, apontadas abaixo:

- **Modalidade em razão do objeto**: A concorrência passa a ser uma modalidade escolhida para uso não mais com base no valor da contratação, mas sim com referência ao objeto a ser contratado, qual seja: "contratação de bens e serviços especiais e de obras e serviços comuns e especiais de engenharia";
- **Agente de contratação**: Na concorrência, não há mais comissão de licitação como regra. De acordo com o art. 8º da Lei n. 14.133/2021, "A licitação será conduzida por agente de contratação, pessoa designada pela autoridade competente, entre servidores efetivos ou empregados públicos dos quadros permanentes da Administração Pública, para tomar decisões, acompanhar o trâmite da licitação, dar impulso ao procedimento licitatório e executar quaisquer outras atividades necessárias ao bom andamento do certame até a homologação". A comissão de licitação só pode ser utilizada de forma excepcional, conforme art. 8º, § 2º, da Lei n. 14.133/2021;
- **Regras da fase preparatória**: Na concorrência, todas as regras da fase preparatória, previstas na Lei n. 14.133/2021, deverão ser cumpridas, o que impõe um maior planejamento na condução do certame;

---

138 Art. 17 da Lei n. 14.133/2021.

- **Fase de apresentação de propostas e lances antes da habilitação:** No procedimento anterior da Lei n. 8.666/93, não havia previsão expressa para um momento de lances. A Lei n. 14.133/2021 trouxe a possibilidade de lances antes da habilitação como forma de viabilizar a seleção da proposta mais vantajosa para a Administração Pública;
- **Fase de julgamento antes da fase de habilitação**: A fase de julgamento também ficou estabelecida como uma fase anterior à habilitação, diferentemente do que ocorrida na Lei n. 8.666/93. Isso viabiliza uma maior celeridade do procedimento;
- **Novos critérios de julgamento**: A Lei n. 8.666/93 contemplava apenas quatro critérios de julgamento, enquanto a Lei n. 14.133/2021 prevê cinco: i) menor preço; ii) melhor técnica ou conteúdo artístico; iii) técnica e preço; iv) maior retorno econômico; v) maior desconto;
- **Fase recursal em momento específico**: A Lei n. 14.133/2021 também estipula uma fase específica para apresentação de recursos, permitindo uma otimização do procedimento;
- **Procedimento eletrônico**: De acordo com a Lei n. 14.133/2021, a realização eletrônica da modalidade licitatória passa a ser preferencial, tornando também mais eficiente o certame;
- **Prazos mínimos diferenciados**: Os prazos mínimos para apresentação de propostas e lances também foram alterados em relação ao sistema anterior, devendo observar o art. 55 da Lei n. 14.133/2021, conforme já apresentado em tabela anterior.

4. CARACTERÍSTICAS DO CONCURSO

Concurso é a modalidade licitatória para escolha de trabalho técnico, científico ou artístico, cujo critério de julgamento será o de melhor técnica ou conteúdo artístico, e para concessão de prêmio ou remuneração ao vencedor.[139] Diferentemente das demais, essa modalidade abrange a instituição de prêmios ou remuneração ao vencedor.[140]

---

[139] Art. 6º, XXXIX, da Lei n. 14.133/2021.

[140] Art. 30, III, da Lei n. 14.133/2021.

a) Procedimento do concurso (Lei n. 8.666/93)

O procedimento do concurso é definido em regulamento próprio e não há previsão detalhada na Lei Geral de Licitações (Lei n. 8.666/93). O regulamento do concurso deverá indicar a qualificação exigida dos participantes, as diretrizes e a forma de apresentação do trabalho e as condições de realização do concurso e os prêmios a serem concedidos.[141] O intervalo mínimo do concurso é de quarenta e cinco dias, até o recebimento das propostas ou da realização do evento.

> **Importante:** A comissão licitante dessa modalidade é designada como comissão especial de concurso, composta por pessoas de reputação ilibada e reconhecido conhecimento da matéria em exame, servidores públicos ou não.[142]

b) Procedimento do concurso (Lei n. 14.133/2021)

Esta modalidade possui poucos artigos previstos na Lei n. 14.133/2021 já que seu procedimento é considerado "especial". Ele possui essa característica pois suas diretrizes, formas de apresentação de trabalho, qualificação exigida dos participantes e condições de realização devem ser estabelecidas pelo edital.[143]

Basicamente, o concurso serve para a escolha de trabalho técnico, científico ou artístico. O pagamento feito para o vencedor licitante será em forma de prêmio ou remuneração. O critério de julgamento desta modalidade deverá ser a de melhor técnica ou conteúdo artístico. Embora o procedimento seja especial, as propostas deverão apresentadas no prazo de 35 (trinta e cinco) dias úteis, contados a partir da data de divulgação do edital de licitação.[144]

O concurso observará as regras e condições previstas em edital, que indicará: a) a qualificação exigida dos participantes; b) as diretrizes e formas de apresentação do trabalho; e c) as condições de realização e o prêmio ou remuneração a ser concedida ao vencedor.

---

141 Art. 52, § 1º, da Lei n. 8.666/93.

142 Art. 51, § 5º, da Lei n. 8.666/93.

143 Art. 30, I, II e III, da Lei n. 14.133/2021.

144 Art. 55, IV, da Lei n. 14.133/2021.

Importante: Após a contratação, o autor deverá ceder todos os direitos patrimoniais a eles relativos para a Administração Pública, inclusive aqueles que contemplem o desenvolvimento de programas e aplicações de internet para computadores, máquinas, equipamentos e dispositivos de tratamento e de comunicação da informação (*software*).[145]

5. LEILÃO

a) Características do leilão

Leilão é a modalidade de licitação para alienação de bens imóveis ou de bens móveis inservíveis ou legalmente apreendidos a quem oferecer o maior lance.[146] Para essa modalidade, a Administração Pública deverá adotar o critério de julgamento de maior lance obrigatoriamente, tendo em vista que o objetivo do procedimento licitatório envolve alienação de bens.[147] O prazo mínimo de apresentação de propostas e lances é de 15 (quinze) dias.[148]

Importante: No âmbito da Lei n. 8.666/93, a alienação de bens imóveis poderia ser por meio de concorrência ou leilão. Na sistemática da referida lei, o leilão só poderia ser utilizado para bens imóveis cuja aquisição haja derivado de procedimentos judiciais ou de dação em pagamento, poderão ser alienados por ato da autoridade competente. No âmbito da Lei n. 14.133/2021, o âmbito de aplicação do leilão foi ampliado e, atualmente, apenas essa modalidade serve para alienação de bens imóveis ou móveis inservíveis ou legalmente apreendidos.

Em relação as outras modalidades licitatórias, o leilão possui algumas características que o diferencia das demais, sendo elas:

- possibilidade de multiplicação de propostas por um mesmo interessado através da fase de lances;
- inexistência da fase de habilitação;[149]

---

[145] Art. 93 da Lei n. 14.133/2021.

[146] Art. 6, XL, da Lei n. 14.133/2021.

[147] Art. 33, V, da Lei n. 14.133/2021.

[148] Art. 55, III, da Lei n. 14.133/2021.

[149] Art. 31, § 4º, da Lei n. 14.133/2021.

- inexistência da comissão de licitação, sendo o procedimento conduzido por um leiloeiro oficial ou por servidor designado[150].

Para que a Administração Pública consiga alienar seus **bens imóveis** é necessário, além da modalidade leilão, o interesse público devidamente justificado, a avaliação do bem e autorização legislativa. Contudo, existem algumas situações em que a licitação será dispensada, sendo elas:[151]

- Dação em pagamento;[152]
- Doação, permitida exclusivamente para outro órgão ou entidade da Administração Pública, de qualquer esfera de governo, ressalvado o disposto nas alíneas *f*, *g* e *h* deste inciso;[153]
- Permuta por outros imóveis que atendam aos requisitos relacionados às finalidades precípuas da Administração, desde que a diferença apurada não ultrapasse a metade do valor do imóvel que será ofertado pela União, segundo avaliação prévia, e ocorra a torna de valores, sempre que for o caso;[154]
- Investidura;[155]
- Venda a outro órgão ou entidade da Administração Pública de qualquer esfera de governo;[156]
- Alienação gratuita ou onerosa, aforamento, concessão de direito real de uso, locação e permissão de uso de bens imóveis residenciais construídos, destinados ou efetivamente usados em programas de habitação ou de regularização fundiária de interesse social desenvolvidos por órgão ou entidade da Administração Pública.[157]

---

[150] No leilão há a figura do leiloeiro, que poderá ser oficial ou um servidor designado.

[151] Art. 76, I, da Lei n. 14.133/2021.

[152] Art. 76, I, *a*, da Lei n. 14.133/2021.

[153] Art. 76, I, *b*, da Lei n. 14.133/2021.

[154] Art. 76, I, *c*, da Lei n. 14.133/2021.

[155] Art. 76, I, *d*, da Lei n. 14.133/2021.

[156] Art. 76, I, *e*, da Lei n. 14.133/2021.

[157] Art. 76, I, *f*, da Lei n. 14.133/2021.

- Alienação gratuita ou onerosa, aforamento, concessão de direito real de uso, locação e permissão de uso de bens imóveis comerciais de âmbito local, com área de até 250 m^2 (duzentos e cinquenta metros quadrados) e destinados a programas de regularização fundiária de interesse social desenvolvidos por órgão ou entidade da Administração Pública;[158]
- Alienação e concessão de direito real de uso, gratuita ou onerosa, de terras públicas rurais da União e do Instituto Nacional de Colonização e Reforma Agrária (Incra) onde incidam ocupações até o limite de que trata o § 1º do art. 6º da Lei n. 11.952, de 25 de junho de 2009, para fins de regularização fundiária, atendidos os requisitos legais;[159]
- Legitimação de posse de que trata o art. 29 da Lei n. 6.383, de 7 de dezembro de 1976, mediante iniciativa e deliberação dos órgãos da Administração Pública competentes;[160]
- Legitimação fundiária e legitimação de posse de que trata a Lei n. 13.465, de 11 de julho de 2017.[161]

Importante: É dispensada autorização legislativa para a alienação de bens imóveis da Administração Pública que tenham sido adquiridos por procedimento judicial ou dação em pagamento. Contudo, para esses casos, será exigido avaliação prévia e licitação na modalidade leilão.[162]

Além dos bens imóveis, o Poder Público também deverá justificar a alienação dos **bens móveis** à existência de interesse público e fazer a avaliação do objeto. Diferentemente do que ocorre com os bens imóveis, os bens móveis, para serem alienados, não precisam de autorização legislativa. Do mesmo modo, existem algumas hipóteses em que a licitação será dispensada, sendo elas:

- Doação, permitida exclusivamente para fins e uso de interesse social, após avaliação de oportunidade e conveniência socioeconômica em relação à escolha de outra forma de alienação;[163]

---

158 Art. 76, I, *g*, da Lei n. 14.133/2021.

159 Art. 76, I, *h*, da Lei n. 14.133/2021.

160 Art. 76, I, *i*, da Lei n. 14.133/2021.

161 Art. 76, I, *j*, da Lei n. 14.133/2021.

162 Art. 76, § 1º, da Lei n. 14.133/2021.

163 Art. 76, II, *a*, da Lei n. 14.133/2021.

- Permuta, permitida exclusivamente entre órgãos ou entidades da Administração Pública;[164]
- Venda de ações, que poderão ser negociadas em bolsa, observada a legislação específica;[165]
- Venda de títulos, observada a legislação pertinente;[166]
- Venda de bens produzidos ou comercializados por entidades da Administração Pública, em virtude de suas finalidades;[167]
- Venda de materiais e equipamentos sem utilização previsível por quem deles dispõe para outros órgãos ou entidades da Administração Pública.[168]

Em suma, a tabela abaixo exemplifica quais são as hipóteses de licitação dispensada dos bens imóveis e móveis:

Bens imóveis	Bens móveis
Dação em pagamento	Doação
Doação	Permuta
Permuta por outros imóveis que atendam aos requisitos relacionados às finalidades precípuas da Administração.	Venda de ações
Investidura	Venda de títulos
Venda a outro órgão ou entidade da Administração Pública de qualquer esfera de governo.	Venda de bens produzidos ou comercializados por entidades da Administração Pública, em virtude de suas finalidades.
Alienação gratuita ou onerosa, aforamento, concessão de direito real de uso, locação e permissão de uso.	Venda de materiais e equipamentos sem utilização previsível por quem eles dispõe para outros órgãos ou entidades da Administração Pública.

164 Art. 76, II, *b*, da Lei n. 14.133/2021.

165 Art. 76, II, *c*, da Lei n. 14.133/2021.

166 Art. 76, II, *d*, da Lei n. 14.133/2021.

167 Art. 76, II, *e*, da Lei n. 14.133/2021.

168 Art. 76, II, *f*, da Lei n. 14.133/2021.

Alienação e concessão de direito real de uso, gratuita ou onerosa, de terras públicas rurais da União e do INCRA.	
Legitimação de posse	
Legitimação fundiária	

b) Procedimento do leilão na legislação anterior (Lei n. 8.666/93)

Existem poucos artigos que regulam o procedimento do leilão na lei geral de licitações (Lei n. 8.666/93). A lei cuida de conceituar o leilão em seu art. 22, § 5º, com hipóteses mais restritas do que a nova lei, atribuindo ao regulamento a possibilidade de detalhar o procedimento. No entanto, algumas regras valem destacar:

- O leilão é conduzido por um leiloeiro oficial ou servidor designado pela Administração;
- Todo bem a ser alienado deve ser previamente avaliado para fixação de preço mínimo de arrematação;
- O pagamento deve ocorrer à vista ou no percentual estabelecido no edital, não inferior a 5% e, após a assinatura da respectiva ata lavrada no local do leilão, imediatamente entregues ao arrematante, o qual se obrigará ao pagamento do restante no prazo estipulado no edital de convocação, sob pena de perder em favor da Administração o valor já recolhido;
- No caso de leilão internacional, o pagamento da parcela à vista poderá ser feito em até vinte e quatro horas.

Vale destacar ainda que o edital de leilão deve ser amplamente divulgado, principalmente no município em que se realizará e que o intervalo mínimo de 15 (quinze) dias entre a publicação do edital e a realização do procedimento. Quaisquer outras regras deverão ser definidas em legislação específica.[169]

---

[169] Art. 53 da Lei n. 8.666/93.

c) Procedimento do leilão na nova legislação (Lei n. 14.133/2021)

A nova lei de licitações (Lei n. 14.133/2021) não mudou muita coisa em relação à Lei n. 8.666/93, salvo quanto ao seu objeto, que passou a ser ampliado quanto aos bens imóveis, conforme explicado anteriormente. A Lei n. 14.133/2021 estabelece apenas regras gerais acerca do leilão e atribui a regulamento próprio a possibilidade de regular os seus procedimentos operacionais.[170]

O leilão continua podendo ser conduzido por um leiloeiro oficial ou por um servidor designado pela autoridade competente da administração. A lei estabelece os critérios de seleção do leiloeiro, figura que dá andamento ao procedimento licitatório.[171] Caso o Poder Público opte pela realização do leilão por intermédio de leiloeiro oficial, ele deverá selecioná-lo mediante credenciamento ou licitação na modalidade pregão e adotar o critério de julgamento e maior desconto para as comissões a serem cobradas.[172]

Feita a seleção, a Administração Pública deverá divulgar o edital em sítio eletrônico oficial, devendo conter as seguintes informações:[173]

- A descrição do bem, com suas características, e, no caso de imóvel, sua situação e suas divisas, com remissão à matrícula e aos registros;[174]
- O valor pelo qual o bem foi avaliado, o preço mínimo pelo qual poderá ser alienado, as condições de pagamento e, se for o caso, a comissão do leiloeiro designado;[175]
- A indicação do lugar onde estiverem os móveis, os veículos e os semoventes;[176]

---

170 Art. 31 da Lei n. 14.133/2021.

171 A Administração Pública deverá designar um servidor público competente ou um leiloeiro oficial. (Art. 31 da Lei n. 14.133/2021)

172 Art. 31, § 1º, da Lei n. 14.133/2021.

173 Art. 31, § 2º, da Lei n. 14.133/2021.

174 Art. 31, § 2º, I, da Lei n. 14.133/2021.

175 Art. 31, § 2º, II, da Lei n. 14.133/2021.

176 Art. 31, § 2º, III, da Lei n. 14.133/2021.

- O sítio da internet e o período em que ocorrerá o leilão, salvo se excepcionalmente for realizado sob a forma presencial por comprovada inviabilidade técnica ou desvantagem para a Administração, hipótese em que serão indicados o local, o dia e a hora de sua realização;[177]
- A especificação de eventuais ônus, gravames ou pendências existentes sobre os bens a serem leiloados.[178]

Importante: Além da divulgação eletrônica, o edital do leilão deverá ser afixado em local de ampla circulação de pessoas na sede da Administração e poderá, ainda, ser divulgado por outros meios necessários para ampliar a publicidade e a competitividade da licitação.[179]

O regulamento que definir o procedimento do leilão não poderá exigir cadastro prévio e determinar a fase de habilitação. A homologação deverá acontecer após a conclusão da fase de lances, superada a fase recursal e efetivado o pagamento pelo licitante vencedor, na forma definida no edital.[180]

6. CARACTERÍSTICAS E PROCEDIMENTO DO DIÁLOGO COMPETITIVO

a) Características do diálogo competitivo

Inspirado nos procedimentos licitatórios da união europeia, o **diálogo competitivo** surgiu no ordenamento jurídico brasileiro com a Lei n. 14.133/2021 (não estava previsto na Lei n. 8.666/93). Essa nova modalidade permite à Administração Pública contratações complexas por meio do diálogo com as empresas e viabiliza o desenvolvimento de alternativas que atendam suas necessidades.

A ideia de criação dessa modalidade surgiu a partir da necessidade que o Estado muitas vezes tem de efetuar contratações para problemas

177 Art. 31, § 2º, IV, da Lei n. 14.133/2021.

178 Art. 31, § 2º, V, da Lei n. 14.133/2021.

179 Art. 31, § 3º, da Lei n. 14.133/2021.

180 Art. 31, § 4º, da Lei n. 14.133/2021.

que ainda não foram corretamente identificados e delimitados. São situações complexas que demandam um diálogo com os principais *players* do mercado e, por isso mesmo, deve ser uma modalidade de uso excepcional e devidamente justificado.

A Lei n. 14.133/2021 estabelece o **diálogo competitivo** como a modalidade de licitação para contratação de obras, serviços e compras em que a Administração Pública realiza diálogos com licitantes previamente selecionados mediante critérios objetivos, com o intuito de desenvolver uma ou mais alternativas capazes de atender às suas necessidades, devendo os licitantes apresentar proposta final após o encerramento dos diálogos.[181]

Contudo, o seu cabimento não é amplo, devendo ser utilizado apenas quando:

> 1) visar a contratar objetos especificados na legislação; e
>
> 2) quando se verifique a necessidade de definir e identificar os meios e as alternativas que possam satisfazer suas necessidades.

Quanto ao objeto, é possível utilizar o diálogo competitivo quando o objeto com as seguintes condições:[182]

OBJETOS DO DIÁLOGO COMPETITIVO
Inovação tecnológica ou técnica.
Impossibilidade de o órgão ou entidade ter sua necessidade satisfeita sem a adaptação e soluções disponíveis no mercado.
Impossibilidade de as especificações técnicas serem definidas com precisão suficiente pela Administração.
Necessidade de definir e identificar os meios e alternativas que possam satisfazer sua necessidade, com destaque para os seguintes: – Solução técnica mais adequada; – Requisitos técnicos aptos a concretizar a solução já definida; – Estrutura jurídica ou financeira do contrato.

[181] Art. 6º, XLII, da Lei n. 14.133/2021.

[182] Art. 32, I, da Lei n. 14.133/2021.

b) Procedimento do diálogo competitivo (Lei n. 14.133/2021)

O procedimento do diálogo competitivo inicia-se com a **divulgação do edital** em sítio eletrônico oficial, após a conclusão da fase preparatória. O edital deverá constar as necessidades e exigências previamente definidas pelo Poder Público. Além dessas informações, deverá constar o prazo mínimo de 25 (vinte e cinco) dias úteis para manifestação de interesse na participação da licitação.[183]

No diálogo competitivo, o seu procedimento é caracterizado por duas fases: **fase de diálogos** e **fase competitiva**. O objetivo é primeiro delimitar as necessidades da administração pública para só depois ter início uma fase de competição com base em critérios adequados.

Inicialmente, para iniciar a fase de diálogos, é feita uma **pré-seleção**. Nessa etapa, serão admitidos todos os interessados que preencherem os requisitos objetivos estabelecidos no edital.[184] A lei também estabelece a vedação de divulgação de informações discriminatórias que possam implicar vantagem para outro licitante.[185]

Após a pré-seleção, dar-se-á início a **fase de diálogos**. Aqui a Administração Pública "dialoga" com os licitantes em busca da identificação de solução ou soluções que atendam às suas necessidades.[186] As reuniões feitas com os licitantes pré-selecionados serão registradas em ata e gravadas mediante utilização de recursos tecnológicos de áudio e vídeo.[187] Vale destacar que é vedado que o Poder Público revele a outros licitantes as soluções propostas ou as informações sigilosas comunicadas por um licitante sem o seu devido consentimento.[188]

---

183 Art. 32, § 1º, I, da Lei n. 14.133/2021.

184 Art. 32, § 1º, II, da Lei n. 14.133/2021.

185 Art. 32, § 1º, III, da Lei n. 14.133/2021.

186 Art. 32, § 1º, V, da Lei n. 14.133/2021.

187 Art. 32, § 1º, VI, da Lei n. 14.133/2021.

188 Art. 32, § 1º, IV, da Lei n. 14.133/2021.

Importante: É possível que o edital estabeleça a realização de fases sucessivas para essa modalidade. Em cada uma dessas fases será possível que a Administração Pública restrinja as soluções ou propostas a serem discutidas.[189]

Concluída a fase de diálogo, a Administração Pública juntará aos autos do processo os registros e as gravações e em seguida dará início a **fase preparatória da competição**. Essa etapa começa com a divulgação de edital que conterá a especificação da solução que atenda às suas necessidades e os critérios objetivos a serem utilizados para seleção da proposta mais vantajosa. Também, deverá constar no instrumento prazo não inferior a 60 (sessenta dias) úteis para que todos os licitantes pré-selecionados apresentem suas propostas com os elementos necessários para a realização do projeto.[190]

Importante: Caso necessário, a Administração poderá solicitar esclarecimentos ou ajustes às propostas apresentadas. Contudo, essa possibilidade só é aceita desde que não implique discriminação e não distorça a concorrência entre as propostas.[191]

Por fim, é iniciada a **fase competitiva.** Nessa etapa a Administração definirá a proposta vencedora de acordo com os critérios definidos na fase preparatória da competição, assegurada a contratação mais vantajosa como resultado.[192]

Importante: No diálogo competitivo, a condução não é feita pelo agente de contratação, como ocorre nas demais modalidades, mas sim por uma comissão de contratação. Essa comissão deverá ser formada por pelo menos 3 (três) servidores efetivos ou empregados públicos pertencentes aos quadros permanentes da Administração, admitida a contratação de profissionais para assessoramento técnico da comissão.[193] Os profissionais contratados deverão assinar termo de confidencialidade e abster-se de atividades que possam configurar conflito de interesses.[194]

---

189 Art. 32, § 1º, VII, da Lei n. 14.133/2021.

190 Art. 32, § 1º, VIII, da Lei n. 14.133/2021.

191 Art. 32, § 1º, IX, da Lei n. 14.133/2021.

192 Art. 32, § 1º, X, da Lei n. 14.133/2021.

193 Art. 32, § 1º, XI, da Lei n. 14.133/2021.

194 Art. 32, § 2º, da Lei n. 14.133/2021.

VI – CONTRATAÇÃO DIRETA SEM LICITAÇÃO

1. TIPOS DE CONTRATAÇÃO DIRETA

Embora a licitação seja regra definida pela Constituição Federal e pela lei para contratações públicas, existem certas hipóteses que a lei regulamenta e admite a celebração de contratos sem a realização do procedimento licitatório.[195] Essas possibilidades são definidas como hipóteses de contratação direta sem licitação: dispensa e inexigibilidade.

Nas duas hipóteses, o Poder Público poderá firmar o contrato sem um procedimento licitatório, embora seja necessária a instauração de um processo administrativo de justificação da contratação. A diferença entre essas duas formas de contratação direta está nas suas características, que serão abordadas mais a frente.

É importante destacar que, embora seja possível a contratação direta sem licitação com base nessas duas modalidades, sempre será necessária a instauração de processo administrativo de justificação, nos termos dos arts. 72 e 73 da Lei n. 14.133/2021. A autorização para contratar sem licitação não dispensa o processo administrativo.

2. DISPENSA DE LICITAÇÃO

O Poder Público será **dispensado de licitar** quando a lei assim

[195] Art. 37, XXI, da Constituição Federal (parte inicial).

determinar, mesmo quando houver a possibilidade para tanto. Para isso, a lei estabelece situações taxativas. É importante destacar que essas possibilidades só são admitidas se enquadradas conforme o previsto em lei. Atos normativos secundários (abaixo da lei) não podem criar hipóteses não especificadas na legislação. A dispensa de licitação, nesse sentido, é uma autorização legal para não licitar, que confere à autoridade administrativa a discricionariedade para decidir entre a abertura do procedimento seletivo ou a contratação direta.

Vale reforçar que, conforme o art. 337-E do Código Penal, é crime: "Admitir, possibilitar ou dar causa à contratação direta fora das hipóteses previstas em lei". Assim, as hipóteses deverão ser utilizadas sempre de forma fundamentada pela autoridade competente.

A doutrina menciona que a dispensa de licitação se subdivide em duas formas:

a) licitação dispensada;

b) e licitação dispensável.

Embora parecidas pelo nome, as duas possuem diferenças significativas, sendo elas:

LICITAÇÃO DISPENSADA (ART. 76)	LICITAÇÃO DISPENSÁVEL (ART. 75)
Dispensa obrigatória por determinação legal. Logo, o administrador público não poderá emitir juízo de valor na dispensa da licitação. Serve para as hipóteses de alienação de bens que já vimos.	Dispensa autorizada por determinação legal. Logo, a lei autoriza que o Poder Público contrate, em algumas hipóteses, sem a realização do procedimento licitatório. Consequentemente, o administrador poderá definir se realizará ou não a licitação.
Dispensa com natureza vinculada.	Dispensa com natureza discricionária.
Tem como objeto a alienação de bens.	Não há especificação de um objeto, mas de vários.

A Lei n. 14.133/2021 traz diversas hipóteses de licitação dispensável e é importante que você leia cada uma delas com atenção. Abaixo, será listada cada uma delas e suas respectivas características.

Primeiramente, o art. 75, I e II, estabelece duas hipóteses de dispensa em **razão do valor:**[196] a) para contratação que envolva valores inferiores a R$ 108.040,82 (cento e oito mil quarenta reais e oitenta e dois centavos),[197] no caso de obras e serviços de engenharia ou de serviços de manutenção e veículos automotores; b) e para contratação que envolva valores inferiores a R$ 54.020,41 (cinquenta e quatro mil vinte reais e quarenta e um centavos),[198] no caso de outros serviços e compras.

Importante: As contratações diretas em razão do valor deverão ser precedidas de divulgação de aviso em sítio eletrônico oficial, no prazo mínimo de 3 (três) dias úteis, com a especificação do objeto pretendido e a manifestação de interesse do Poder Público em obter propostas adicionais de eventuais interessados.[199]

Essas duas hipóteses de dispensa em razão do valor terão dois parâmetros de aferição monetário, sendo eles: a) o somatório do que for despendido no exercício financeiro pela respectiva unidade gestora; b) o somatório da despesa realizada com objetos da mesma natureza, entendidos como tais aqueles relativos a contratações no mesmo ramo de atividade.[200]

Existe também a possibilidade desses valores serem duplicados para compras, obras e serviços contratados por consórcio público ou por autarquia ou fundação pública qualificadas como agências executivas.[201] Não se aplica aos parâmetros de aferição às contratações de até R$ 8.643,27 (oito mil seiscentos e quarenta e três reais e vinte e sete centavos) de serviços de manutenção de veículos automotores de propriedade do órgão ou entidade contratante, incluído o fornecimento de peças.[202]

---

196 Art. 75, I e II, da Lei n. 14.133/2021.

197 Art. 75, I, da Lei n. 14.133/2021.

198 Art. 75, II, da Lei n. 14.133/2021.

199 Art. 75, § 3º, da Lei n. 14.133/2021.

200 Art. 75, § 1º, I e II, da Lei n. 14.133/2021.

201 Art. 75, § 2º, da Lei n. 14.133/2021.

202 Art. 75, § 7º, da Lei n. 14.133/2021.

Em seguida, o art. 75, III, define duas possibilidades de dispensa de licitação **em razão do insucesso do procedimento**, sendo elas: a) quando não surgirem licitantes interessados ou não foram apresentadas propostas válidas; b) quando as propostas apresentadas consignarem preços manifestamente superiores aos praticados no mercado ou incompatíveis com os fixados pelos órgãos oficiais competentes. Essa previsão legal define quando ocorre a **licitação deserta e fracassada.**[203]

Licitação deserta	Licitação fracassada
Quando o Poder Público divulga o edital do procedimento licitatório, mas nenhum interessado comparece.	Quando os licitantes comparecem ao procedimento licitatório, mas, por não se adequarem as regras legais, são inabilitados ou desclassificados.

Importante: Para que o Poder Público contrate diretamente com o particular por meio dessas condições, é necessária que as condições da contratação sejam as mesmas definidas no edital de licitação realizado há menos de 1 (um) ano.

Na sequência, o art. 75, IV, define algumas hipóteses de dispensa de licitação em **razão do objeto.** Para isso, ela estabelece treze possibilidades que devem ser obedecidas pelo Administrador Público na hora de realizar a contratação direta, em obediência ao princípio da legalidade:[204]

- **Exclusividade de prestação do serviço em razão da aquisição do objeto:**[205] bens, componentes ou peças de origem nacional ou estrangeira necessários à manutenção de equipamentos, a serem adquiridos do fornecedor original desses equipamentos durante o período de garantia técnica, quando essa condição de exclusividade for indispensável para a vigência da garantia;

Observação: Se houvesse a contratação por licitação qualquer pessoa celebraria o contrato e realizaria o serviço, o que causaria de imediato a perda da garantia dos equipamentos adquiridos.

---

[203] Art. 75, III, da Lei n. 14.133/2021.

[204] Art. 37, *caput*, da CF/88.

[205] Art. 75, IV, *a*, da Lei n. 14.133/2021.

- **Acordo internacional benéfico ao Estado:**[206] bens, serviços, alienações ou obras, nos termos de acordo internacional específico aprovado pelo Congresso Nacional, quando as condições ofertadas forem manifestamente vantajosas para a Administração;

Observação: Há duas condições para essa contratação: a) acordo internacional específico aprovado pelo Congresso Nacional; b) quando as condições forem vantajosas para o Poder Público.

- **Objetos para pesquisa e desenvolvimento:**[207] produtos para pesquisa e desenvolvimento, limitada a contratação, no caso de obras e serviços de engenharia, ao valor de R$ 324.122,46 (trezentos e vinte e quatro mil cento e vinte dois reais e quarenta e seis centavos);

Observação: Aqui vale destacar o critério quantitativo definido na lei para a compra em casos de obras e serviços de engenharia.

- **Contratações realizadas por ICT:**[208] transferência de tecnologia ou licenciamento de direito de uso ou de exploração de criação protegida, nas contratações realizadas por instituição científica, tecnológica e de inovação (ICT) pública ou por agência de fomento, desde que demonstrada vantagem para a Administração;

Observação: Vale destacar que para isso, é necessário que a contratação tenha vantagem para o Poder Público.

- **Gêneros perecíveis:**[209] hortifrutigranjeiros, pães e outros gêneros perecíveis, no período necessário para a realização dos processos licitatórios correspondentes, hipótese em que a contratação será realizada diretamente com base no preço do dia;

Observação: Essa possibilidade trata-se de necessidade excepcional, no qual será realizada licitação para realizar contratação com a empresa que ficará responsável por fornecer esses bens quando necessária a necessidade da Administração Pública.

---

206 Art. 75, IV, *b*, da Lei n. 14.133/2021.

207 Art. 75, IV, *c*, da Lei n. 14.133/2021.

208 Art. 75, IV, *d*, da Lei n. 14.133/2021.

209 Art. 75, IV, *e*, da Lei n. 14.133/2021.

- **Alta complexidade tecnológica e defesa nacional:**[210] bens ou serviços produzidos ou prestados no País que envolvam, cumulativamente, alta complexidade tecnológica e defesa nacional;

Observação: Havia previsão na Lei n. 8.666/83 de que deveria ter o parecer de comissão para a contratação desses objetos, contudo, a Lei n. 14.133/2021 retirou esse requisito.

- **Materiais de uso das Forças Armadas:**[211] materiais de uso das Forças Armadas, com exceção de materiais de uso pessoal e administrativo, quando houver necessidade de manter a padronização requerida pela estrutura de apoio logístico dos meios navais, aéreos e terrestres, mediante autorização por ato do comandante da força militar;

Observação: A nova lei de licitações (Lei n. 14.133/2021) determina que a autorização para a contratação seja feita por comandante da força militar. Diferentemente da Lei n. 8.666/93 que determinava a autorização mediante parecer de comissão instituída por decreto.

- **Objetos para atendimento dos contingentes militares das forças singulares brasileiras:**[212] bens e serviços para atendimento dos contingentes militares das forças singulares brasileiras empregadas em operações de paz no exterior, hipótese em que a contratação deverá ser justificada quanto ao preço e à escolha do fornecedor ou executante e ratificada pelo comandante da força militar;

Observação: Vale destacar os três critérios exigidos: a) justificativa da contratação quanto ao preço; b) justificativa da contratação quanto à escolha do fornecedor ou executante; c) contratação ratificada por autoridade competente.

- **Objetos para o abastecimento ou suprimento de efetivos militares**[213]**:** abastecimento ou suprimento de efetivos militares em estada eventual de curta duração em portos, aeroportos ou localidades diferentes de suas sedes, por motivo de movimentação operacional ou de adestramento;

---

[210] Art. 75, IV, *f*, da Lei n. 14.133/2021.

[211] Art. 75, IV, *g*, da Lei n. 14.133/2021.

[212] Art. 75, IV, *h*, da Lei n. 14.133/2021.

[213] Art. 75, IV, *i*, da Lei n. 14.133/2021.

Observação: A Lei n. 8.666/93 continha duas condições para essa contratação: a) quando a exiguidade os prazos legais puder comprometer a normalidade; b) desde que seu valor não exceda ao limite do art. 23, II, *a*. Essas condições não existem mais na Lei n. 14.133/2021.

- **Resíduos sólidos urbanos recicláveis ou reutilizáveis:**[214] coleta, processamento e comercialização de resíduos sólidos urbanos recicláveis ou reutilizáveis, em áreas com sistema de coleta seletiva de lixo, realizados por associações ou cooperativas formadas exclusivamente de pessoas físicas de baixa renda reconhecidas pelo poder público como catadores de materiais recicláveis, com o uso de equipamentos compatíveis com as normas técnicas, ambientais e de saúde pública;

Observação: Possibilidade criada pela Lei n. 11.445/2007, que estabelece as diretrizes para o saneamento básico.

- **Aquisição ou restauração de obras de arte:**[215] aquisição ou restauração de obras de arte e objetos históricos, de autenticidade certificada, desde que inerente às finalidades do órgão ou com elas compatível;

Observação: Essa possibilidade trata-se de serviço técnico especializado de natureza singular.

- **Objetos destinados ao rastreamento e obtenção de provas:**[216] serviços especializados ou aquisição ou locação de equipamentos destinados ao rastreamento e à obtenção de provas previstas nos incisos II e V do *caput* do art. 3º da Lei n. 12.850, de 2 de agosto de 2013, quando houver necessidade justificada de manutenção de sigilo sobre a investigação;

Observação: Essa possibilidade é uma das inovações da Lei 14.133/2021 que deverá ser utilizada quando houver necessidade justificada de manutenção de sigilo sobre a investigação.

---

214 Art. 75, IV, *j*, da Lei n. 14.133/2021.

215 Art. 75, IV, *k*, da Lei n. 14.133/2021.

216 Art. 75, IV, *l*, da Lei n. 14.133/2021.

- **Medicamentos para o tratamento de doenças raras:**[217] aquisição de medicamentos destinados exclusivamente ao tratamento de doenças raras definidas pelo Ministério da Saúde;

Observação: Essa possibilidade traduz o direito social à saúde previsto no art. 6º da CF/88.

A dispensa de contratação de objetos para pesquisa e desenvolvimento deverá seguir procedimento especial instituído em regulamentação específica quando for aplicada a obras e serviços de engenharia.[218]

Em sequência, o art. 75, V, estabelece a dispensa de licitação para alguns casos previstos na lei sobre **incentivos à inovação e à pesquisa científica (Lei n. 10.973/2004).** O objetivo desse inciso é desenvolver o sistema produtivo nacional e regional do país, observados os princípios gerais de contratação da lei de licitações. Entre as hipóteses previstas na referida lei, destacam-se as seguintes:

- A União, os Estados, o Distrito Federal, os Municípios e as respectivas agências de fomento poderão estimular e apoiar a constituição de alianças estratégicas e o desenvolvimento de projetos de cooperação envolvendo empresas, ICTs e entidades privadas sem fins lucrativos voltados para atividades de pesquisa e desenvolvimento, que objetivem a geração de produtos, processos e serviços inovadores e a transferência e a difusão de tecnologia.[219]
- A Financiadora de Estudos e Projetos – FINEP, como secretaria executiva do Fundo Nacional de Desenvolvimento Científico e Tecnológico – FNDCT, o Conselho Nacional de Desenvolvimento Científico e Tecnológico – CNPq e as Agências Financeiras Oficiais de Fomento poderão celebrar convênios e contratos, nos termos do inciso XIII do art. 24 da Lei n. 8.666, de 21 de junho de 1993, por prazo determinado, com as fundações de apoio, com a finalidade de dar apoio às IFES e demais ICTs, inclusive na gestão administrativa e financeira dos projetos mencionados no *caput* do art. 1º da Lei n.

---

217 Art. 75, IV, *m*, da Lei n. 14.133/2021.

218 Art. 75, § 5º, da Lei n. 14.133/2021.

219 Art. 3º da Lei n. 10.973/2004.

8.958, de 20 de dezembro de 1994, com a anuência expressa das instituições apoiadas;[220]

- A ICT pública poderá, mediante contrapartida financeira ou não financeira e por prazo determinado, nos termos de contrato ou convênio: compartilhar seus laboratórios, equipamentos, instrumentos, materiais e demais instalações com ICT ou empresas em ações voltadas à inovação tecnológica para consecução das atividades de incubação, sem prejuízo de sua atividade finalística; permitir a utilização de seus laboratórios, equipamentos, instrumentos, materiais e demais instalações existentes em suas próprias dependências por ICT, empresas ou pessoas físicas voltadas a atividades de pesquisa, desenvolvimento e inovação, desde que tal permissão não interfira diretamente em sua atividade-fim nem com ela conflite; e permitir o uso de seu capital intelectual em projetos de pesquisa, desenvolvimento e inovação;
- São a União e os demais entes federativos e suas entidades autorizados, nos termos de regulamento, a participar minoritariamente do capital social de empresas, com o propósito de desenvolver produtos ou processos inovadores que estejam de acordo com as diretrizes e prioridades definidas nas políticas de ciência, tecnologia, inovação e de desenvolvimento industrial de cada esfera de governo;[221]
- Os órgãos e entidades da administração pública, em matéria de interesse público, poderão contratar diretamente ICT, entidades de direito privado sem fins lucrativos ou empresas, isoladamente ou em consórcios, voltadas para atividades de pesquisa e de reconhecida capacitação tecnológica no setor, visando à realização de atividades de pesquisa, desenvolvimento e inovação que envolvam risco tecnológico, para solução de problema técnico específico ou obtenção de produto, serviço ou processo inovador.[222]

Por conseguinte, o art. 75, VI, VII e VIII estabelece a dispensa de licitação em **contratações de urgência ou em situações anômalas,**

---

220 Art. 3º-A da Lei n. 10.973/2004.

221 Art. 5º da Lei n. 10.973/2004.

222 Art. 20 da Lei n. 10.973/2004.

com os seguintes destaques: a) o inciso IV refere-se a contratações que possam acarretar compromisso da segurança nacional; b) o inciso V refere-se a contratações no caso de guerra, estado de defesa, estado de sítio, intervenção federal ou de grave perturbação da ordem; c) e o inciso VI refere-se a contratações nos casos de emergência ou de calamidade pública,[223] conforme se segue:

- para contratação que possa acarretar comprometimento da segurança nacional, nos casos estabelecidos pelo Ministro de Estado da Defesa, mediante demanda dos comandos das Forças Armadas ou dos demais ministérios;
- nos casos de guerra, estado de defesa, estado de sítio, intervenção federal ou de grave perturbação da ordem;
- nos casos de emergência ou de calamidade pública, quando caracterizada urgência de atendimento de situação que possa ocasionar prejuízo ou comprometer a continuidade dos serviços públicos ou a segurança de pessoas, obras, serviços, equipamentos e outros bens, públicos ou particulares, e somente para aquisição dos bens necessários ao atendimento da situação emergencial ou calamitosa e para as parcelas de obras e serviços que possam ser concluídas no prazo máximo de 1 (um) ano, contado da data de ocorrência da emergência ou da calamidade, vedadas a prorrogação dos respectivos contratos e a recontratação de empresa já contratada com base no disposto neste inciso.

Importante: Em relação ao inciso VIII, considera-se "emergencial" a contratação por dispensa com objetivo de manter a continuidade no serviço público. Para isso, deverão ser observados os valores praticados pelo mercado e adotadas as providências necessárias para a conclusão do processo licitatório, sem prejuízo de apuração de responsabilidade dos agentes públicos que deram causa à situação emergencial.[224]

Seguindo a ordem, o art. 75, IX, define a dispensa de licitação para contratações de **entes da Administração Indireta criados com a fina-**

[223] Art. 75, VIII, da Lei n. 14.133/2021.

[224] Art. 75, § 6º, da Lei n. 14.133/2021.

lidade de contratar com o Estado, desde que o preço contratado seja compatível com o preço de mercado. Para o bem ou serviço ser adquirido, é necessário o preenchimento de três requisitos: a) por meio de pessoa jurídica de direito público interno; b) bens produzidos ou serviços prestados por órgão que integre a Administração Pública; c) que tenha sido criado para esse fim específico.

Continuando, o art. 75, X, define a contratação por dispensa de licitação em **situações financeiras excepcionais.** Essa medida refere-se a contratações em que a União tiver que intervir no domínio econômico para regular preços ou normalizar o abastecimento. Aqui, não há possibilidade de analisar qual é a melhor proposta uma vez que a contratação não traz vantagem econômica para o Poder Público.

Seguidamente, o art. 75, XI, define a contração direta por dispensa de licitação em contratações entre entes que integram **consórcio público.** Contudo, é necessário a constituição e regulação do **contrato de programa** que deverá estabelecer as obrigações dos entes federados no consórcio público no âmbito da gestão associada, em que haja a prestação de serviços públicos ou a transferência de encargos, serviços, pessoal ou bens necessários à **continuidade dos serviços transferidos.**

Logo após, o art. 75, XII, define a dispensa de licitação para contratações que forem estratégicas para o **Sistema Único de Saúde (SUS).** Para essas contratações, deverá haver transferência de tecnologia de produtos estratégicos para o SUS. Aqui, o legislador demonstra preocupação com o desenvolvimento nacional ao fomentar a transferência de tecnologias para área da saúde, sob o fundamento do princípio do interesse público.

Posteriormente, o art. 75, XIII, define a dispensa de licitação para contratações de profissionais para compor a **comissão de avaliação de critérios de técnica**, desde que se trate de profissional técnico de notória especialização. Assim como o art. 75, IV, *k*, essa hipótese refere-se a contratação de serviço técnico especializado de natureza singular.

Adiante, o art. 75, XIV, define a dispensa de licitação para contratação de **associação de pessoas com deficiência.** Para o Poder Público contratar com essa associação, é necessário que está preencha os seguintes requisitos: a) seja uma associação sem fins lucrativos e de comprovada idoneidade, por órgão ou entidade da Administração Pública, para a prestação de serviço; b) o preço deve ser compatível com o praticado no mercado; c) os serviços contratados devem ser prestados exclusivamente por pessoas com deficiência.

A seguir, o art. 75, XV, define a dispensa de licitação de **cunho social com instituições brasileiras.** Contudo, essas instituições devem ter algumas finalidades estatutárias, sendo elas: a) apoiar, captar e executar atividades de ensino, pesquisa, extensão, desenvolvimento institucional, científico e tecnológico e estímulo à inovação, inclusive para gerir administrativa e financeiramente essas atividades; b) recuperação social da pessoa presa, desde que o contratado tenha inquestionável reputação ética e profissional e não tenha fins lucrativos.

Por fim, o art. 75, XVI, define a dispensa de licitação para contratação de **insumos estratégicos para a saúde.** Essa contratação possui algumas condições, sendo elas: a) ser feita por pessoa jurídica de direito público interno; b) os insumos devem ser produzidos por fundação; c) essa fundação deve ter por finalidade, regimental ou estatuariamente, apoiar órgão da Administração Pública direta, sua autarquia ou fundação em projetos de ensino, pesquisa, extensão, desenvolvimento institucional, científico e tecnológico e de estímulo à inovação; d) devem ser criadas para esse fim específico em data anterior à entrada em vigor da Lei n. 14.133/2021; e) o preço contratado deve ser compatível com o praticado no mercado.

Em suma, para fixação, compreensão e entendimento do assunto, as hipóteses de dispensa de licitação previstas no art. 75 da Lei n. 14.133/2021 podem ser resumidas em:

- Em razão das especificidades de valores do objeto;
- Em razão das especificidades do objeto;
- Em atendimento às condições da lei de incentivos à pesquisa científica e tecnológica (Lei n. 10.973/2004);
- Em razão de situações de emergência ou anômalas;

- Em razão de aquisição de bens integrantes da Administração Pública que tenham sido criadas para o fim específico da contratação;
- Decorrente de intervenção federal no sistema financeiro;
- Em razão do contrato de programa;
- Em razão de produtos estratégicos para o Sistema Único de Saúde (SUS);
- Para compor comissão de avaliação de critérios de técnica;
- Em razão de associação de pessoas com deficiência;
- Contratação por instituição brasileira com fins sociais;
- Insumos estratégicos para a saúde.

3. INEXIGIBILIDADE DE LICITAÇÃO

Por conta da impossibilidade de competição em algumas situações, a lei criou outra possibilidade de contratação direta. Essa hipótese está prevista no art. 74 da Lei n. 14.133/2021 e é conhecida como "**inexigibilidade de licitação**". Essas previsões legais não são taxativas, mas exemplificativas. Ou seja, desde que seja impossível a competição, a Administração Pública não precisará licitar com determinado particular mesmo que essa situação não esteja prevista em lei. A inexigibilidade de licitação é a forma de contratação direta cabível para quando houver **inviabilidade de competição**.

O art. 74 da Lei n. 14.133/2021 traz algumas hipóteses exemplificativas de licitação inexigível e é importante que você leia cada uma delas com atenção.

> **Importante:** A lei veda expressamente no caput do art. 74 a inexigibilidade de licitação para serviços de publicidade e divulgação. Ou seja, o Poder Público não poderá contratar diretamente serviços de publicidade e divulgação por meio da inexigibilidade.

Primeiramente, o art. 74, I, define que a licitação será inexigível quando os bens ou serviços puderem ser fornecidos por **produtor, empresa ou representante comercial exclusivo**. O artigo exemplifica os tipos de aquisição para essa hipótese, como materiais, equipamentos ou de gêneros ou contratação de serviços.

Para contratar sob essa hipótese, o Poder Público deverá demonstrar a inviabilidade de competição mediante os seguintes documentos: a) atestado de exclusividade;[225] b) contrato de exclusividade; c) declaração do fabricante ou outro documento idôneo capaz de comprovar que o objeto é fornecido ou prestado por produtor, empresa ou representante comercial exclusivos, vedada a preferência por marca específica.[226]

A exclusividade deverá ser demonstrada no processo administrativo para evitar fraude ao procedimento licitatório.[227] Além disso, conforme entendimento do TCU, "não cumpre a condição legal, para fins de justificativa de inexigibilidade de licitação, declaração de exclusividade emitida pelo próprio fabricante" (Acórdão 659/2012-Plenário). Em sentido semelhante, "a demonstração de exclusividade de marca não comprova o requisito de inviabilidade de competição necessário para fundamentar inexigibilidade de licitação". (Acórdão 568/2009-Primeira Câmara)

Importante: Conforme a **Súmula 255 do TCU**: "Nas contratações em que o objeto só possa ser fornecido por produtor, empresa ou representante comercial exclusivo, é dever do agente público responsável pela contratação a adoção das providências necessárias para confirmar a veracidade da documentação comprobatória da condição de exclusividade".

Em seguida, o art. 74, II, estabelece que a licitação será inexigível quando a contratação for feita com **profissionais do setor artístico.** Ocorre que a lei determina que essa hipótese não se vale para qualquer profissional. É necessário que ele seja consagrado pela crítica especializada ou pela opinião pública. Vale destacar que a contratação poderá ser feita de diretamente com o profissional ou por meio do empresário exclusivo.

---

[225] Conforme entendimento do TCU: "A apresentação de atestados de exclusividade por juntas comerciais e entidades sindicais – apesar de ser requisito legal – não é suficiente, sendo necessária a tomada de medidas pelo administrador público para que seja assegurada a veracidade das informações lá contidas". (Acórdão 2723/2011-Primeira Câmara)

[226] Art. 74, § 1º, da Lei n. 14.133/2021.

[227] TCU, Acórdão 1710/2019-Plenário.

Importante: O empresário exclusivo deverá ser pessoa física ou jurídica que possua contrato, declaração, carta ou outro documento que ateste a exclusividade permanente e contínua de representação, no País ou em Estado específico, do profissional do setor artístico, afastada a possibilidade e contratação direta por inexigibilidade por meio de empresário com representação restrita a evento ou local específico.[228]

Conforme entendimento do TCU: "Na contratação direta, por inexigibilidade de licitação, de profissional do setor artístico por meio de empresário exclusivo, a apresentação de autorização/atesto/carta de exclusividade restrita aos dias e à localidade do evento não atende aos pressupostos do art. 25, III, da Lei n. 8.666/93. Para tanto, é necessária a apresentação do contrato de representação exclusiva do artista consagrado com o empresário contratado, registrado em cartório". (Acórdão 1435/2017-Plenário)

Na sequência, o art. 74, III, define algumas hipóteses de inexigibilidade de licitação em **de serviços técnicos especializados de natureza predominantemente intelectual com profissionais ou empresas de notória especialização.** Para isso, ela estabelece oito possibilidades exemplificativas para o Administrador Público, sendo elas:

- Estudos técnicos, planejamentos, projetos básicos ou projetos executivos;
- Pareceres, perícias e avaliações em geral;
- Assessorias ou consultorias técnicas e auditorias financeiras ou tributárias;
- Fiscalização, supervisão ou gerenciamento de obras ou serviços;
- Patrocínio ou defesa de causas judiciais ou administrativas;
- Treinamento e aperfeiçoamento de pessoal;
- Restauração de obras de arte e de bens de valor histórico;
- Controles de qualidade e tecnológico, análises, testes e ensaios de campo e laboratoriais, instrumentação e monitoramento de parâmetros específicos de obras e do meio ambiente e demais serviços de engenharia que se enquadrem no disposto neste inciso.

Importante: "Notória especialização" refere-se ao profissional ou empresa cujo conceito no campo de sua especialidade, decorrente de seu desempenho anterior, estudos, experiência, publicações, organização, aparelhamento, equipe técnica ou outros requisitos relacionados com suas atividades, permita inferir que o seu trabalho é essencial ou reconhecidamente adequado à plena satisfação do objeto do contrato.[229]

---

[228] Art. 74, § 2º, da Lei n. 14.133/2021.

[229] Art. 74, § 3º, da Lei n. 14.133/2021.

Em relação a esse inciso, é vedada a subcontratação e empresas ou a atuação de profissionais distintos daqueles que tenham justificado a inexigibilidade.[230]

Vale destacar que, conforme o entendimento do TCU, a inexigibilidade deste inciso dependeria de 3 (três) requisitos (Súmula TCU 252): 1) serviço técnico especializado; 2) natureza singular do serviço; e 3) notória especialização do contratado. A Lei n. 14.133/2021 substituiu a expressão "natureza singular" por "natureza predominantemente intelectual" e conceituou tal natureza em seu art. 6º, XVIII. A justificação agora, nesse sentido, deve seguir a listagem de tal dispositivo.

Um ponto polêmico diz respeito à utilização deste dispositivo para fins de contratação de serviços de assessoramento e consultoria jurídica. Isso porque tal atribuição é destinada, como regra, às finalidades específicas da advocacia pública, com vertente constitucional. Porém, por vezes, a contratação excepcional se justifica e a doutrina e jurisprudência discute sobre a necessidade ou não de procedimento licitatório para essa finalidade.

Sobre contratação de escritórios de advocacia, o TCU já havia decidido que "a contratação sem licitação de escritório de advocacia com base no art. 25, II, da Lei n. 8.666/93 exige, além da caracterização como serviço técnico profissional especializado, que esteja configurada, também, a notória especialização dos profissionais ou empresas contratadas, bem assim a singularidade dos serviços contratados. Os serviços advocatícios devem ser licitados, entretanto, caso a competição revele-se inviável, deve ser realizada a pré-qualificação dos profissionais aptos a prestarem os serviços, adotando sistemática objetiva e imparcial de distribuição de causas entre os pré-qualificados".

O Ministro Luis Roberto Barroso, no âmbito da ADC 45 propôs a fixação da seguinte tese: "são constitucionais os arts. 13, V, e 25, II, da Lei n. 8.666/93, desde que interpretados no sentido de que a contratação direta de serviços advocatícios pela Administração Pública, por inexigi-

---

[230] Art. 74, § 4º, da Lei n. 14.133/2021.

bilidade de licitação, além dos critérios já previstos expressamente (necessidade de procedimento administrativo formal; notória especialização profissional; natureza singular do serviço), deve observar: (i) inadequação da prestação do serviço pelos integrantes do Poder Público; e (ii) cobrança de preço compatível com o praticado pelo mercado". Vale destacar que a referida ADC ainda não chegou a seu julgamento final e trânsito em julgado.

Sobre o assunto, foi editada a Lei n. 14.039/2020, alterando a Lei n. 8.906/94 (Estatuto da OAB), para o fim de introduzir o art. 3º-A, dispondo que "os serviços profissionais de advogado são, por sua natureza, técnicos e singulares, quando comprovada sua notória especialização, nos termos da lei".

Por sua vez, o conceito de notória especialização foi dado pelo seu parágrafo único, ao prever que "considera-se **notória especialização** o profissional ou a sociedade de advogados cujo conceito no campo de sua especialidade, decorrente de desempenho anterior, estudos, experiências, publicações, organização, aparelhamento, equipe técnica ou de outros requisitos relacionados com suas atividades, permita inferir que o seu trabalho é essencial e indiscutivelmente o mais adequado à plena satisfação do objeto do contrato".

O STJ teve oportunidade de enfrentar a questão em algumas oportunidades. A título de exemplo, a referida corte, por unanimidade, negou provimento a recurso do MPSP em ação que buscava questionar contratação de escritório de advocacia sem licitação por um Município (AREsp 1.426.621). No entanto, a matéria parece continuar em aberto, com uma forte tendência ao reconhecimento da possibilidade de contratação direta mediante inexigibilidade com o cumprimento dos requisitos previstos na agora Lei n. 14.133/2021.

Seguidamente, o art. 74, IV, define como licitação inexigível os objetos que possam ser contratados por meio de credenciamento. O credenciamento é o procedimento em que o Poder Público anuncia que precisa de fornecedores para a aquisição de determinados bens ou serviços e que irá contratar com aqueles que se enquadrarem com as qualificações exigidas. Depois do chamamento, aqueles que se interessarem poderão se habilitar para serem contratados.

Por fim, o art. 74, V, estabelece que licitação inexigível a aquisição de imóvel cuja características de instalações e de localização tornem necessárias sua escolha. Essa hipótese, na Lei n. 8.666/93, era considerada como dispensa de licitação, o que mudou com o advento da Lei n. 14.133/2021, que agora a enquadra como inexigibilidade. Para contratações como essa, é necessário que sejam observados os seguintes requisitos:[231]

- Avaliação prévia do bem, do seu estado de conservação, dos custos de adaptações, quando imprescindíveis às necessidades de utilização, e do prazo de amortização dos investimentos;
- Certificação da inexistência de imóveis públicos vagos e disponíveis que atendam ao objeto;
- Justificativas que demonstrem a singularidade do imóvel a ser comprado ou locado pela Administração e que evidenciem vantagem para ela.

Em suma, para fixação, compreensão e entendimento do assunto, as hipóteses de inexigibilidade de licitação previstas no art. 74 da Lei n. 14.133/2021 podem ser resumidas em:

- Aquisição de materiais, de equipamentos ou de gêneros ou contratação de serviços que só possam ser fornecidos por produtor, empresa ou representante comercial exclusivos;
- Contratação de profissional do setor artístico;
- Contratação de determinados serviços técnicos especializados de natureza predominantemente intelectual com profissionais ou empresas de notória especialização;
- Objetos que devam ou possam ser contratados por meio de credenciamento;
- Aquisição ou locação de imóvel.

---

[231] Art. 74, § 5º, da Lei n. 14.133/2021.

Embora sejam hipóteses de contratação direta, é possível que algumas pessoas confundam inexigibilidade e dispensa de licitação. Como forma de fixação de conteúdo, abaixo será listada as principais características e diferença de cada uma.

Inexigibilidade de licitação ocorre sempre que a competição for impossível ou inviável. As hipóteses legais são exemplificativas e não taxativas. Logo, o Poder Público poderá contratar diretamente com algum particular, sob o fundamento de impossibilidade ou inviabilidade de competição, em circunstâncias não expressas na lei. Vale lembrar que é vedada a inexigibilidade para contratação de serviços de divulgação e serviços de publicidade.

Dispensa de licitação ocorre sempre quando a lei dispensa o procedimento licitatório, mesmo que seja possível competir. Diferentemente da inexigibilidade, as hipóteses de dispensa são taxativas, logo, o Poder Público não pode contratar diretamente por meio desse instituto fundamentado por outros motivos. Existem dois tipos de dispensa de licitação: a) licitação dispensada; b) e licitação dispensável. Enquanto no primeiro a autoridade pública deve dispensar a licitação sem emitir qualquer juízo de valor, no segundo a autoridade público poderá dispensar a licitação com juízo de valor.

4. PROCESSO DE CONTRATAÇÃO DIRETA

Como explicado anteriormente, a contratação direta deverá ser objeto de um processo administrativo com sua instrução conforme a lei. Para se fazer a contratação direta com base em uma das modalidades (dispensa ou inexigibilidade), o processo administrativo deverá ser instruído, pelo menos, com os seguintes documentos:

- documento de formalização de demanda e, se for o caso, estudo técnico preliminar, análise de riscos, termo de referência, projeto básico ou projeto executivo;
- estimativa de despesa, que deverá ser calculada na forma estabelecida no art. 23 desta Lei;
- parecer jurídico e pareceres técnicos, se for o caso, que demonstrem o atendimento dos requisitos exigidos;

- demonstração da compatibilidade da previsão de recursos orçamentários com o compromisso a ser assumido;
- comprovação de que o contratado preenche os requisitos de habilitação e qualificação mínima necessária;
- razão da escolha do contratado;
- justificativa de preço;
- autorização da autoridade competente.

Além disso, a contratação direta também não exime o dever de publicidade. A autorização da contratação direta ou o seu extrato de contrato deverá ser divulgado e mantido à disposição do público em sítio eletrônico oficial.[232]

Os envolvidos em contratação direta que seja realizada de modo indevido podem ser responsabilizados quando agirem com dolo, fraude ou erro grosseiro, respondendo o contratado e o agente público responsável de modo solidário pelo dano causado ao erário, sem prejuízo de outras penalidades e sanções previstas em lei.[233]

---

[232] Art. 72, parágrafo único, da Lei n. 14.133/2021.

[233] Art. 73 da Lei n. 14.133/2021.

VII – REGRAS LICITATÓRIAS PÓS-EDITAL

1. CRITÉRIOS DE JULGAMENTO

A Lei n. 14.133/2021 estabeleceu critérios de julgamento (tipos de licitação) que podem ser utilizados nos procedimentos licitatórios com uma lista maior do que a legislação anterior. Tais critérios tem por objeto estabelecer regras claras para seleção da proposta pela Administração Pública e devem observar os critérios legais. São eles (art. 33):

I – menor preço;

O critério menor preço é um dos critérios mais objetivos e, por isso, utilizado como regra no pregão, ao lado do critério maior desconto. A partir dele, seleciona-se a proposta que apresentar o menor valor para o objeto a ser contratado. Vale destacar que, mesmo nesse critério de julgamento, o Estado deve avaliar parâmetros mínimos de qualidade definidos no edital de licitação.

II – maior desconto;

O critério maior desconto também tem por finalidade identificar o menor dispêndio para a Administração de acordo com as propostas apresentadas e com parâmetros mínimos de qualidade definidos no edital. Nessa hipótese, o julgamento terá como referência o preço global fixado no edital de licitação, e o desconto será estendido aos eventuais termos aditivos.

III – melhor técnica ou conteúdo artístico;

O julgamento por melhor técnica ou conteúdo artístico considerará exclusivamente as propostas técnicas ou artísticas apresentadas pelos licitantes, e o edital deverá definir o prêmio ou a remuneração que será atribuída aos vencedores. O referido critério de julgamento poderá ser utilizado para a contratação de projetos e trabalhos de natureza técnica, científica ou artística, isto é, para a modalidade **concurso**.

IV – técnica e preço;

O critério de julgamento técnica e preço mescla dois critérios importantes focados no valor da contratação e na técnica apresentada pelo licitante. Aqui, o julgamento considerará a maior pontuação obtida a partir da ponderação, segundo fatores objetivos previstos no edital, das notas atribuídas aos aspectos de técnica e de preço da proposta.

O critério de julgamento de técnica e preço será escolhido quando estudo técnico preliminar demonstrar que a avaliação e a ponderação da qualidade técnica das propostas que superarem os requisitos mínimos estabelecidos no edital forem relevantes aos fins pretendidos pela Administração nas licitações para contratação de:

- serviços técnicos especializados de natureza predominantemente intelectual, caso em que o critério de julgamento de técnica e preço deverá ser preferencialmente empregado;
- serviços majoritariamente dependentes de tecnologia sofisticada e de domínio restrito, conforme atestado por autoridades técnicas de reconhecida qualificação;
- bens e serviços especiais de tecnologia da informação e de comunicação;
- obras e serviços especiais de engenharia;
- objetos que admitam soluções específicas e alternativas e variações de execução, com repercussões significativas e concretamente mensuráveis sobre sua qualidade, produtividade, rendimento e durabilidade, quando essas soluções e variações puderem ser adotadas à livre escolha dos licitantes, conforme critérios objetivamente definidos no edital de licitação.

No julgamento por técnica e preço, deverão ser avaliadas e ponderadas as propostas técnicas e, em seguida, as propostas de preço apresentadas pelos licitantes, na proporção máxima de 70% (setenta por cento) de valoração para a proposta técnica. O desempenho pretérito na execução de contratos com a Administração Pública deverá ser considerado na pontuação técnica, observado o disposto nos §§ 3º e 4º do art. 88 desta Lei e em regulamento.

Registre-se que, no caso do critério de julgamento *melhor técnica* ou por *técnica e preço*, o procedimento deverá ser realizado por: (i) verificação da capacitação e da experiência do licitante, comprovadas por meio da apresentação de atestados de obras, produtos ou serviços previamente realizados; (ii) atribuição de notas a quesitos de natureza qualitativa por banca designada para esse fim, de acordo com orientações e limites definidos em edital, considerados a demonstração de conhecimento do objeto, a metodologia e o programa de trabalho, a qualificação das equipes técnicas e a relação dos produtos que serão entregues; e (iii) atribuição de notas por desempenho do licitante em contratações anteriores aferida nos documentos comprobatórios de que trata o § 3º do art. 88 desta Lei e em registro cadastral unificado disponível no Portal Nacional de Contrataçoes Públicas (PNCP).

A banca deverá ser composta por, no mínimo, 3 (três) membros e poderá ser composta de:

- servidores efetivos ou empregados públicos pertencentes aos quadros permanentes da Administração Pública; e
- profissionais contratados por conhecimento técnico, experiência ou renome na avaliação dos quesitos especificados em edital, desde que seus trabalhos sejam supervisionados por profissionais designados conforme o disposto no art. 7º desta Lei.

No julgamento por melhor técnica ou por técnica e preço, a obtenção de pontuação devido à capacitação técnico-profissional exigirá que a execução do respectivo contrato tenha participação direta e pessoal do profissional correspondente.

V – maior lance, no caso de leilão;

Esse é o critério de julgamento a ser utilizado no leilão, já que, nessa modalidade de licitação, o objeto é a alienação de bens.

VI – maior retorno econômico.

O critério maior retorno econômico é peculiar da nova lei. Nesta hipótese, o julgamento, utilizado exclusivamente para a celebração de contrato de eficiência, considerará a maior economia para a Administração, e a remuneração deverá ser fixada em percentual que incidirá de forma proporcional à economia efetivamente obtida na execução do contrato.

Nas licitações que adotarem o critério de julgamento de que trata o caput deste artigo, os licitantes apresentarão proposta de trabalho e proposta de preço.

O edital de licitação deverá prever parâmetros objetivos de mensuração da economia gerada com a execução do contrato, que servirá de base de cálculo para a remuneração devida ao contratado. Para efeito de julgamento da proposta, o retorno econômico será o resultado da economia que se estima gerar com a execução da proposta de trabalho, deduzida a proposta de preço.

Nos casos em que não for gerada a economia prevista no contrato de eficiência:

- a diferença entre a economia contratada e a efetivamente obtida será descontada da remuneração do contratado;
- se a diferença entre a economia contratada e a efetivamente obtida for superior ao limite máximo estabelecido no contrato, o contratado sujeitar-se-á, ainda, a outras sanções cabíveis.

2. APRESENTAÇÃO DE PROPOSTAS E LANCES

a) Intervalo mínimo entre a publicação do edital e apresentação das propostas e lances

A Lei n. 14.133/2021 também estipula prazos mínimos para apresentação de propostas e lances, contados a partir da data de divulgação do edital de licitação, com o objetivo de assegurar a competitividade entre os interessados. São eles:

<table>
<tr><th colspan="2">INTERVALO MÍNIMO</th></tr>
<tr><td>I – para aquisição de bens:</td><td>a) 8 (oito) dias úteis, quando adotados os critérios de julgamento de menor preço ou de maior desconto;

b) 15 (quinze) dias úteis, nas hipóteses não abrangidas pela alínea a deste inciso.</td></tr>
<tr><td>II – no caso de serviços e obras:</td><td>a) 10 (dez) dias úteis, quando adotados os critérios de julgamento de menor preço ou de maior desconto, no caso de serviços comuns e de obras e serviços comuns de engenharia;

b) 25 (vinte e cinco) dias úteis, quando adotados os critérios de julgamento de menor preço ou de maior desconto, no caso de serviços especiais e de obras e serviços especiais de engenharia;

c) 60 (sessenta) dias úteis, quando o regime de execução for de contratação integrada;

d) 35 (trinta e cinco) dias úteis, quando o regime de execução for o de contratação semi-integrada ou nas hipóteses não abrangidas pelas letras a, b e c anteriores.</td></tr>
<tr><td colspan="2">III – para licitação em que se adote o critério de julgamento de maior lance, 15 (quinze) dias úteis;</td></tr>
<tr><td colspan="2">IV – para licitação em que se adote o critério de julgamento de técnica e preço ou de melhor técnica ou conteúdo artístico, 35 (trinta e cinco) dias úteis.</td></tr>
</table>

Ressalte-se que eventuais modificações no edital implicarão **nova divulgação** na mesma forma de sua divulgação inicial, além do cumprimento dos mesmos prazos dos atos e procedimentos originais, *exceto* quando a alteração não comprometer a formulação das propostas. Isso porque deve ser assegurada a publicidade, a fim de que todos os participantes tenham conhecimento das regras do certame, podendo apresentar suas propostas em consonância com o procedimento definido pela administração pública.

Os prazos de intervalo mínimo poderão, mediante decisão fundamentada, ser reduzidos até a metade nas licitações realizadas pelo Ministério da Saúde, no âmbito do Sistema Único de Saúde (SUS).[234]

---

[234] Lei n. 14.133/2021, art. 55, § 2º.

b) Modo de disputa

O modo de disputa diz respeito a forma de competição no certame, podendo ocorrer no modo aberto ou fechado. No modo de disputa aberto, as propostas são apresentadas por lances públicos e sucessivos com acompanhamento pelos participantes. Por outro lado, no modo de disputa fechado, as propostas permanecem em sigilo até a data e hora designada pela administração pública.

A necessidade de utilização de um modo ou outro de disputa se relaciona com o critério de julgamento adotado pelo Poder Público. O modo aberto é recomendado para situações em que o critério de julgamento é pautado no valor, enquanto o modo fechado é recomendado em que a técnica seja um fator importante.

O art. 56 da Lei n. 14.133/2021 assim divide:

MODO DE DISPUTA	PROCEDIMENTO
ABERTO	Os licitantes apresentarão suas propostas por meio de lances públicos e sucessivos, crescentes ou decrescentes.
FECHADO	As propostas permanecerão em sigilo até a data e hora designadas para sua divulgação.

A utilização isolada do modo de disputa **fechado** será *vedada* quando adotados os critérios de julgamento de **menor preço** ou de **maior desconto**. Nessas hipóteses, não há razão para justificar o modo de disputa com sigilo parcial, já que os critérios de análise são baseados exclusivamente no valor da proposta.

Por outro lado, a utilização do modo de disputa aberto será vedada quando adotado o critério de julgamento de **técnica e preço**. Isso porque, a apresentação de proposta técnica exige conhecimento específico que não pode ser compartilhado com os demais concorrentes até a data fixada pelo órgão licitante.

É importante destacar que é possível a utilização dos dois modos de disputa durante o procedimento. Nesta hipótese, "o pregoeiro deve desclassificar lances manifestamente inexequíveis durante a etapa aberta, uma vez que estes não podem servir de parâmetro à convocação de licitantes para a etapa fechada, sob risco de prejuízo à competitividade do certame". (Acórdão 2920/2020-Plenário)

Serão considerados **intermediários** os lances:

1) iguais ou inferiores ao maior já ofertado, quando adotado o critério de julgamento de **maior lance**;

2) iguais ou superiores ao menor já ofertado, quando adotados os **demais** critérios de julgamento.

Após a definição da melhor proposta, se a diferença em relação à proposta classificada em segundo lugar for de **pelo menos 5% (cinco por cento)**, a Administração poderá admitir o reinício da disputa aberta, nos termos estabelecidos no instrumento convocatório, para a definição das demais colocações.

Nas licitações de **obras ou serviços de engenharia**, após o julgamento, o licitante vencedor deverá reelaborar e apresentar à Administração, por meio eletrônico, as planilhas com indicação dos quantitativos e dos custos unitários, bem como com detalhamento das Bonificações e Despesas Indiretas (BDI) e dos Encargos Sociais (ES), com os respectivos valores adequados ao valor final da proposta vencedora, admitida a utilização dos preços unitários, no caso de empreitada por preço global, empreitada integral, contratação semi integrada e contratação integrada, exclusivamente para eventuais adequações indispensáveis no cronograma físico-financeiro e para balizar excepcional aditamento posterior do contrato.

c) Intervalo mínimo de valores entre lances

O edital de licitação poderá estabelecer intervalo mínimo de diferença de valores entre os lances, que incidirá tanto em relação aos lances intermediários quanto em relação à proposta que cobrir a melhor oferta. Esse intervalo deve ser justificado ainda na fase preparatória e inserido em item do edital para conhecimento de todos os participantes.[235]

[235] Lei n. 14.133/2021, art. 57.

d) Garantia da proposta

Poderá ser exigida, no momento da apresentação da proposta, a comprovação do recolhimento de quantia a título de garantia de proposta, como requisito de pré-habilitação.[236] A exigência de garantia da proposta deverá também ser justificada ainda na fase preparatória, com indicação da sua necessidade e detalhamento das regras no edital.

A garantia de proposta não poderá ser superior a 1% (um por cento) do valor estimado para a contratação. Essa garantia será devolvida aos licitantes no prazo de 10 (dez) dias úteis, contados da assinatura do contrato ou da data em que for declarada fracassada a licitação. Por outro lado, implicará execução do valor integral da garantia de proposta a recusa em assinar o contrato ou a não apresentação dos documentos para a contratação.

A garantia de proposta poderá ser prestada em: caução em dinheiro ou em títulos da dívida pública emitidos sob a forma escritural, mediante registro em sistema centralizado de liquidação e de custódia autorizado pelo Banco Central do Brasil, e avaliados por seus valores econômicos, conforme definido pelo Ministério da Economia; seguro-garantia; ou fiança bancária emitida por banco ou instituição financeira devidamente autorizada a operar no País pelo Banco Central do Brasil. (Art. 96 da Lei n. 14.133/2021)

3. JULGAMENTO

a) Desclassificação de propostas

A Lei n. 14.133/2021, em seu art. 59, prevê a desclassificação de propostas que apresentarem os defeitos identificados em seus incisos.[237] Devem ser desclassificadas as propostas que:

---

[236] Lei n. 14.133/2021, art. 58.

[237] Conforme o TCU: "Na ocorrência de vício específico na etapa de classificação das propostas, não há necessidade de se anular todo o procedimento licitatório. Nesse caso, anulam-se unicamente os irregulares atos administrativos que indevidamente declararam a desclassificação das propostas, seguindo-se o certame a partir deste ponto". (Acórdão 1326/2014-Plenário)

- contiverem vícios insanáveis;
- não obedecerem às especificações técnicas pormenorizadas no edital;
- apresentarem preços inexequíveis ou permanecerem acima do orçamento estimado para a contratação;
- não tiverem sua exequibilidade demonstrada, quando exigido pela Administração;
- apresentarem desconformidade com quaisquer outras exigências do edital, desde que insanável.

A desclassificação da proposta deve ocorrer mediante decisão administrativa fundamentada, permitindo ao interessado a sua impugnação pelos meios cabíveis. A verificação da conformidade das propostas poderá ser feita exclusivamente em relação à proposta mais bem classificada.

Por outro lado, a Administração poderá realizar diligências para aferir a exequibilidade das propostas ou exigir dos licitantes que ela seja demonstrada. A possibilidade de realização de diligências está alinhada à ideia do formalismo moderado, permitindo diálogo entre o Poder Público e os licitantes.

O próprio TCU já decidiu que "a mera existência de **erro material** ou de **omissão** na planilha de custos e de preços de licitante não enseja, necessariamente, a desclassificação antecipada da sua proposta, devendo a Administração promover **diligência** junto ao interessado para a correção das falhas, **sem permitir, contudo, a alteração do valor global originalmente proposto**".

Pensar diferente poderia viabilizar situações estranhas. Imagine a situação de uma empresa que foi a única a ofertar proposta no certame em um determinado valor, mas, após sua classificação, percebeu um erro material e pretende reduzir o valor proposto. Seria correto desclassificar a sua proposta? A administração deveria dar continuidade ao certame sem possibilidade de readequação do valor? É claro que, em consonância com os princípios administrativos, a diligência é medida adequada para resolver situações dessa natureza.

A Lei n. 14.133/2021, ainda estabelece três situações com regras peculiares:

> i. **no caso de obras e serviços de engenharia e arquitetura**, para efeito de avaliação da exequibilidade e de sobrepreço, serão considerados o preço global, os quantitativos e os preços unitários tidos como relevantes, observado o critério de aceitabilidade de preços unitário e global a ser fixado no edital, conforme as especificidades do mercado correspondente;
>
> ii. **no caso de obras e serviços de engenharia**, serão consideradas **inexequíveis** as propostas cujos valores forem inferiores a 75% (setenta e cinco por cento) do valor orçado pela Administração;
>
> iii. **nas contratações de obras e serviços de engenharia**, será exigida **garantia adicional** do licitante vencedor cuja proposta for inferior a 85% (oitenta e cinco por cento) do valor orçado pela Administração, equivalente à diferença entre este último e o valor da proposta, sem prejuízo das demais garantias exigíveis de acordo com esta Lei.

b) Desempate

No curso do certame, é possível que haja empate entre duas ou mais propostas. Pensando nisso a Lei n. 14.133/2021, em seu art. 60, estabelece critérios de desempate, nesta ordem:

> i. disputa final, hipótese em que os licitantes empatados poderão apresentar nova proposta em ato contínuo à classificação;
>
> ii. avaliação do desempenho contratual prévio dos licitantes, para a qual deverão preferencialmente ser utilizados registros cadastrais para efeito de atesto de cumprimento de obrigações previstos nesta Lei;
>
> iii. desenvolvimento pelo licitante de ações de equidade entre homens e mulheres no ambiente de trabalho, conforme regulamento;
>
> iv. desenvolvimento pelo licitante de programa de integridade, conforme orientações dos órgãos de controle.

Percebe-se que a Lei n. 14.133/2021 alterou substancialmente os critérios de desempate previstos no microssistema anterior, já que os critérios 2, 3 e 4 não existiam. A nova regra de mostra positiva, na medida em que permite a utilização de critérios que estimulam o cumprimento contratual prévio, políticas públicas empresariais de igualdade e programas de controle no âmbito interno das instituições.

Apesar disso, é possível que tais critérios não resolvam a situação. Por isso, a Lei n. 14.133/2021, em seu art. 60, § 1º, prevê uma regra de preferência. Em igualdade de condições, se não houver desempate, será assegurada preferência, sucessivamente, aos bens e serviços produzidos ou prestados por:

i. empresas estabelecidas no território do Estado ou do Distrito Federal do órgão ou entidade da Administração Pública estadual ou distrital licitante ou, no caso de licitação realizada por órgão ou entidade de Município, no território do Estado em que este se localize;

ii. empresas brasileiras;

iii. empresas que invistam em pesquisa e no desenvolvimento de tecnologia no País;

iv. empresas que comprovem a prática de mitigação, nos termos da Lei n. 12.187, de 29 de dezembro de 2009.

Ressalte-se que tais regras não retiram a aplicabilidade das normas preferenciais para microempresa (ME) e empresa de pequeno porte (EPP) previstas na LC n. 123. Assim, preferência prevista na LC n. 123 deve ser aplicada em primeiro lugar para, só então, caso não resolvida a disputa, passar à Lei n. 14.133/2021, já que norma específica prevalece sobre norma geral.

É importante não confundir as hipóteses de desempate com as hipóteses de preferência. O desempate acontece para distinguir a empresa vencedor com critérios objetivos. A preferência só deve ser aplicada caso o desempate não resolva.

CRITÉRIOS DE DESEMPATE (Lei n. 14.133/2021, art. 60, *caput*)	CRITÉRIOS DE PREFERÊNCIA (Lei n. 14.133/2021, art. 60, § 1º)
Disputa final, hipótese em que os licitantes empatados poderão apresentar nova proposta em ato contínuo à classificação;	Empresas estabelecidas no território do Estado ou do Distrito Federal do órgão ou entidade da Administração Pública estadual ou distrital licitante ou, no caso de licitação realizada por órgão ou entidade de Município, no território do Estado em que este se localize;
Avaliação do desempenho contratual prévio dos licitantes, para a qual deverão preferencialmente ser utilizados registros cadastrais para efeito de atesto de cumprimento de obrigações previstos nesta Lei;	Empresas brasileiras;
Desenvolvimento pelo licitante de ações de equidade entre homens e mulheres no ambiente de trabalho, conforme regulamento;	Empresas que invistam em pesquisa e no desenvolvimento de tecnologia no País;
Desenvolvimento pelo licitante de programa de integridade, conforme orientações dos órgãos de controle.	Empresas que comprovem a prática de mitigação, nos termos da Lei n. 12.187, de 29 de dezembro de 2009.

c) Negociação

Definido o resultado do julgamento, a Administração poderá negociar condições mais vantajosas com o primeiro colocado.[238] A técnica de negociação deve ser utilizada especialmente quando a proposta do primeiro colocado estiver acima do preço máximo definido pela administração. Assim, a negociação poderá ser feita com os demais licitantes, segundo a ordem de classificação inicialmente estabelecida, quando o primeiro colocado, mesmo após a negociação, for desclassificado em razão de sua proposta permanecer acima do preço máximo definido pela administração.

Veja-se que a negociação não é uma "carta em branco" para a administração pública negociar com qualquer colocado livremente. Será necessário observar as regras previstas na legislação. Inicialmente, deve-se promover a negociação com o primeiro colocado e, se a proposta

---

[238] Lei n. 14.133/2021, art. 61.

continuar acima do preço máximo definido pela administração, passa-se ao diálogo com os demais licitantes na ordem de classificação.

A negociação será conduzida por agente de contratação ou comissão de contratação, na forma de regulamento, e, depois de concluída, terá seu resultado divulgado a todos os licitantes e anexado aos autos do processo licitatório. A previsão em regulamento deve observar os princípios administrativos, especialmente quanto à impessoalidade e publicidade.

É recomendável que o agente designado para a negociação entenda das técnicas atinentes a este ato, já que a negociação vai muito além de um ato formal. Sendo possível, é importante que o Poder Público confira preferência aos agentes públicos com formação em técnicas de negociação para atuar nos referidos atos, desenvolvendo diálogos exitosos com os licitantes.

4. HABILITAÇÃO

No procedimento da Lei n. 14.133/2021, a fase de habilitação acontece após o julgamento, invertendo-se a ordem prevista no microssistema normativo anterior. A habilitação apenas posteriormente ao julgamento é um mecanismo que passa a ser regra na nova lei e otimiza o procedimento, pois a fase de habilitação é realizada apenas em relação ao licitante que estiver melhor classificado. Apesar disso, é importante lembrar que a fase de habilitação poderá ser realizada antes da de julgamento mediante ato motivado com explicitação dos benefícios decorrentes e desde que expressamente previsto no edital de licitação (art. 17, § 1º).

De acordo com o art. 62 da referida lei, a habilitação é a fase da licitação em que se verifica o conjunto de informações e documentos necessários e suficientes para demonstrar a capacidade do licitante de realizar o objeto da licitação, dividindo-se em:

FASES DA HABILITAÇÃO
Jurídica
Técnica
Fiscal, social e trabalhista
Econômico-financeira

A documentação de habilitação poderá ser, conforme art. 70 da Lei n. 14.133/2021:

- apresentada em original, por cópia ou por qualquer outro meio expressamente admitido pela Administração;
- substituída por registro cadastral emitido por órgão ou entidade pública, desde que previsto no edital e que o registro tenha sido feito em obediência ao disposto nesta Lei;
- dispensada, total ou parcialmente, nas contratações para entrega imediata, nas contratações em valores inferiores a 1/4 (um quarto) do limite para dispensa de licitação para compras em geral e nas contratações de produto para pesquisa e desenvolvimento até o valor de R$ 324.122,46 (trezentos e vinte e quatro mil cento e vinte dois reais e quarenta e seis centavos).

As empresas estrangeiras que não funcionem no País deverão apresentar documentos equivalentes, na forma de regulamento emitido pelo Poder Executivo federal. Isso porque será necessário adequar às peculiaridades de cada país e ao reconhecimento documental pelo Brasil.

Na fase de habilitação das licitações serão observadas algumas regras:

- poderá ser exigida dos licitantes a declaração de que atendem aos requisitos de habilitação, e o declarante responderá pela veracidade das informações prestadas, na forma da lei;
- será exigida a apresentação dos documentos de habilitação **apenas pelo licitante vencedor**, exceto quando a fase de habilitação anteceder a de julgamento;
- serão exigidos os documentos relativos à regularidade fiscal, em qualquer caso, somente em momento posterior ao julgamento das propostas, e **apenas do licitante mais bem classificado**;
- será exigida do licitante declaração de que cumpre as exigências de **reserva de cargos** para pessoa com deficiência e para reabilitado da Previdência Social, previstas em lei e em outras normas específicas.

Constará do edital de licitação cláusula que exija dos licitantes, sob pena de desclassificação, **declaração** de que suas propostas econômicas compreendem a integralidade dos custos para atendimento dos direitos trabalhistas assegurados na Constituição Federal, nas leis trabalhistas, nas normas infralegais, nas convenções coletivas de trabalho e nos termos de ajustamento de conduta vigentes na data de entrega das propostas. O objetivo dessa previsão é estimular o cumprimento das obrigações trabalhistas e evitar a responsabilização da administração pública, problema muito comum na regência da legislação anterior.

Quando a avaliação prévia do local de execução for imprescindível para o conhecimento pleno das condições e peculiaridades do objeto a ser contratado, o edital de licitação poderá prever, sob pena de inabilitação, a necessidade de o licitante **atestar** que conhece o local e as condições de realização da obra ou serviço, assegurado a ele o direito de realização de vistoria prévia.

Após a entrega dos documentos para habilitação, não será permitida a substituição ou a apresentação de novos documentos. A realização de diligência, após entrega da documentação, só é possível na forma do art. 64 da Lei n. 14.133/2021 para:

- complementação de informações acerca dos documentos já apresentados pelos licitantes e desde que necessária para apurar fatos existentes à época da abertura do certame;
- atualização de documentos cuja validade tenha expirado após a data de recebimento das propostas.

A diligência não deve ser feita para substituir os documentos já apresentados ou para apresentar documentos faltantes. O objetivo deve ser sempre complementação de informações ou atualização de documentos já apresentados. O TCU possui decisões em casos semelhantes:

- É irregular a inabilitação ou a desclassificação de empresa licitante por não ter indicado os seus dados bancários, pois tal informação, além de não estar prevista no rol taxativo dos arts. 27 a 31 da Lei n. 8.666/93, que estabelecem os documentos que podem ser exigidos na fase de habilitação, pode ser obtida mediante simples diligência; (Acórdão 5883/2016-Primeira Câmara)
- A inabilitação de licitantes por divergência entre assinaturas na proposta e no contrato social deve ser considerada formalismo exacerba-

do, uma vez que é facultada à comissão, em qualquer fase do certame, a promoção de diligência destinada a esclarecer ou a complementar a instrução do processo; (Acórdão 5181/2012-Primeira Câmara)

- É cabível a promoção de diligência pela comissão ou autoridade superior, em qualquer fase da licitação, para esclarecer ou complementar a instrução do processo licitatório, vedada a inclusão posterior de documento ou informação que deveria constar originariamente da proposta. (Acórdão 4827/2009-Segunda Câmara)

Apesar disso, na análise dos documentos de habilitação, a comissão de licitação poderá sanar erros ou falhas que não alterem a substância dos documentos e sua validade jurídica, mediante despacho fundamentado registrado e acessível a todos, atribuindo-lhes eficácia para fins de habilitação e classificação, conforme art. 64, § 1º, da Lei n. 14.133/2021.

Quando a fase de habilitação anteceder a de julgamento e já tiver sido encerrada, não caberá exclusão de licitante por motivo relacionado à habilitação, salvo em razão de fatos supervenientes ou só conhecidos após o julgamento.

As condições de habilitação serão definidas no edital. As empresas criadas no exercício financeiro da licitação deverão atender a todas as exigências da habilitação e ficarão autorizadas a substituir os demonstrativos contábeis pelo balanço de abertura. A habilitação poderá ser realizada por processo eletrônico de comunicação a distância, nos termos dispostos em regulamento.

a) Habilitação jurídica

A **habilitação jurídica** visa a demonstrar a capacidade de o licitante exercer direitos e assumir obrigações, e a documentação a ser apresentada por ele limita-se à comprovação de existência jurídica da pessoa e, quando cabível, de autorização para o exercício da atividade a ser contratada.

b) Habilitação técnica

A documentação relativa à qualificação técnico-profissional e técnico-operacional será restrita a:

I – apresentação de profissional, devidamente registrado no conselho profissional competente, quando for o caso, detentor de atestado de responsabilidade técnica por execução de obra ou serviço de características semelhantes, para fins de contratação;

Na documentação de que trata o inciso I, não serão admitidos atestados de responsabilidade técnica de profissionais que, na forma de regulamento, tenham dado causa à aplicação das sanções previstas nos incisos III e IV do *caput* do art. 156 desta Lei em decorrência de orientação proposta, de prescrição técnica ou de qualquer ato profissional de sua responsabilidade.

Vale destacar que o TCU entende que "é indevida a exigência de que a vistoria técnica seja realizada, necessariamente, pelo engenheiro responsável pela obra (responsável técnico)" (Acórdão 2583/2010-Plenário).

II – certidões ou atestados, regularmente emitidos pelo conselho profissional competente, quando for o caso, que demonstrem capacidade operacional na execução de serviços similares de complexidade tecnológica e operacional equivalente ou superior, bem como documentos comprobatórios emitidos na forma do § 3º do art. 88 desta Lei;

Salvo na contratação de obras e serviços de engenharia, as exigências a que se referem os incisos I e II do *caput* deste artigo, a critério da Administração, poderão ser substituídas por outra prova de que o profissional ou a empresa possui conhecimento técnico e experiência prática na execução de serviço de características semelhantes, hipótese em que as provas alternativas aceitáveis deverão ser previstas em regulamento.

Sobre o tema, o TCU já decidiu que "é lícita a exigência de quantitativo mínimo por atestado, quando for necessária para comprovação da capacidade técnico-operacional de execução do objeto licitado" (Acórdão 2308/2012-Plenário). Por outro lado, "É indevida a proibição de somatório de atestados, para efeito de comprovação de qualificação técnico-operacional, quando a aptidão da licitante puder ser satisfatoriamente demonstrada por mais de um atestado". (Acórdão 1865/2012-Plenário)

Conforme o art. 67, § 1º, a exigência de atestados será restrita às parcelas de maior relevância ou valor significativo do objeto da licitação, assim consideradas as que tenham valor individual igual ou superior a 4% (quatro por cento) do valor total estimado da contratação. Também será admitida a exigência de atestados com quantidades mínimas de até 50% (cinquenta por cento) das parcelas de que trata o referido parágrafo, vedadas limitações de tempo e de locais específicos relativas aos atestados. Por fim, serão aceitos atestados ou outros documentos hábeis emitidos por entidades estrangeiras quando acompanhados de tradução para o português, salvo se comprovada a inidoneidade da entidade emissora.

Em se tratando de **serviços contínuos**, o edital poderá exigir certidão ou atestado que demonstre que o licitante tenha executado serviços similares ao objeto da licitação, em períodos sucessivos ou não, por um prazo mínimo, que não poderá ser superior a 3 (três) anos.

O edital poderá prever ainda, para aspectos técnicos específicos, que a qualificação técnica seja demonstrada por meio de atestados relativos a potencial subcontratado, limitado a 25% (vinte e cinco por cento) do objeto a ser licitado, hipótese em que mais de um licitante poderá apresentar atestado relativo ao mesmo potencial subcontratado.

III – indicação do pessoal técnico, das instalações e do aparelhamento adequados e disponíveis para a realização do objeto da licitação, bem como da qualificação de cada membro da equipe técnica que se responsabilizará pelos trabalhos;

Os profissionais indicados pelo licitante na forma dos incisos I e III do art. 67 deverão participar da obra ou serviço objeto da licitação, e será admitida a sua substituição por profissionais de experiência equivalente ou superior, desde que aprovada pela Administração. Será admitida a exigência da relação dos compromissos assumidos pelo licitante que importem em diminuição da disponibilidade do pessoal técnico referido nos incisos I e III do *caput* deste artigo.

IV – prova do atendimento de requisitos previstos em lei especial, quando for o caso;

Norma especial pode prever requisitos adicionais não indicados no art. 67. Isso dependerá do tipo de objeto a ser licitado e de previsão expressa em lei como condição para execução do contrato.

V – registro ou inscrição na entidade profissional competente, quando for o caso;

Sociedades empresárias estrangeiras atenderão à exigência prevista no inciso V do *caput* do art. 67 por meio da apresentação, no momento da assinatura do contrato, da solicitação de registro perante a entidade profissional competente no Brasil.

VI – declaração de que o licitante tomou conhecimento de todas as informações e das condições locais para o cumprimento das obrigações objeto da licitação.

c) Habilitação fiscal, social e trabalhista

As habilitações fiscal, social e trabalhista serão aferidas mediante apresentação dos seguintes documentos:

I – a inscrição no Cadastro de Pessoas Físicas (CPF) ou no Cadastro Nacional da Pessoa Jurídica (CNPJ);

II – a inscrição no cadastro de contribuintes estadual e/ou municipal, se houver, relativo ao domicílio ou sede do licitante, pertinente ao seu ramo de atividade e compatível com o objeto contratual;

III – a regularidade perante a Fazenda federal, estadual e/ou municipal do domicílio ou sede do licitante, ou outra equivalente, na forma da lei;

IV – a regularidade relativa à Seguridade Social e ao FGTS, que demonstre cumprimento dos encargos sociais instituídos por lei;

V – a regularidade perante a Justiça do Trabalho;

VI – o cumprimento do disposto no inciso XXXIII do art. 7º da Constituição Federal.

Os documentos referidos nos incisos do *caput* do art. 68 poderão ser substituídos ou supridos, no todo ou em parte, por outros meios hábeis a comprovar a regularidade do licitante, inclusive por meio eletrônico. A comprovação de atendimento do disposto nos incisos III, IV e V do *caput* deste artigo deverá ser feita na forma da legislação específica.

d) Habilitação econômico-financeira

A habilitação econômico-financeira visa a demonstrar a aptidão econômica do licitante para cumprir as obrigações decorrentes do futuro contrato, devendo ser comprovada de forma objetiva, por coeficientes e índices econômicos previstos no edital, devidamente justificados no processo licitatório, e será restrita à apresentação da seguinte documentação:

I – balanço patrimonial, demonstração de resultado de exercício e demais demonstrações contábeis dos 2 (dois) últimos exercícios sociais;

Observação: Sobre o assunto, o TCU já decidiu que "A exigência de fotocópia integral do livro diário, como requisito de habilitação em licitação, contraria o princípio da eficiência administrativa, pelo fato de o livro conter elevado número de páginas, decorrentes dos registros contábeis das operações realizadas diariamente pela empresa, sendo suficiente para a análise da qualificação econômico-financeira apenas cópia das páginas referentes ao balanço patrimonial, às demonstrações contábeis e aos termos de abertura e de encerramento". (Acórdão 2962/2015-Plenário)

II – certidão negativa de feitos sobre falência expedida pelo distribuidor da sede do licitante.

A critério da Administração, poderá ser exigida declaração, assinada por profissional habilitado da área contábil, que ateste o atendimento pelo licitante dos índices econômicos previstos no edital. Para o atendimento do disposto no *caput* do art. 69, é vedada a exigência de valores mínimos de faturamento anterior e de índices de rentabilidade ou lucratividade.

É admitida a exigência da relação dos compromissos assumidos pelo licitante que importem em diminuição de sua capacidade econômico-financeira, excluídas parcelas já executadas de contratos firmados. A Administração, nas compras para entrega futura e na execução de obras e serviços, poderá estabelecer no edital a exigência de capital mínimo ou de patrimônio líquido mínimo equivalente a até 10% (dez por cento) do valor estimado da contratação.

É vedada a exigência de índices e valores não usualmente adotados para a avaliação de situação econômico-financeira suficiente para o cumprimento das obrigações decorrentes da licitação. Os documentos referidos no inciso I do caput deste artigo limitar-se-ão ao último exercício no caso de a pessoa jurídica ter sido constituída há menos de 2 (dois) anos.

Apresentando a documentação de forma regular, o licitante será considerado como **habilitado**.

5. FASE RECURSAL

Após a habilitação, o art. 17 prevê, em seu inciso VI, que haverá a fase recursal. Esse tema será retomado mais a frente, mas é possível verificar que o art. 165 da Lei n. 14.133/2021 possui previsão para o recurso administrativo e para o pedido de revisão. O pedido de revisão só deve ser utilizado quando não caiba, contra o ato, recurso administrativo hierárquico próprio.

O prazo para interposição é de 3 (três) dias úteis, contados da data de intimação ou de lavratura da ata, em face de: a) ato que defira ou indefira pedido de pré-qualificação de interessado ou de inscrição em registro cadastral, sua alteração ou cancelamento; b) julgamento das propostas; c) ato de habilitação ou inabilitação de licitante; d) anulação ou revogação da licitação; e) extinção do contrato, quando determinada por ato unilateral e escrito da Administração.

Após o julgamento dos recursos administrativos, o processo deverá ser encaminhado para encerramento.

6. ENCERRAMENTO DA LICITAÇÃO

Encerradas as fases de julgamento e habilitação, e exauridos os recursos administrativos, o processo licitatório será encaminhado à autoridade superior, que poderá adotar alguma das providências indicadas no art. 71 da Lei n. 14.133/2021:

I – determinar o retorno dos autos para saneamento de irregularidades;

Se houver alguma irregularidade no procedimento, a providência imediata deve ser o retorno dos autos para saneamento da irregularidade. Deve-se evitar, portanto, a declaração de nulidade e perda dos atos praticados sempre que isso for possível. A convalidação de atos administrativos será possível quando atendidos os requisitos do art. 55 da Lei n. 9.784/99.[239]

---

[239] Lei n. 9.784/99: "Art. 55. Em decisão na qual se evidencie não acarretarem lesão ao interesse público nem prejuízo a terceiros, os atos que apresentarem defeitos sanáveis poderão ser convalidados pela própria Administração".

II – revogar a licitação por motivo de conveniência e oportunidade;

A revogação da licitação é possível com base no poder de autotutela da administração pública. A autoridade competente somente deve revogar a licitação por motivo de conveniência e oportunidade, porém o motivo determinante para a revogação do processo licitatório deverá ser resultante de **fato superveniente** *devidamente comprovado*, assegurada a prévia manifestação dos interessados.

Assim, percebe-se uma mitigação da autotutela no âmbito das licitações quanto à revogação, já que a autoridade competente deverá motivar o ato administrativo em fato superveniente devidamente comprovado para que sua validade seja assegurada.

III – proceder à anulação da licitação, de ofício ou mediante provocação de terceiros, sempre que presente ilegalidade insanável;

Se não for hipótese de saneamento de irregularidade, nem de revogação do procedimento, a autoridade deverá averiguar se existem elementos que exijam a anulação do procedimento. A anulação ocorre por motivo diferente da revogação. Enquanto esta acontece por conveniência e oportunidade, aquela se dá por vício de legalidade insanável. Antes da anulação do procedimento, deve ser assegurada a prévia manifestação dos interessados.[240]

Ao pronunciar a nulidade, a autoridade indicará expressamente os atos com vícios insanáveis, tornando sem efeito todos os subsequentes que deles dependam, e dará ensejo à apuração de responsabilidade de quem lhes tenha dado causa. Isso significa que os atos administrativos que não possuam nulidade e não decorram de atos nulos poderão ser aproveitados.

IV – adjudicar o objeto e homologar a licitação.

Não sendo o caso de nenhuma das providências anteriores, o Poder Público deverá adjudicar o objeto e homologar a licitação, viabilizando a futura contratação.

---

240 Súmula 473-STF: "A administração pode anular seus próprios atos, quando eivados de vícios que os tornam ilegais, porque deles não se originam direitos; ou revogá-los, por motivo de conveniência ou oportunidade, respeitados os direitos adquiridos, e ressalvada, em todos os casos, a apreciação judicial".

VIII – CONTRATOS ADMINISTRATIVOS

1. CONCEITO

A licitação é o procedimento que precede à contratação pública. O que se busca, ao seu fim, é viabilizar a realização de uma contratação pelo Poder Público. Por sua vez, o contrato administrativo pode ser considerado como um negócio jurídico com a participação do Poder Público em que há prestações recíprocas, submetidas ao regime jurídico administrativo.

De acordo com Marçal Justen Filho, o contrato administrativo é "um acordo de vontades destinado a criar, modificar ou extinguir direitos e obrigações, tal como facultado legislativamente e em que uma das partes, atuando no exercício da função administrativa, é investida de competências para inovar unilateralmente as condições contratuais e em que se assegura a intangibilidade da equação econômico-financeira original".[241]

A Lei n. 14.133/2021 define **contratante** como sendo a "pessoa jurídica integrante da Administração Pública responsável pela contratação", enquanto o **contratado** seria a "pessoa física ou jurídica, ou consórcio de pessoas jurídicas, signatária de contrato com a Administração" (art. 6º, VII e VIII). Nem todo contrato realizado pela administração pública, contudo, pode ser considerado como contrato administrativo. Não se deve confundir os **contratos administrativos** e os **contratos da administração**.

O termo "**contrato da administração**" é utilizado para designar qualquer contrato firmado pelo Poder Público, independentemente do

---

[241] JUSTEN FILHO, Marçal. *Curso de direito administrativo*. 4. ed. rev. e atual. São Paulo: Saraiva, 2009, p. 356

regime jurídico. Estão inclusos nos contratos da administração os **contratos privados** e os **contratos administrativos**. Logo, percebe-se que os contratos administrativos são espécie do gênero "contratos da administração", já que são regidos pelos preceitos de direito público.

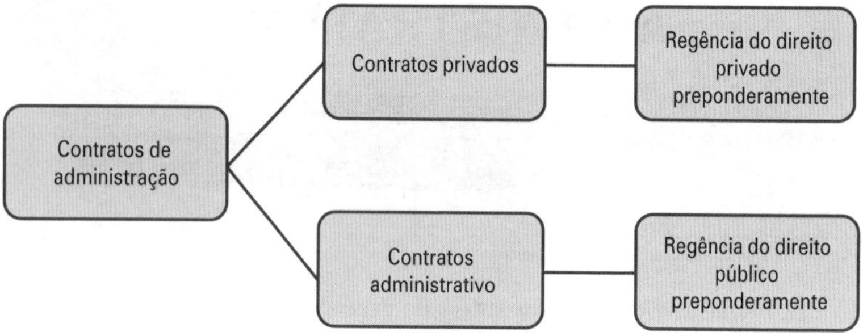

Os contratos administrativos são regidos por suas cláusulas e pelos preceitos de **direito público**, e a eles serão aplicados, **supletivamente**, os princípios da teoria geral dos contratos e as disposições de direito privado (art. 89, *caput*). A regência do direito público possibilita a existência de prerrogativas da administração em virtude da supremacia do interesse público, conforme se verá adiante.

Isso, contudo, não retira a possibilidade de aplicação supletiva dos princípios da teoria geral dos contratos e das disposições de direito privado. É importante destacar que a aplicação supletiva é mais ampla que a aplicação subsidiária. Enquanto esta é válida apenas para hipótese de ausência de norma, aquela é válida também para insuficiência normativa. Assim, a aplicação supletiva do direito privado nos contratos administrativos é possível quando não houver norma tratando do assunto ou quando a norma existente tratar insuficiente da relação jurídica.[242]

[242] "A distinção entre aplicação subsidiária e supletiva se encontra correta. Nesta toada, a aplicação subsidiária se deve às hipóteses em que não há qualquer norma solucionando o caso concreto. Ao se analisar o regime jurídico processual no campo administrativo, há um hiato normativo absoluto, o que impele o intérprete a utilizar de outras normas compatíveis com o rito adotado. Por outro lado, a aplicação supletiva, como o próprio nome designa, tem por fim

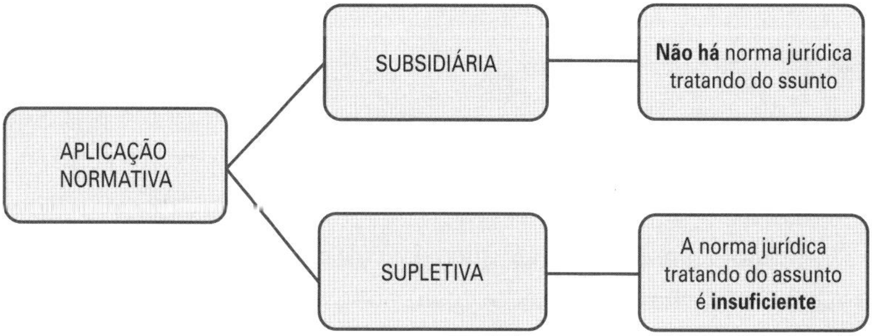

2. COMPETÊNCIA LEGISLATIVA

A competência para legislar sobre contratos administrativos segue a mesma regra da licitação. O art. 22, XXVII, da Constituição estabelece competência privativa da União para **normas gerais** em matéria de contratações públicas, podendo os Estados, Distrito Federal e Municípios editar **normas específicas**. A Lei n. 14.133/2021 estabelece diversas normas sobre contratos administrativos, com um tópico específico a partir do seu art. 89.

3. CONVOCAÇÃO PARA ASSINAR CONTRATO OU RETIRADA DE INSTRUMENTO EQUIVALENTE

O adjudicatário não possui direito subjetivo à contratação, não podendo obrigar o Poder Público a firmar o contrato. No entanto, quando a administração pública resolver contratar, deverá observar o resultado do procedimento.[243] Após a conclusão da licitação com a escolha do vencedor, de acordo com o art. 90 da Lei n. 14.133/2021, a administração pode-

---

acrescentar algo que é parcialmente omisso. Assim sendo, nesta hipótese, a norma processual administrativa regula determinada situação, porém o seu teor é incompleto, fazendo com que o jurista se socorra de normas alternativas". FERREIRA FILHO, Marcílio da Silva. *A aplicação subsidiária e supletiva da Lei n. 13.105/2015* (Novo Código de Processo Civil) ao processo administrativo: extensão e interpretação. Fórum Administrativo – FA, Belo Horizonte, ano 16, n. 184, p. 68-79, jun. 2016.

[243] Esse entendimento pode ser extraído de diversos entendimentos do TCU, a exemplo da Súmula 185: daquela Corte de Contas.

rá então convocar o vencedor para assinatura do contrato administrativo ou retirada do instrumento equivalente, dentro do prazo e nas condições estabelecidas no edital de licitação, sob pena de decair o direito à contratação, sem prejuízo das sanções previstas na Lei. Decorrido o prazo de validade da proposta indicado no edital sem convocação para a contratação, ficarão os licitantes liberados dos compromissos assumidos.

É importante observar que, dentro do prazo de validade da proposta, o licitante vencedor não pode recusar a assinatura do contratado ou a retirada do instrumento equivalente, **sob pena de sofrer sanções**. A recusa do vencedor caracteriza o descumprimento total da obrigação assumida e o sujeita às penalidades legalmente estabelecidas, além da imediata perda da garantia de proposta em favor do órgão ou entidade licitante. (art. 90, § 5º)

Quando o convocado não assinar o termo de contrato ou não aceitar ou não retirar o instrumento equivalente no prazo e nas condições estabelecidas, a administração pública poderá convocar os licitantes remanescentes, **na ordem de classificação**, para a celebração do contrato *nas condições propostas pelo licitante vencedor*. A Lei n. 14.133/2021 estabelece uma solução para a situação de não haver interessados em assumir as condições propostas pelo vencedor.

Nesse sentido, na hipótese de nenhum dos licitantes aceitar a contratação nos termos anteriores, a Administração, **observados o valor estimado e sua eventual atualização nos termos do edital**, poderá:

- convocar os licitantes remanescentes para **negociação**, na ordem de classificação, com vistas à obtenção de preço melhor, **mesmo que acima do preço do adjudicatário**;
- adjudicar e celebrar o contrato nas condições ofertadas pelos licitantes remanescentes, atendida a ordem classificatória, **quando frustrada a negociação de melhor condição**.

A Lei n. 14.133/2021, neste caso, privilegiou a negociação e a busca pelo resultado no procedimento licitatório, permitindo a negociação com os licitantes ou até mesmo a aceitação da proposta em prol da eficácia do procedimento. O intuito dessa previsão é evitar que o procedimento licitatório seja integralmente perdido em virtude da conduta omissiva do licitante vencedor, permitindo que o procedimento seja aproveitado e sua finalidade última atingida.

Destaque-se que o prazo de convocação poderá ser prorrogado 1 (uma) vez, **por igual período**, mediante solicitação da parte durante seu transcurso, devidamente justificada, e desde que o motivo apresentado seja aceito pela Administração. A prorrogação do prazo de convocação é possível de acordo com a legislação, mas o pedido só será deferido se forem preenchidos três requisitos:

i. requerimento protocolado dentro do prazo de convocação;

ii. apresentação de justificativa; e

iii. aceitação pela administração pública.

Porém, a faculdade conferida pela lei ao Poder Público de aceitar o pedido de prorrogação não pode ser vista como uma carta em branco. O Estado, aceitando ou recusando, deverá motivar sua decisão, conforme art. 50, I, da Lei n. 9.784/99, avaliando as consequências práticas da decisão (LINDB, art. 20),[244] sob pena de invalidade.[245]

4. FORMALIZAÇÃO

Por se submeterem ao direito público, os contratos administrativos devem observar regras específicas quanto a sua formalização. São regras que visam garantir a segurança jurídica na relação travada entre a administração pública e os particulares, sem prejuízo de que o Poder Público insira cláusulas para atender às peculiaridades da contratação.

Antes de assinar de formalizar ou prorrogar o prazo de vigência do contrato, a Administração deve analisar se os **requisitos de contratação** estão preenchidos. Para tanto, deverá:

---

[244] LINDB, art. 20: "Art. 20. Nas esferas administrativa, controladora e judicial, não se decidirá com base em valores jurídicos abstratos sem que sejam consideradas as consequências práticas da decisão".

[245] Lei n. 9.784/99: "Art. 50. Os atos administrativos deverão ser motivados, com indicação dos fatos e dos fundamentos jurídicos, quando: I – neguem, limitem ou afetem direitos ou interesses".

- verificar a regularidade fiscal do contratado;
- consultar o Cadastro Nacional de Empresas Inidôneas e Suspensas (Ceis);
- consultar o Cadastro Nacional de Empresas Punidas (Cnep);
- emitir as certidões negativas de inidoneidade, de impedimento e de débitos trabalhistas e juntá-las ao respectivo processo.

Estando tudo certo, poderá então formalizar a contratação e os termos do instrumento devem observar algumas regras.

Identificação: Todo contrato deverá mencionar os nomes das partes e os de seus representantes, a finalidade, o ato que autorizou sua lavratura, o número do processo da licitação ou da contratação direta e a sujeição dos contratantes às normas da Lei n. 14.133/2021 e às cláusulas contratuais. Aplica-se aos contratos administrativos o princípio do *pacta sunt servanda*, significando que "os contratos devem ser cumpridos", motivo pelo qual as cláusulas contratuais devem refletir, na medida do possível, a precisão necessária à segurança jurídica da relação entre as partes.

Clareza e precisão: Os contratos deverão estabelecer com clareza e precisão as condições para sua execução, expressas em cláusulas que definam os direitos, as obrigações e as responsabilidades das partes, em conformidade com os termos do edital de licitação e os da proposta vencedora ou com os termos do ato que autorizou a contratação direta e os da respectiva proposta. A fase preparatória será fundamental para definir a redação das cláusulas contratuais, que serão desenvolvidas pelo setor técnico e objeto de análise pelo órgão de consultoria jurídica.

Forma: Os contratos e seus aditamentos terão forma escrita e serão juntados ao processo que tiver dado origem à contratação, divulgados e mantidos à disposição do público em sítio eletrônico oficial. A legislação não exige a impressão dos contratos e seus aditamentos, sendo certo que, se o processo administrativo é digital, é suficiente a juntada do documento nesse formato, com a tecnologia necessária para garantir a sua autenticidade. Todavia, nada impede que, devidamente justificado, utilize-se a forma física para realização de contratos administrativos.

A própria Lei n. 14.133/2021, em seu art. 91, § 3º, prevê que "será admitida a forma eletrônica na celebração de contratos e de termos aditivos, atendidas as exigências previstas em regulamento". Apesar da legislação mencionar exigências previstas em regulamento, a utilização do meio eletrônico para arquivar contratos e seus aditamentos não demanda um ato normativo próprio, se já existir regulamento geral no órgão para utilização da tecnologia digital. Assim, nos órgãos em que o uso do meio eletrônico já estiver ocorrendo, a aplicação do dispositivo da lei de licitações é possível de imediato.

Observação: Será admitida a manutenção em sigilo de contratos e de termos aditivos quando imprescindível à segurança da sociedade e do Estado, nos termos da legislação que regula o acesso à informação. A classificação dos documentos como sigilosos deve observar a o art. 5º, XXXIII, da Constituição e a Lei n. 12.527/2011 (Lei de Acesso à Informação).

Registro: Contratos relativos a direitos reais **sobre imóveis** serão formalizados por **escritura pública** lavrada em notas de tabelião, cujo teor deverá ser divulgado e mantido à disposição do público em sítio eletrônico oficial. Neste caso, o registro se mostra imprescindível para que o ato produza seus efeitos jurídicos. Nos demais casos, tal registro não será necessário.

5. CLÁUSULAS NECESSÁRIAS

A Lei n. 14.133/2021 também fixa cláusulas necessárias que devem constar dos contratos administrativos. Tais cláusulas poderão e deverão ser adaptadas a cada caso, conforme as peculiaridades da contratação, mas devem ser definidas na fase preparatória durante o planejamento. É importante destacar que a lista de cláusulas necessárias no contrato administrativo não impede o administrador público de inserir outros aspectos necessários à regulação da relação jurídica entre o Poder Público contratante e o contratado, desde que devidamente justificado e pautado no planejamento.

Cláusulas necessárias: São necessárias, conforme art. 92 da Lei n. 14.133/2021, em todo contrato, cláusulas que estabeleçam:

- o objeto e seus elementos característicos;
- a vinculação ao edital de licitação e à proposta do licitante vencedor ou ao ato que tiver autorizado a contratação direta e à respectiva proposta;

- a legislação aplicável à execução do contrato, inclusive quanto aos casos omissos;
- o regime de execução ou a forma de fornecimento;
- o preço e as condições de pagamento, os critérios, a data-base e a periodicidade do reajustamento de preços e os critérios de atualização monetária entre a data do adimplemento das obrigações e a do efetivo pagamento;
- os critérios e a periodicidade da medição, quando for o caso, e o prazo para liquidação e para pagamento;
- os prazos de início das etapas de execução, conclusão, entrega, observação e recebimento definitivo, quando for o caso;
- o crédito pelo qual correrá a despesa, com a indicação da classificação funcional programática e da categoria econômica;
- a matriz de risco, quando for o caso;
- o prazo para resposta ao pedido de repactuação de preços, quando for o caso;
- o prazo para resposta ao pedido de restabelecimento do equilíbrio econômico-financeiro, quando for o caso;
- as garantias oferecidas para assegurar sua plena execução, quando exigidas, inclusive as que forem oferecidas pelo contratado no caso de antecipação de valores a título de pagamento;
- o prazo de garantia mínima do objeto, observados os prazos mínimos estabelecidos nesta Lei e nas normas técnicas aplicáveis, e as condições de manutenção e assistência técnica, quando for o caso;
- os direitos e as responsabilidades das partes, as penalidades cabíveis e os valores das multas e suas bases de cálculo;
- as condições de importação e a data e a taxa de câmbio para conversão, quando for o caso;
- a obrigação do contratado de manter, durante toda a execução do contrato, em compatibilidade com as obrigações por ele assumidas, todas as condições exigidas para a habilitação na licitação, ou para a qualificação, na contratação direta;
- a obrigação de o contratado cumprir as exigências de reserva de cargos prevista em lei, bem como em outras normas específicas, para pessoa com deficiência, para reabilitado da Previdência Social e para aprendiz;
- o modelo de gestão do contrato, observados os requisitos definidos em regulamento;
- os casos de extinção.

Contratação com pessoas domiciliadas no exterior: Além dessas cláusulas, a Lei n. 14.133/2021, em seu art. 92, § 1º, estipula que os contratos celebrados pela Administração Pública com pessoas físicas ou jurídicas, inclusive as domiciliadas no exterior, deverão conter cláusula que declare **competente** o **foro da sede da Administração** para dirimir qualquer questão contratual. O mesmo dispositivo, no entanto, ressalva essa cláusula para:

- licitação internacional para a aquisição de bens e serviços cujo pagamento seja feito com o produto de financiamento concedido por organismo financeiro internacional de que o Brasil faça parte ou por agência estrangeira de cooperação;
- contratação com empresa estrangeira para a compra de equipamentos fabricados e entregues no exterior precedida de autorização do Chefe do Poder Executivo;
- aquisição de bens e serviços realizada por unidades administrativas com sede no exterior.

Verificação de pendências: De acordo com as peculiaridades de seu objeto e de seu regime de execução, o contrato conterá cláusula que preveja período antecedente à expedição da ordem de serviço para verificação de pendências, liberação de áreas ou adoção de outras providências cabíveis para a regularidade do início de sua execução.

Projetos ou serviços técnicos especializados: Nas contratações de projetos ou de serviços técnicos especializados, inclusive daqueles que contemplem o desenvolvimento de programas e aplicações de internet para computadores, máquinas, equipamentos e dispositivos de tratamento e de comunicação da informação (software) – e a respectiva documentação técnica associada –, o autor deverá ceder todos os direitos patrimoniais a eles relativos para a Administração Pública, hipótese em que poderão ser livremente utilizados e alterados por ela em outras ocasiões, sem necessidade de nova autorização de seu autor.

Quando o projeto se referir a obra imaterial de caráter tecnológico, insuscetível de privilégio, a cessão dos direitos incluirá o fornecimento de todos os dados, documentos e elementos de informação pertinentes à tecnologia de concepção, desenvolvimento, fixação em suporte físico de qualquer natureza e aplicação da obra.

Observação: É facultado à Administração Pública deixar de exigir a cessão de direitos quando o objeto da contratação envolver atividade de pesquisa e desenvolvimento de caráter científico, tecnológico ou de inovação, considerados os princípios e os mecanismos instituídos pela Lei n. 10.973, de 2 de dezembro de 2004. Na hipótese de posterior alteração do projeto pela Administração Pública, o autor deverá ser comunicado, e os registros serão promovidos nos órgãos ou entidades competentes.

6. PUBLICAÇÃO NO PNCP COMO CONDIÇÃO DE EFICÁCIA

Uma das novidades da Lei n. 14.133/2021 é a criação do Portal Nacional de Contratações Públicas (PNCP), com o objetivo de ampliar a publicidade e transparência dos atos em procedimentos licitatórios. De acordo com o art. 94 da referida lei, a divulgação no PNCP é **condição indispensável** para a **eficácia** do contrato e de seus aditamentos e deverá ocorrer nos seguintes prazos, contados da data de sua assinatura: a) 20 (vinte) dias úteis, no caso de licitação; b) 10 (dez) dias úteis, no caso de contratação direta. Por outro lado, os contratos celebrados em caso de **urgência** terão eficácia a partir de sua assinatura e deverão ser publicados nos prazos referidos anteriormente, sob pena de nulidade.

Observação: Vale destacar que, quanto aos contratos administrativos, a Lei n. 14.133/2021 não menciona a necessidade de publicação no Diário Oficial, já que o art. 54, § 1º, cita apenas a publicação do Edital. Apesar disso, o gestor público pode fazer a referida publicação com o intuito de garantir maior publicidade ao ajuste, ressaltando, no entanto, que a condição de eficácia é a publicação no PNCP.

A divulgação no PNCP, quando referente à contratação de profissional do setor artístico por inexigibilidade, deverá identificar os custos do cachê do artista, dos músicos ou da banda, quando houver, do transporte, da hospedagem, da infraestrutura, da logística do evento e das demais despesas específicas. O detalhamento dos gastos é relevante para viabilizar o controle social das contratações firmadas pela administração pública.

No caso de obras, a administração divulgará em sítio eletrônico oficial, em até 25 (vinte e cinco) dias úteis após a assinatura do contrato, os quantitativos e os preços unitários e totais que contratar e, em até 45 (quarenta e cinco) dias úteis após a conclusão do contrato, os quantitativos executados e os preços praticados.

7. OBRIGATORIEDADE E DISPENSA DE INSTRUMENTO DE CONTRATO

O instrumento de contrato é obrigatório como regra, porém poderá ser substituído ou até dispensado nas hipóteses previstas na Lei n. 14.133/2021. A **substituição** e **dispensa** são situações diferentes. Naquela o instrumento de contrato é substituído por documentos hábeis, como carta-contrato, nota de empenho de despesa, autorização de compra ou ordem de execução de serviço (art. 95), enquanto na dispensa não há instrumento algum.

Substituição: A **substituição** do instrumento de contrato por outros documentos, na forma do art. 95, *caput*, da Lei n. 14.133/2021 só pode acontecer em duas hipóteses: 1) Quando se enquadrar em hipótese de dispensa de licitação em razão do valor; e 2) Quando se tratar de compras com entrega imediata e integral dos bens adquiridos e dos quais não resultem obrigações futuras, inclusive quanto a assistência técnica, independentemente de seu valor.

Dispensa: Por sua vez, a **dispensa** do instrumento contratual, viabilizando-se o "contrato verbal", é a exceção também. No direito brasileiro, o contrato administrativo verbal é nulo, só sendo possível na hipótese específica do art. 95, § 2º, qual seja: pequenas compras ou o de prestação de serviços de pronto pagamento, assim entendidos aqueles de valor **não** superior a R$ 10.804,08 (dez mil oitocentos e quatro reais e oito centavos).

Embora a legislação permita o contrato verbal quando o valor não superar o limite acima referido, a instauração de processo administrativo se mostra necessária para registro da contratação e para viabilizar os procedimentos orçamentários pertinentes. Assim, a dispensa se refere ao contrato ou documento semelhante, mas não abrange o processo específico para comprovar o enquadramento na norma.

SUBSTITUIÇÃO (art. 95, *caput*)	DISPENSA – CONTRATO VERBAL (art. 95, § 2º)
Quando se enquadrar em hipótese de dispensa de licitação em razão do valor.	Pequenas compras ou o de prestação de serviços de pronto pagamento, assim entendidos aqueles de valor não superior a R$ 10.804,08 (dez mil oitocentos e quatro reais e oito centavos).
Quando se tratar de compras com entrega imediata e integral dos bens adquiridos e dos quais não resultem obrigações futuras, inclusive quanto a assistência técnica, independentemente de seu valor.	

Apesar disso, a autoridade administrativa não deve se utilizar dessas possibilidades para viabilizar ajustes sem sua respectiva formalização fora das hipóteses previstas em lei. Conforme já decidiu o TCU, "a realização de despesas sem cobertura contratual é irregularidade grave, que justifica a aplicação de multa aos responsáveis, bem como julgamento pela irregularidade de suas contas". (Acórdão 2515/2009-Plenário)

A responsabilidade de quem realiza contratações sem respaldo é confirmada no TCU em diversos julgados, a exemplo: "Aquele que, no trato de verba federal recebida mediante convênio, ou qualquer outro instrumento congênere utiliza-se de contrato verbal visando à consecução do objeto pactuado assume o risco de ser responsabilizado por eventual dano ao erário decorrente da não-concretização da finalidade do ajuste, seja por ação dolosa (dolo eventual) ou por culpa grave". (Acórdão 7107/2010-Primeira Câmara)

Além disso, o TCU tem entendimento no sentido de que "a execução de serviços sem a formalização de termo contratual caracteriza contrato verbal, ainda que o pagamento seja realizado após a assinatura do contrato" (Acórdão 2380/2013-Plenário). No mesmo sentido, "a execução de serviços sem cobertura contratual, mas autorizados pela Administração, gera o dever de indenizar". (Acórdão 2279/2009-Plenário)

Essas considerações valem também para aditivos contratuais, quando a administração pública também deve promover a respectiva formalização. De acordo com o TCU, "é nulo qualquer ajuste verbal entre a Administração e a contratada para promover alterações qualitativas ou quantitativas ocorridas durante a execução do objeto". (Acórdão 2504/2014-Primeira Câmara)

8. GARANTIAS CONTRATUAIS

Além da garantia de proposta prevista para o procedimento licitatório, a Lei n. 14.133/2021 também prevê um outro tipo de garantia, agora para fins de execução contratual. São garantias diferentes. A primeira é para assegurar eventuais problemas na licitação, enquanto a segunda, prevista no arts. 96 e seguintes da Lei n. 14.133/2021, serve para o cumprimento contratual. O TCU já decidiu que "devem ser evitadas antecipações de pagamento sem previsão licitatória ou contratual e desprovidas de garantias ou cautelas". (Acórdão 214/2009-Segunda Câmara)

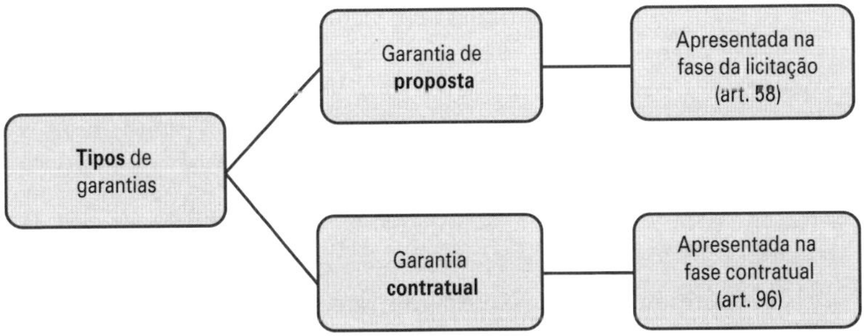

De acordo com o art. 96 da Lei n. 14.133/2021, a critério da autoridade competente, em cada caso, poderá ser exigida, **mediante previsão no edital**, prestação de garantia nas contratações de obras, serviços e fornecimentos. A definição da exigência de garantia deve ocorrer também na fase preparatória, incluindo-se previsão expressa e no edital de licitação e nas cláusulas contratuais.

– *Forma de prestação da garantia contratual:* Caberá ao contratado optar por uma das seguintes modalidades de garantia:

OPÇÕES DE GARANTIA
Caução em dinheiro ou em títulos da dívida pública emitidos sob a forma escritural, mediante registro em sistema centralizado de liquidação e de custódia autorizado pelo Banco Central do Brasil, e avaliados por seus valores econômicos, conforme definido pelo Ministério da Economia;
Seguro-garantia;
Fiança bancária emitida por banco ou instituição financeira devidamente autorizada a operar no País pelo Banco Central do Brasil.

No caso de optar pela apresentação de seguro-garantia, o interessado deverá observar que o valor garantido deve ser suficiente para assegurar o fiel cumprimento das obrigações assumidas pelo contratado perante a Administração, inclusive as multas, os prejuízos e as indenizações decorrentes de inadimplemento. Além disso, o seguro-garantia deverá observar as seguintes regras:

- o prazo de vigência da apólice será igual ou superior ao prazo estabelecido no contrato principal e deverá acompanhar as modificações referentes à vigência deste mediante a emissão do respectivo endosso pela seguradora;
- o seguro-garantia continuará em vigor mesmo se o contratado não tiver pago o prêmio nas datas convencionadas.

Observação: *Contratos de execução continuada ou de fornecimento contínuo de bens e serviços*: Neste tipo de contrato, será permitida a *substituição* da apólice de seguro-garantia na data de renovação ou de aniversário, desde que mantidas as condições e coberturas da apólice vigente e desde que nenhum período fique descoberto.

Na hipótese de suspensão do contrato por ordem ou inadimplemento da Administração, o contratado ficará desobrigado de renovar a garantia ou de endossar a apólice de seguro até a ordem de reinício da execução ou o adimplemento pela Administração. O edital fixará prazo mínimo de 1 (um) mês, contado da data de homologação da licitação e anterior à assinatura do contrato, para a prestação da garantia pelo contratado quando optar pela modalidade de seguro-garantia.

– *Limite do valor da garantia*: A garantia a ser exigida pela administração pública deve ser definida na fase preparatória e se submete a limites legais. De acordo com o art. 98 da Lei n. 14.133/2021, nas contratações de obras, serviços e fornecimentos, a garantia poderá ser de até 5% (cinco por cento) do valor inicial do contrato, autorizada a majoração desse percentual para até 10% (dez por cento), desde que justificada mediante análise da complexidade técnica e dos riscos envolvidos.

Esse limite pode ser maior nas contratações de obras e serviços de engenharia de **grande vulto,** consideradas como aquelas cujo valor estimado supera R$ 216.081.640,00 (duzentos e dezesseis milhões oitenta e um mil seiscentos e quarenta reais). Nestas hipóteses, poderá ser exigida a prestação de garantia, na modalidade **seguro-garantia**, com cláusula de retomada prevista no art. 102 da Lei n. 14.133/2021,[246] em percentual equivalente a **até 30% (trinta por cento)** do valor inicial do contrato.

TIPO DE CONTRATAÇÃO	LIMITE
Contratações de obras, serviços e fornecimentos **em geral.**	Até 5%
Contratações de obras, serviços e fornecimentos **que envolvam complexidade técnica e risco.**	Até 10%
Contratações de obras, serviços e fornecimentos **de grande vulto.**	Até 30%, *na modalidade seguro-garantia*

Além disso, devem ser observadas duas regras no cálculo do seguro-garantia:

- Nas contratações de serviços e fornecimentos contínuos com vigência superior a 1 (um) ano, assim como nas subsequentes prorrogações, será utilizado o valor anual do contrato para definição e aplicação dos percentuais de garantia. Isso porque a relação jurídica contratual possui continuidade e deve ser considerado o valor da global para definição da garantia adequada.
- Nos casos de contratos que impliquem a entrega de bens pela Administração, dos quais o contratado ficará depositário, o valor desses bens deverá ser acrescido ao valor da garantia.

– *Liberação ou restituição da garantia*: A garantia deve ser liberada ou restituída quando cumprido o contrato administrativo ou quando o contrato seja extinto por culpa exclusiva da administração pública. Quando a garantia for prestada em dinheiro, deverá ser atualizada monetariamente para ocorrer sua devolução.

– *Garantia em contratação de obras e serviços de engenharia (cláusula de retomada)*: Nos casos de contratação de obras e serviços de engenharia, a Lei n. 14.133/2021, em seu art. 102, prevê a possibilidade de

---

246 Art. 102. Na contratação de obras e serviços de engenharia, o edital poderá exigir a prestação da garantia na modalidade seguro-garantia e prever a obrigação de a seguradora, em caso de inadimplemento pelo contratado, assumir a execução e concluir o objeto do contrato [...].

ser exigida a modalidade específica de seguro-garantia e a possibilidade de inserção de cláusula de retomada, com obrigação de que a seguradora, em caso de inadimplemento pelo contratado, **assuma a execução e conclua o objeto do contrato**.

Na hipótese de assunção da execução do contrato:

- a seguradora deverá firmar o contrato, inclusive os aditivos, como interveniente anuente e poderá: a) ter livre acesso às instalações em que for executado o contrato principal; b) acompanhar a execução do contrato principal; c) ter acesso a auditoria técnica e contábil; d) requerer esclarecimentos ao responsável técnico pela obra ou pelo fornecimento;
- a emissão de empenho em nome da seguradora, ou a quem ela indicar para a conclusão do contrato, será autorizada desde que demonstrada sua regularidade fiscal;
- a seguradora poderá subcontratar a conclusão do contrato, total ou parcialmente.

Por outro lado, na hipótese de inadimplemento do contratado:

- caso a seguradora execute e conclua o objeto do contrato, estará isenta da obrigação de pagar a importância segurada indicada na apólice;
- caso a seguradora não assuma a execução do contrato, pagará a integralidade da importância segurada indicada na apólice.

Como se pode observar, a ideia da garantia contratual é viabilizar a execução do contrato administrativo e, em caso de inadimplemento, permitir que a administração pública tenha meios de obter o ressarcimento de eventual dano ou multa a ser aplicada.

9. ALOCAÇÃO DE RISCOS

Um ponto importante da Lei n. 14.133/2021 é a matriz de riscos, que pode ser inserida no contrato administrativo relativamente à responsabilidade das partes na garantia do equilíbrio econômico-financeiro. Nesse sentido, o contrato poderá identificar os riscos contratuais previstos e presumíveis e prever matriz de alocação de riscos, alocando-os entre contratante e contratado, mediante indicação daqueles a serem assumidos pelo setor público ou pelo setor privado ou daqueles a serem compartilhados.

Conforme o art. 6º, XXVII, da Lei n. 14.133/2021, a matriz de risco é a cláusula contratual definidora de riscos e de responsabilidades entre as partes e caracterizadora do equilíbrio econômico-financeiro inicial do contrato, em termos de ônus financeiro decorrente de eventos supervenientes à contratação, contendo, no mínimo, as seguintes informações:

- listagem de possíveis eventos supervenientes à assinatura do contrato que possam causar impacto em seu equilíbrio econômico-financeiro e previsão de eventual necessidade de prolação de termo aditivo por ocasião de sua ocorrência;
- no caso de obrigações de resultado, estabelecimento das frações do objeto com relação às quais haverá liberdade para os contratados inovarem em soluções metodológicas ou tecnológicas, em termos de modificação das soluções previamente delineadas no anteprojeto ou no projeto básico;
- no caso de obrigações de meio, estabelecimento preciso das frações do objeto com relação às quais não haverá liberdade para os contratados inovarem em soluções metodológicas ou tecnológicas, devendo haver obrigação de aderência entre a execução e a solução predefinida no anteprojeto ou no projeto básico, consideradas as características do regime de execução no caso de obras e serviços de engenharia.

A alocação de riscos considerará, em compatibilidade com as obrigações e os encargos atribuídos às partes no contrato, a natureza do risco, o beneficiário das prestações a que se vincula e a capacidade de cada setor para melhor gerenciá-lo. Os riscos que tenham cobertura oferecida por seguradoras serão preferencialmente transferidos ao contratado. A alocação dos riscos contratuais será quantificada para fins de projeção dos reflexos de seus custos no valor estimado da contratação. A matriz de alocação de riscos definirá o equilíbrio econômico-financeiro inicial do contrato em relação a eventos supervenientes e deverá ser observada na solução de eventuais pleitos das partes.

Sempre que atendidas as condições do contrato e da matriz de alocação de riscos, será considerado mantido o equilíbrio econômico-financeiro, renunciando as partes aos pedidos de restabelecimento do equilíbrio relacionados aos riscos assumidos, exceto no que se refere: a) às alterações unilaterais determinadas pela Administração, nas hipóteses do inciso I do *caput* do art. 124 da Lei n. 14.133/2021; b) ao aumento ou à redução, por legislação superveniente, dos tributos diretamente pagos pelo contratado em decorrência do contrato.

Na alocação de riscos, poderão ser adotados métodos e padrões usualmente utilizados por entidades públicas e privadas, e os ministérios e secretarias supervisores dos órgãos e das entidades da Administração Pública poderão definir os parâmetros e o detalhamento dos procedimentos necessários a sua identificação, alocação e quantificação financeira.

10. DURAÇÃO CONTRATUAL

A duração contratual também foi tratada com modificações na Lei n. 14.133/2021, constituindo parte importante no desenvolvimento do ajuste contratual. A duração dos contratos deve estar prevista em edital e observar a disponibilidade de créditos orçamentários, bem como a previsão no plano plurianual, quando ultrapassar 1 (um) exercício financeiro. A vinculação da duração contratual à disponibilidade orçamentária faz com que, como regra, a duração do contrato administrativo não ultrapasse o período de vigência da lei orçamentária.

Por outro lado, a legislação autoriza a celebração de contratos administrativos por prazos mais elásticos em hipóteses específicas:

Contratos de serviços e fornecimentos contínuos, inclusive aluguel de equipamentos e à utilização de programas de informática: duração de **até 5 (cinco) anos** nas hipóteses de serviços e fornecimentos contínuos, desde que:

- a autoridade competente do órgão ou entidade contratante ateste a maior vantagem econômica vislumbrada em razão da contratação plurianual;
- a Administração deverá ateste, no início da contratação e de cada exercício, a existência de créditos orçamentários vinculados à contratação e a vantagem em sua manutenção.

Além disso, a Administração terá a opção de extinguir o contrato, sem ônus, quando não dispuser de créditos orçamentários para sua continuidade ou quando entender que o contrato não mais lhe oferece vantagem. Essa extinção ocorrerá apenas na próxima data de aniversário do contrato e não poderá ocorrer em prazo inferior a 2 (dois) meses, contado da referida data. O que a lei quis evitar foi a realização de contratos administrativos desvantajosos ou sem base orçamentária que pudesse causar prejuízos à administração pública.

A Lei n. 14.133/2021, em seu art. 107, também possibilita a prorrogação sucessiva dos contratos de serviços e fornecimentos, desde que atendidos os seguintes requisitos:

- vigência máxima decenal (10 anos);
- previsão em edital; e
- a autoridade competente ateste que as condições e os preços permanecem vantajosos para a Administração, permitida a negociação com o contratado ou a extinção contratual sem ônus para qualquer das partes.

O contrato firmado sob o regime de fornecimento e prestação de serviço associado terá sua vigência máxima definida pela soma do prazo relativo ao fornecimento inicial ou à entrega da obra com o prazo relativo ao serviço de operação e manutenção, este limitado a 5 (cinco) anos contados da data de recebimento do objeto inicial, autorizada a prorrogação na forma acima referida.

Contratos específicos: A Lei n. 14.133/2021 também elenca uma série de hipóteses que permitem a realização de contratos com prazo de até 10 (dez) anos. São elas:

- contratação de bens ou serviços produzidos ou prestados no País que envolvam, cumulativamente, alta complexidade tecnológica e defesa nacional;
- contratação de materiais de uso das Forças Armadas, com exceção de materiais de uso pessoal e administrativo, quando houver necessidade de manter a padronização requerida pela estrutura de apoio logístico dos meios navais, aéreos e terrestres, mediante autorização por ato do comandante da força militar;

- contratação com vistas ao cumprimento do disposto nos arts. 3º, 3º-A, 4º, 5º e 20 da Lei n. 10.973, de 2 de dezembro de 2004 (inovação e tecnologia), observados os princípios gerais de contratação constantes da referida Lei;
- contratação que possa acarretar comprometimento da segurança nacional, nos casos estabelecidos pelo Ministro de Estado da Defesa, mediante demanda dos comandos das Forças Armadas ou dos demais ministérios;
- contratação em que houver transferência de tecnologia de produtos estratégicos para o Sistema Único de Saúde (SUS), conforme elencados em ato da direção nacional do SUS, inclusive por ocasião da aquisição desses produtos durante as etapas de absorção tecnológica, e em valores compatíveis com aqueles definidos no instrumento firmado para a transferência de tecnologia;
- aquisição, por pessoa jurídica de direito público interno, de insumos estratégicos para a saúde produzidos por fundação que, regimental ou estatutariamente, tenha por finalidade apoiar órgão da Administração Pública direta, sua autarquia ou fundação em projetos de ensino, pesquisa, extensão, desenvolvimento institucional, científico e tecnológico e de estímulo à inovação, inclusive na gestão administrativa e financeira necessária à execução desses projetos, ou em parcerias que envolvam transferência de tecnologia de produtos estratégicos para o SUS, e que tenha sido criada para esse fim específico em data anterior à entrada em vigor da Lei n. 14.133/2021, desde que o preço contratado seja compatível com o praticado no mercado.

Nessas hipóteses, o contrato administrativo poderá ter duração de até 10 (dez) anos, em virtude de suas especificidades. A administração pública, dentro desse limite, o prazo e inserir no contrato e deve constar do edital para conhecimento público.

Contratação por tempo indeterminado: Na vigência do microssistema normativo anterior, não havia nenhuma menção à possibilidade de contrato administrativo por prazo indeterminado. A Lei n. 14.133/2021, por sua vez, permite esse tipo de contratação em seu art. 109, quando a administração pública for usuária de serviço público oferecido em regime de monopólio, desde que comprovada, a cada exercício financeiro, a existência de créditos orçamentários vinculados à contratação.

É que, nessa hipótese, como o fornecedor do serviço exerce monopólio sobre a sua prestação, não faria sentido delimitar um prazo de duração para o ajuste. Apesar disso, o gestor público só poderá efetivar a contratação se houver disponibilidade orçamentária vinculada.

Contrato de eficiência: Contrato de eficiência é o contrato cujo objeto é a prestação de serviços, que pode incluir a realização de obras e o fornecimento de bens, com o objetivo de proporcionar economia ao contratante, na forma de redução de despesas correntes, remunerado o contratado com base em percentual da economia gerada (art. 6º, LIII). Assim, como esse tipo de contrato depende do êxito da atuação do contratante, os prazos de duração também são diferenciados:

- Até 10 (dez) anos, nos contratos sem investimento;
- Até 35 (trinta e cinco) anos, nos contratos com investimento, assim considerados aqueles que impliquem a elaboração de benfeitorias permanentes, realizadas exclusivamente a expensas do contratado, que serão revertidas ao patrimônio da Administração Pública ao término do contrato.

Prorrogação de contratos: Em regra, "a prorrogação do contrato administrativo deve ser efetuada antes do término do prazo de vigência, mediante termo aditivo, para que não se opere a extinção do ajuste" (Acórdão 127/2016-Plenário). No entanto, na contratação que previr a **conclusão de escopo predefinido (contrato por escopo)**, o prazo de vigência será *automaticamente* prorrogado quando seu objeto não for concluído no período firmado no contrato.

Isso já era admitido pela jurisprudência do TCU e ficou consolidado na legislação: "nos contratos por escopo, inexistindo motivos para sua rescisão ou anulação, a extinção do ajuste somente se opera com a conclusão do objeto e o seu recebimento pela Administração, diferentemente dos ajustes por tempo determinado, nos quais o prazo constitui elemento essencial e imprescindível para a consecução ou a eficácia do objeto avençado". (Acórdão 1674/2014-Plenário)

Vale destacar que, quando a não conclusão decorrer de culpa do contratado, o contratado será constituído em mora, aplicáveis a ele as respectivas sanções administrativas, e a Administração poderá optar pela extinção do contrato e, nesse caso, adotará as medidas admitidas em lei para a continuidade da execução contratual.

Na prorrogação do contrato, deverá ser demonstrada a vantajosidade da contratação. Assim, "quando da proximidade de renovações contratuais, devem ser realizadas pesquisas de preços, em conformidade com os quantitativos realizados e expectativas de aumento ou redução da demanda futura, de modo a aferir os valores unitários dos preços praticados com os vigentes no mercado, com a antecedência necessária à realização de licitação". (Acórdão 6286/2010-Primeira Câmara)

Contratação com operação continuada de sistemas estruturantes de tecnologia da informação: Nesse caso, a Lei n. 14.133/2021, em seu art. 144, permite a celebração do ajuste com duração máxima de até 15 (quinze) anos.

TIPO DE CONTRATAÇÃO	DURAÇÃO
Contratos em geral.	Duração do crédito orçamentário.
Contratos de serviços e fornecimentos contínuos, inclusive aluguel de equipamentos e à utilização de programas de informática.	Até 5 (cinco) anos, prorrogáveis até o limite de 10 (dez) anos.
Contratos com objetivos especificados na Lei.	Até 10 (dez) anos.
Contratos em que administração pública é usuária de serviço público oferecido em regime de monopólio.	Prazo indeterminado.
Contratos de eficiência.	Até 10 (dez) anos, nos contratos sem investimento; Até 35 (trinta e cinco) anos, nos contratos com investimento, assim considerados aqueles que impliquem a elaboração de benfeitorias permanentes, realizadas exclusivamente a expensas do contratado, que serão revertidas ao patrimônio da Administração Pública ao término do contrato.

11. CUMPRIMENTO CONTRATUAL E PRERROGATIVAS DA ADMINISTRAÇÃO PÚBLICA

Os contratos administrativos são caracterizados pela regência do direito público e, consequentemente, pela existência de prerrogativas em favor da administração pública. Possuem o que a doutrina denomina de "cláusulas exorbitantes", que recebem esse nome porque exorbitam do direito comum para proteger o interesse público. A existência dessas cláusulas nos contratos administrativos se fundamenta no princípio da supremacia do interesse público e conta com previsão expressa na Lei n. 14.133/2021.

O art. 104 da referida legislação prevê cinco prerrogativas em favor da administração pública, que pode, em relação ao contrato administrativo:

- modificá-los, unilateralmente, para melhor adequação às finalidades de interesse público, respeitados os direitos do contratado;
- extingui-los, unilateralmente, nos casos especificados nesta Lei;
- fiscalizar sua execução;
- aplicar sanções motivadas pela inexecução total ou parcial do ajuste;
- ocupar provisoriamente bens móveis e imóveis e utilizar pessoal e serviços vinculados ao objeto do contrato nas hipóteses de risco à prestação de serviços essenciais e necessidade de acautelar apuração administrativa de faltas contratuais pelo contratado, inclusive após extinção do contrato.

Cada uma dessas cláusulas será trabalhada nos tópicos seguintes, ressaltando-se, no entanto, que as cláusulas econômico-financeiras e monetárias dos contratos não poderão ser alteradas sem prévia concordância do contratado. A garantia do equilíbrio econômico-financeiro contratual deve ser assegurada ao longo de toda a execução do ajuste como direito fundamental do contratado.

a) Modificação unilateral do contrato

Os contratos administrativos podem ser alterados **unilateralmente** ou **por acordo entre as partes**. Quando há acordo entre o contratante e o contratado, não há que se falar em utilização do poder de império (prerrogativas) pela administração pública, já que haverá um consenso entre os dois polos. Por outro lado, no caso de modificação unilateral, o contratado é obrigado a aceitar a determinação do Estado, mesmo contra sua vontade, dentro dos limites da lei.

Se forem decorrentes de falhas de projeto, as alterações de contratos de obras e serviços de engenharia ensejarão apuração de responsabilidade do responsável técnico e adoção das providências necessárias para o ressarcimento dos danos causados à Administração (art. 124, § 1º, da Lei n. 14.133/2021). Nas alterações contratuais para supressão de obras, bens ou serviços, se o contratado já houver adquirido os materiais e os colocado no local dos trabalhos, estes deverão ser pagos pela Administração pelos custos de aquisição regularmente comprovados e monetariamente reajustados, podendo caber indenização por outros danos eventualmente decorrentes da supressão, desde que regularmente comprovados.

Um problema que ocorre rotineiramente em relações contratuais com o Estado é a execução do objeto contratual antes da formalização de aditivos. De acordo com o art. 132 da Lei n. 14.133/2021, a formalização do termo aditivo é condição para a execução, pelo contratado, das prestações determinadas pela Administração no curso da execução do contrato, **salvo nos casos de justificada necessidade de antecipação de seus efeitos**, hipótese em que a formalização deverá ocorrer no prazo máximo de 1 (um) mês.

Nesse sentido, a execução de modificações contratuais deve aguardar a formalização do termo aditivo, salvo se houver enquadramento na exceção legal. Trata-se de uma norma prudente para garantir que a execução tenha respaldo contratual e, com isso, evite eventuais conflitos futuros.

Modificação unilateral: A modificação unilateral do contrato administrativo é uma prerrogativa da administração pública que já constava do microssistema anterior, porém a Lei n. 14.133/2021 regulou esta medida com mais detalhes. Tal modificação poderá ocorrer:

- quando houver modificação do projeto ou das especificações, para melhor adequação técnica a seus objetivos; ou
- quando for necessária a modificação do valor contratual em decorrência de acréscimo ou diminuição quantitativa de seu objeto, nos limites permitidos por esta Lei;

Essas duas hipóteses são o que a doutrina denomina de modificação qualitativa (alínea *a*) e modificação quantitativa (alínea *b*), ambas possíveis de serem utilizadas pela administração pública. Uma vez determinada a modificação pela parte contratante, o contratado é obrigado a aceitar a alteração, garantindo-se o direito ao equilíbrio econômico-financeiro contratual.

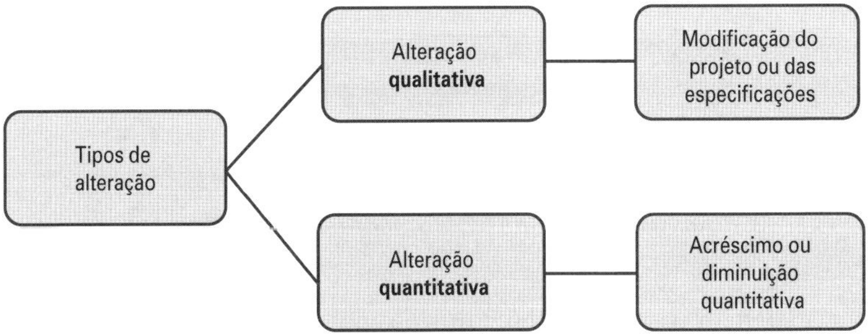

Os limites para alteração do contrato administrativo foram mantidos na Lei n. 14.133/2021. De acordo com o art. 125, o contratado será obrigado a aceitar, nas mesmas condições contratuais, acréscimos ou supressões de até 25% (vinte e cinco por cento) do valor inicial atualizado do contrato que se fizerem nas obras, nos serviços ou nas compras, e, no caso de reforma de edifício ou de equipamento, o limite para os acréscimos será de 50% (cinquenta por cento). Essas alterações não poderão transfigurar o objeto da contratação.[247]

É importante destacar que esses limites se aplicam para ambas as espécies de contratação.[248] De acordo com o TCU, tanto as alterações

---

247 "Se o contrato não contemplar preços unitários para obras ou serviços cujo aditamento se fizer necessário, esses serão fixados por meio da aplicação da relação geral entre os valores da proposta e o do orçamento-base da Administração sobre os preços referenciais ou de mercado vigentes na data do aditamento, respeitados os limites estabelecidos." (art. 127)

248 "Nas contratações de obras e serviços de engenharia, a diferença percentual entre o valor global do contrato e o preço global de referência não poderá ser reduzida em favor do contratado em decorrência de aditamentos que modifiquem a planilha orçamentária." (art. 128)

contratuais **quantitativas**, que modificam a dimensão do objeto, quanto as unilaterais **qualitativas**, que mantêm intangível o objeto, em natureza e em dimensão, **estão sujeitas aos limites** preestabelecidos, em face do respeito aos direitos do contratado, prescrito no art. 58, I, da mesma lei, do princípio da proporcionalidade e da necessidade de esses limites serem obrigatoriamente fixados em lei. (Acórdão 1826/2016-Plenário)

TIPO DE CONTRATAÇÃO	LIMITE
Contratações em geral	Supressões até 25% Acréscimos até 25%
Contrato de reforma de edifício ou de equipamento	Supressões até 25% Acréscimos até 50%

Ademais, conforme entendimento do TCU, para efeito de observância dos limites de alterações contratuais, o conjunto de reduções e o conjunto de acréscimos devem ser sempre calculados **sobre o valor original do contrato**, aplicando-se a cada um desses conjuntos, individualmente e sem nenhum tipo de compensação entre eles, os limites de alteração estabelecidos no dispositivo legal. (Acórdão 2819/2011-Plenário)

Modificação por acordo entre as partes: A alteração por meio de consenso abrange mais hipóteses no art. 124, II, quais sejam:

- quando conveniente a substituição da garantia de execução;

Uma vez prestada a garantia para execução na forma do art. 96 da Lei 14.133/21, essa garantia pode ser substituída por alguma necessidade da administração pública ou da contratante. A substituição também é possível como alternativa da retenção cautelar de valores, conforme entendimento do TCU.[249]

---

[249] "A substituição da medida de retenção cautelar de percentuais das faturas por fiança bancária no mesmo valor é alternativa concedida pelo TCU a fim de evitar gravame insuportável para a execução dos contratos." (Acórdão 593/2009-Plenário)

"Referidas garantias, nesses casos, devem conter especialmente cláusulas que estabeleçam: (i) prazo de validade vinculado à decisão definitiva do TCU da

- quando necessária a modificação do regime de execução da obra ou do serviço, bem como do modo de fornecimento, em face de verificação técnica da inaplicabilidade dos termos contratuais originários;
- quando necessária a modificação da forma de pagamento por imposição de circunstâncias supervenientes, mantido o valor inicial atualizado e vedada a antecipação do pagamento em relação ao cronograma financeiro fixado sem a correspondente contraprestação de fornecimento de bens ou execução de obra ou serviço;
- para restabelecer o equilíbrio econômico-financeiro inicial do contrato em caso de força maior, caso fortuito ou fato do príncipe ou em decorrência de fatos imprevisíveis ou previsíveis de consequências incalculáveis, que inviabilizem a execução do contrato tal como pactuado, respeitada, em qualquer caso, a repartição objetiva de risco estabelecida no contrato.

Observação: Será aplicado o disposto na alínea *d* do inciso II do *caput* do art. 124 às contratações de obras e serviços de engenharia, quando a execução for obstada pelo atraso na conclusão de procedimentos de desapropriação, desocupação, servidão administrativa ou licenciamento ambiental, por circunstâncias alheias ao contratado. É o que a doutrina denomina de "fato da administração".

As hipóteses de reequilíbrio econômico-financeiro serão analisadas mais a frente, uma vez que dizem respeito especificamente a uma modificação consensual e que possui categorias jurídicas específicas.

b) Extinção unilateral do contrato

Também é prerrogativa da administração pública contratante a extinção unilateral do contrato,[250] desde que observado o contraditório

qual não caiba mais recurso com efeito suspensivo; (ii) critério de reajuste mensal; e (iii) no caso de fiança bancária, obrigação de a entidade garantidora depositar a quantia assegurada em favor da contratante em até 30 dias após o trânsito em julgado de eventual acórdão deste Tribunal que condene a empresa contratada a restituir valores." (Acórdão 3070/2008-Plenário)

250 A Lei n. 8.666/93 se referia a esta prerrogativa como "rescisão unilateral", o que era criticado pela doutrina. A Lei n. 14.133/2021 substitui o termo por "extinção unilateral", dado o caráter do ato que a determina.

e ampla defesa (CF, art. 5º, LV). Tal extinção não depende de autorização do Poder Judiciário, bastando, para que ocorra, a edição de **ato administrativo formal** escrito e fundamentado nos autos do processo. O Poder Público também pode baixar regulamento para estabelecer regras relativas ao procedimento de extinção do contrato, observadas as disposições da Lei n. 14.133/2021.

Destaque-se que, sendo o caso de extinção unilateral da administração pública, o gestor do contrato não poderá adotar outra modalidade. De acordo com o TCU: "Sendo necessária a execução do objeto ajustado, não pode o gestor, discricionariamente, autorizar a rescisão amigável do contrato, pois tal instituto tem aplicação restrita e não é cabível quando configurada outra hipótese que dê ensejo a rescisão unilateral ou anulação do ajuste". (Acórdão 845/2017-Plenário)

Além disso, a morosidade em eventual extinção unilateral também não permite sua substituição por uma extinção amigável. Conforme decidido pelo TCU, "A eventual morosidade do processo administrativo de rescisão unilateral não pode ser considerada para justificar a rescisão amigável do contrato administrativo, que somente se admite quando conveniente para a Administração e não houver motivos para a rescisão unilateral". (Acórdão 2205/2016-Plenário)

As hipóteses de extinção unilateral são as seguintes:

	HIPÓTESES DE EXTINÇÃO UNILATERAL PELA ADMINISTRAÇÃO PÚBLICA
1	não cumprimento ou cumprimento irregular de normas editalícias ou de cláusulas contratuais, de especificações, de projetos ou de prazos;
2	desatendimento das determinações regulares emitidas pela autoridade designada para acompanhar e fiscalizar sua execução ou por autoridade superior;
3	alteração social ou modificação da finalidade ou da estrutura da empresa que restrinja sua capacidade de concluir o contrato;
4	decretação de falência ou de insolvência civil, dissolução da sociedade ou falecimento do contratado;
5	caso fortuito ou força maior, regularmente comprovados, impeditivos da execução do contrato;
6	atraso na obtenção da licença ambiental, ou impossibilidade de obtê-la, ou alteração substancial do anteprojeto que dela resultar, ainda que obtida no prazo previsto;

7	atraso na liberação das áreas sujeitas a desapropriação, a desocupação ou a servidão administrativa, ou impossibilidade de liberação dessas áreas;
8	razões de interesse público, justificadas pela autoridade máxima do órgão ou da entidade contratante;
9	não cumprimento das obrigações relativas à reserva de cargos prevista em lei, bem como em outras normas específicas, para pessoa com deficiência, para reabilitado da Previdência Social ou para aprendiz.

No caso de extinção unilateral pela administração pública, além das sanções previstas na Lei n. 14.133/2021, também serão aplicadas as seguintes consequências:

- assunção imediata do objeto do contrato, no estado e local em que se encontrar, por ato próprio da Administração;
- ocupação e utilização do local, das instalações, dos equipamentos, do material e do pessoal empregados na execução do contrato e necessários à sua continuidade.

A aplicação dessas duas primeiras consequências ficará a critério da Administração, que poderá dar continuidade à obra ou ao serviço por execução direta ou indireta. Na segunda hipótese, o ato deverá ser precedido de autorização expressa do ministro de Estado, do secretário estadual ou do secretário municipal competente, conforme o caso.

- execução da garantia contratual para: ressarcimento da Administração Pública por prejuízos decorrentes da não execução; pagamento de verbas trabalhistas, fundiárias e previdenciárias, quando cabível; pagamento das multas devidas à Administração Pública; e exigência da assunção da execução e da conclusão do objeto do contrato pela seguradora, quando cabível;
- retenção dos créditos decorrentes do contrato até o limite dos prejuízos causados à Administração Pública e das multas aplicadas.

A prerrogativa de extinção unilateral do contrato é atribuição da administração pública. O contratado, por sua vez, só poderá buscar a extinção do contrato por meio consensual, arbitragem ou pela via judicial, nas hipóteses especificadas na Lei n. 14.133/2021.

	HIPÓTESES DE DIREITO DE EXTINÇÃO PELO CONTRATADO
1	Supressão, por parte da Administração, de obras, serviços ou compras que acarrete modificação do valor inicial do contrato além do limite permitido no art. 125 da Lei n. 14.133/2021.
2	Suspensão de execução do contrato, por ordem escrita da Administração, por prazo superior a 3 (três) meses.
3	Repetidas suspensões que totalizem 90 (noventa) dias úteis, independentemente do pagamento obrigatório de indenização pelas sucessivas e contratualmente imprevistas desmobilizações e mobilizações e outras previstas.
4	Atraso superior a 2 (dois) meses, contado da emissão da nota fiscal, dos pagamentos ou de parcelas de pagamentos devidos pela Administração por despesas de obras, serviços ou fornecimentos.
5	Não liberação pela Administração, nos prazos contratuais, de área, local ou objeto, para execução de obra, serviço ou fornecimento, e de fontes de materiais naturais especificadas no projeto, inclusive devido a atraso ou descumprimento das obrigações atribuídas pelo contrato à Administração relacionadas a desapropriação, a desocupação de áreas públicas ou a licenciamento ambiental.

As hipóteses 2, 3 e 4 de direito de extinção pelo contratado:

- não serão admitidas em caso de calamidade pública, de grave perturbação da ordem interna ou de guerra, bem como quando decorrerem de ato ou fato que o contratado tenha praticado, do qual tenha participado ou para o qual tenha contribuído;
- assegurarão ao contratado o direito de optar pela suspensão do cumprimento das obrigações assumidas até a normalização da situação, admitido o restabelecimento do equilíbrio econômico-financeiro do contrato, na forma da alínea *d* do inciso II do *caput* do art. 124 da Lei n. 14.133/2021;
- Quando a extinção decorrer de culpa exclusiva da Administração, o contratado será ressarcido pelos prejuízos regularmente comprovados que houver sofrido e terá direito a: I – devolução da garantia; II – pagamentos devidos pela execução do contrato até a data de extinção; III – pagamento do custo da desmobilização.

O contratado poderá obter a extinção do contrato por meio consensual, pela via arbitral ou por meio judicial.[251] Os métodos adequados

---

[251] "A rescisão amigável do contrato sem a devida comprovação de conveniência para a Administração e de que não restaram configurados os motivos para a

de resolução de disputas são estimuladas pela legislação e os órgãos de assessoria jurídica devem buscar utilizá-los sempre que possível. Registre-se que, os emitentes das garantias previstas no art. 96 desta Lei deverão ser notificados pelo contratante quanto ao início de processo administrativo para apuração de descumprimento de cláusulas contratuais.

c) Fiscalização do contrato

A fiscalização dos contratos administrativos é uma prerrogativa relevante, a fim de garantir a observância da legislação e do interesse público. A Lei n. 14.133/2021 estipula diversas regras referentes à fiscalização, objetivando evitar os problemas constatados ao longo do tempo na condução de contratos pelo Poder Público.

Fiscal do contrato: A execução do contrato deverá ser acompanhada e fiscalizada por um ou mais fiscais do contrato, representantes da Administração especialmente designados conforme requisitos estabelecidos no art. 7º da Lei n. 14.133/2021, ou pelos respectivos substitutos, permitida a contratação de terceiros para assisti-los e subsidiá-los com informações pertinentes a essa atribuição. Apesar disso, conforme já entendeu o TCU: "é irregular a nomeação de terceiro estranho à Administração para exercer a fiscalização de contratos". (Acórdão 124/2020-Plenário)

O fiscal do contrato deverá: anotar em registro próprio todas as ocorrências relacionadas à execução do contrato, determinando o que for necessário para a regularização das faltas ou dos defeitos observados e informar a seus superiores, em tempo hábil para a adoção das medidas convenientes, a situação que demandar decisão ou providência que ultrapasse sua competência.

O fiscal do contrato será auxiliado pelos órgãos de assessoramento jurídico e de controle interno da Administração, que deverão dirimir dúvidas e subsidiá-lo com informações relevantes para prevenir riscos na execução contratual.

---

rescisão unilateral do ajuste configura irregularidade, por afrontar o disposto no art. 79, II, da Lei n. 8.666/1993." (Acórdão 740/2013-Plenário)

Contratação de terceiros: A administração pública pode efetuar a contratação de terceiros para assistir ou subsidiar o fiscal do contrato, especialmente quando isso for necessário em virtude das especificidades da contratação. Nesta hipótese, deverão ser observadas as seguintes regras:

- a empresa ou o profissional contratado assumirá responsabilidade civil objetiva pela veracidade e pela precisão das informações prestadas, firmará termo de compromisso de confidencialidade e não poderá exercer atribuição própria e exclusiva de fiscal de contrato;
- a contratação de terceiros não eximirá de responsabilidade o fiscal do contrato, nos limites das informações recebidas do terceiro contratado.

Apesar dessa possibilidade, o TCU entende que "o fato de haver assessoramento de terceiros para auxiliar o fiscal de contrato não afasta a sua responsabilidade pelo atesto de serviços que posteriormente se revelem executados com imperfeições, quando não existirem projetos necessários à realização do objeto contratado". (Acórdão 2292/2017-Plenário)

Preposto do contratado: O contratado deverá manter preposto aceito pela Administração no local da obra ou do serviço para representá-lo na execução do contrato. O objetivo do preposto é viabilizar o diálogo rápido e eficiente com a administração pública.

Responsabilidade do contratado: O contratado será:

- obrigado a reparar, corrigir, remover, reconstruir ou substituir, a suas expensas, no total ou em parte, o objeto do contrato em que se verificarem vícios, defeitos ou incorreções resultantes de sua execução ou de materiais nela empregados;
- responsável pelos danos causados diretamente à Administração ou a terceiros em razão da execução do contrato, e não excluirá nem reduzirá essa responsabilidade a fiscalização ou o acompanhamento pelo contratante.

Responsabilidade nos encargos trabalhistas, previdenciários, fiscais e comerciais resultantes do contrato: A responsabilidade por essas verbas é exclusiva do contratado. Essa também era a regra no sistema normativo anterior, porém havia séria controvérsia sobre a responsabilidade no caso de inadimplência do contratado.

A Lei n. 14.133/2021 estipula, em seu art. 121, a responsabilidade do contratado e, em seguida, fixa as consequências para hipótese de inadimplemento, conforme tabela abaixo:

TIPO DE VERBA INADIMPLIDA	RESPONSABILIDADE
Encargos trabalhistas, fiscais e comerciais em geral.	Exclusiva do contratado, não se transfere à Administração e não poderá onerar o objeto do contrato nem restringir a regularização e o uso das obras e das edificações, inclusive perante o registro de imóveis.
Encargos trabalhistas, fiscais e comerciais **em contratações de serviços contínuos com regime de dedicação exclusiva de mão de obra.**	A Administração responderá *solidariamente* pelos encargos **previdenciários** e *subsidiariamente* pelos **encargos trabalhistas** se comprovada **falha na fiscalização** do cumprimento das obrigações do contratado.

A previsão agora constante da Lei n. 14.133/2021 se alinha ao teor da Súmula 331, V, do TST, que prevê a responsabilidade subsidiária da administração pública no caso de falha na fiscalização de obrigações trabalhistas.[252] Para evitar que o Poder Público venha a ser condenado em ações trabalhistas, a legislação faculta a adoção de algumas medidas nas contratações de serviços contínuos com regime de dedicação exclusiva de mão de obra, são elas:

- exigir caução, fiança bancária ou contratação de seguro-garantia com cobertura para verbas rescisórias inadimplidas;

[252] Súmula 331, V, TST: "V – Os entes integrantes da Administração Pública direta e indireta respondem subsidiariamente, nas mesmas condições do item IV, caso evidenciada a sua conduta culposa no cumprimento das obrigações da Lei n. 8.666, de 21-6-1993, especialmente na fiscalização do cumprimento das obrigações contratuais e legais da prestadora de serviço como empregadora. A aludida responsabilidade não decorre de mero inadimplemento das obrigações trabalhistas assumidas pela empresa regularmente contratada".

- condicionar o pagamento à comprovação de quitação das obrigações trabalhistas vencidas relativas ao contrato;
- efetuar o depósito de valores em conta vinculada, cujo montante é considerado como absolutamente impenhorável;
- em caso de inadimplemento, efetuar diretamente o pagamento das verbas trabalhistas, que serão deduzidas do pagamento devido ao contratado;
- estabelecer que os valores destinados a férias, a décimo terceiro salário, a ausências legais e a verbas rescisórias dos empregados do contratado que participarem da execução dos serviços contratados serão pagos pelo contratante ao contratado somente na ocorrência do fato gerador.

d) Aplicação de sanções

A possibilidade de aplicação de sanções decorre do exercício do poder disciplinar em sede contratual e deve observar fielmente os termos da Lei n. 14.133/2021. É relevante destacar que o Direito Administrativo brasileiro não admite o instituto da "verdade sabida", de sorte que a aplicação de qualquer penalidade, mesmo de natureza leve, demanda a observância do contraditório e ampla defesa (CF, art. 5º, LV). Além disso, incidência de penalidades não exclui, em hipótese alguma, a obrigação de reparação integral do dano causado à Administração Pública.

Infrações administrativas: A aplicação de sanções ocorre administrativamente, em processo administrativo instaurado regularmente para essa finalidade, e deve ocorrer diante do cometimento, pelo contratado, das seguintes infrações:

	INFRAÇÕES ADMINISTRATIVAS CONTRATUAIS
1	dar causa à inexecução parcial do contrato;
2	dar causa à inexecução parcial do contrato que cause grave dano à Administração, ao funcionamento dos serviços públicos ou ao interesse coletivo;
3	dar causa à inexecução total do contrato;
4	deixar de entregar a documentação exigida para o certame;
5	não manter a proposta, salvo em decorrência de fato superveniente devidamente justificado;

6	não celebrar o contrato ou não entregar a documentação exigida para a contratação, quando convocado dentro do prazo de validade de sua proposta;
7	ensejar o retardamento da execução ou da entrega do objeto da licitação sem motivo justificado;
8	apresentar declaração ou documentação falsa exigida para o certame ou prestar declaração falsa durante a licitação ou a execução do contrato;
9	fraudar a licitação ou praticar ato fraudulento na execução do contrato;
10	comportar-se de modo inidôneo ou cometer fraude de qualquer natureza;
11	praticar atos ilícitos com vistas a frustrar os objetivos da licitação;
12	praticar ato lesivo previsto no art. 5º da Lei n. 12.846, de 1º de agosto de 2013.

Penalidades: Diante da verificação de uma dessas infrações, a administração pública deve instaurar processo administrativo e assegurar o contraditório e ampla defesa. Ao final, poderá, então, aplicar as seguintes penalidades:

- **advertência**;

A penalidade de advertência, que é considerada mais leve, deverá ser aplicada exclusivamente em caso de inexecução parcial do contrato quando não se justificar a imposição de penalidade mais grave.

- **multa**;

A penalidade de multa, calculada na forma do edital ou do contrato, não poderá ser inferior a 0,5% (cinco décimos por cento) nem superior a 30% (trinta por cento) do valor do contrato licitado ou celebrado com contratação direta e será aplicada ao responsável por qualquer das infrações administrativas previstas na Lei. Ressalte-se que as demais sanções podem ser aplicadas em conjunto com a multa, sem que isso caracterize *bis in idem*.

Observação: Se a multa aplicada e as indenizações cabíveis forem superiores ao valor de pagamento eventualmente devido pela Administração ao contratado, além da perda desse valor, a diferença será descontada da garantia prestada ou será cobrada judicialmente.

O atraso injustificado na execução do contrato sujeitará o contratado a multa de mora, na forma prevista em edital ou em contrato. A aplicação de multa de mora não impedirá que a Administração a converta em compensatória e promova a extinção unilateral do contrato com a aplicação cumulada de outras sanções previstas da Lei.

- **impedimento de licitar e contratar;**

A sanção de impedimento de licitar e contratar será aplicada ao responsável pelas infrações administrativas 2, 3, 4, 5, 6 e 7, quando não se justificar a imposição de penalidade mais grave, e impedirá o responsável de licitar ou contratar no âmbito da Administração Pública direta e indireta do ente federativo que tiver aplicado a sanção, pelo prazo máximo de 3 (três) anos.

- **declaração de inidoneidade para licitar ou contratar.**

A sanção de declaração de inidoneidade para licitar ou contratar, considerada a sanção mais pesada, será aplicada ao responsável pelas infrações administrativas previstas nos incisos 8, 9, 10, 11 e 12, bem como pelas infrações administrativas previstas para a penalidade anterior (2, 3, 4, 5, 6 e 7) que justifiquem a imposição de penalidade mais grave, e impedirá o responsável de licitar ou contratar no âmbito da Administração Pública direta e indireta de todos os entes federativos, pelo prazo mínimo de 3 (três) anos e máximo de 6 (seis) anos.

A declaração de inidoneidade será precedida de análise jurídica e observará as competências especificadas na legislação, conforme abaixo:

ÂMBITO DE APLICAÇÃO	COMPETÊNCIA
Aplicação pelo Poder Executivo.	Competência exclusiva de **ministro de Estado**, de **secretário estadual** ou de **secretário municipal** e, *quando aplicada por autarquia ou fundação*, será de competência exclusiva da **autoridade máxima** da entidade.
Aplicação pelos Poderes Legislativo e Judiciário, pelo Ministério Público e pela Defensoria Pública, no desempenho da função administrativa.	Será de competência exclusiva de autoridade de nível hierárquico equivalente às autoridades referidas anteriormente, na forma de regulamento.

Observação: A aplicação das sanções deve considerar: a natureza e a gravidade da infração cometida; as peculiaridades do caso concreto; as circunstâncias agravantes ou atenuantes; os danos que dela provierem para a Administração Pública; e a implantação ou o aperfeiçoamento de programa de integridade, conforme normas e orientações dos órgãos de controle.

Processo de responsabilização: Todas as penalidades exigem a instauração de processo administrativo e observância do contraditório e ampla defesa.

No caso das penalidades mais graves de impedimento de licitar e contratar ou declaração de inidoneidade há regras específicas que devem ser observadas. Para aplicação destas penalidades, deverá ser formada comissão composta de 2 (dois) ou mais servidores estáveis, que avaliará fatos e circunstâncias conhecidos e intimará o licitante ou o contratado para, no prazo de 15 (quinze) dias úteis, contado da data de intimação, apresentar defesa escrita e especificar as provas que pretenda produzir.

Apesar disso, em órgão ou entidade da Administração Pública cujo quadro funcional não seja formado de servidores estatutários, a comissão a que se refere o caput deste artigo será composta de 2 (dois) ou mais empregados públicos pertencentes aos seus quadros permanentes, preferencialmente com, no mínimo, 3 (três) anos de tempo de serviço no órgão ou entidade.

Na hipótese de deferimento de pedido de produção de novas provas ou de juntada de provas julgadas indispensáveis pela comissão, o licitante ou o contratado poderá apresentar alegações finais no prazo de 15 (quinze) dias úteis, contado da data da intimação. Serão indeferidas pela comissão, mediante decisão fundamentada, provas ilícitas, impertinentes, desnecessárias, protelatórias ou intempestivas.

A prescrição ocorrerá em 5 (cinco) anos, contados da ciência da infração pela Administração, e será:

- interrompida pela instauração do processo de responsabilização a que se refere o *caput* deste artigo;
- suspensa pela celebração de acordo de leniência previsto na Lei n. 12.846, de 1º de agosto de 2013;
- suspensa por decisão judicial que inviabilize a conclusão da apuração administrativa.

No caso da penalidade de multa, será facultada a defesa do interessado no prazo de 15 (quinze) dias úteis, contado da data de sua intimação.

Observação: Os atos previstos como infrações administrativas nesta Lei ou em outras leis de licitações e contratos da Administração Pública que também sejam tipificados como atos lesivos na Lei n. 12.846, de 1º de agosto de 2013, serão apurados e julgados conjuntamente, nos mesmos autos, observados o rito procedimental e a autoridade competente definidos na referida Lei.

Desconsideração da personalidade jurídica: Uma novidade relevante da Lei n. 14.133/2021 é a previsão, contida no 160, de desconsideração da personalidade jurídica. Conforme o dispositivo, a personalidade jurídica poderá ser desconsiderada sempre que utilizada com abuso do direito para facilitar, encobrir ou dissimular a prática dos atos ilícitos previstos nesta Lei ou para provocar confusão patrimonial, e, nesse caso, todos os efeitos das sanções aplicadas à pessoa jurídica serão estendidos aos seus administradores e sócios com poderes de administração, a pessoa jurídica sucessora ou a empresa do mesmo ramo com relação de coligação ou controle, de fato ou de direito, com o sancionado, observados, em todos os casos, o contraditório, a ampla defesa e a obrigatoriedade de análise jurídica prévia.[253]

Para que essa medida seja aplicada, o processo administrativo deverá ser instaurado com a caracterização da hipótese legal através de ato devidamente fundamentado. É importante destacar que o interessado poderá, a qualquer momento, impugnar a decisão pela via administrativa ou judicial.

CEIS e CNEP: Os órgãos e entidades dos Poderes Executivo, Legislativo e Judiciário de todos os entes federativos deverão, no prazo máximo 15 (quinze) dias úteis, contado da data de aplicação da sanção, informar e manter atualizados os dados relativos às sanções por eles aplicadas, para fins de publicidade no Cadastro Nacional de Empresas Inidôneas e

[253] No âmbito do TCU, essa medida já era permitida em alguns julgados. Conforme entendeu a referida Corte de Contas "o TCU pode desconsiderar a personalidade jurídica da empresa contratada para responsabilizar solidariamente a holding que a controla, quando há evidências de que a empresa controladora agiu, de forma comissiva ou omissiva, por intermédio de seus gestores e/ou empresa controlada, para o cometimento dos ilícitos que resultaram em dano ao erário". (Acórdão 2005/2017-Plenário)

Suspensas (Ceis) e no Cadastro Nacional de Empresas Punidas (Cnep), instituídos no âmbito do Poder Executivo federal.

Reabilitação: É admitida a reabilitação do licitante ou contratado perante a própria autoridade que aplicou a penalidade, exigidos, cumulativamente:

- reparação integral do dano causado à Administração Pública;
- pagamento da multa;
- transcurso do prazo mínimo de 1 (um) ano da aplicação da penalidade, no caso de impedimento de licitar e contratar, ou de 3 (três) anos da aplicação da penalidade, no caso de declaração de inidoneidade;
- cumprimento das condições de reabilitação definidas no ato punitivo;
- análise jurídica prévia, com posicionamento conclusivo quanto ao cumprimento dos requisitos definidos neste artigo.

Além disso, exige-se a implantação ou aperfeiçoamento de programa de integridade pelo responsável como condição de reabilitação do licitante ou contratado, nos casos das seguintes infrações: apresentar declaração ou documentação falsa exigida para o certame ou prestar declaração falsa durante a licitação ou a execução do contrato e praticar ato lesivo previsto no art. 5º da Lei n. 12.846, de 1º de agosto de 2013.

e) Ocupação provisória

A ocupação provisória também é uma prerrogativa da administração pública que deve ser utilizada também através de ato administrativo devidamente fundamentado. Trata-se de uma hipótese de intervenção do Estado na propriedade privada e deve observar os termos da Lei 14.133/2021.

De acordo com o art. 104, V, a ocupação provisória pode ser determinada em relação a bens móveis ou imóveis nos casos de risco à prestação de serviços essenciais e necessidade de acautelar apuração administrativa de faltas contratuais pelo contratado, inclusive após extinção do contrato. A Lei n. 14.133/2021 não trata profundamente do instituto, que deve observar, portanto, a Lei n. 9.784/99 e as demais normas de Direito Administrativo, além de garantir os direitos fundamentais.

12. EQUILÍBRIO ECONÔMICO-FINANCEIRO CONTRATUAL

O equilíbrio econômico-financeiro contratual corresponde à proporcionalidade entre o valor proposto pelo licitante e o objeto contratual pretendido pela administração pública. O valor proposto deve ser observado durante todo o procedimento, nos termos do edital e de acordo com a alocação de riscos. É de se destacar que tal equilíbrio é um direito constitucional, decorrente do termo "mantidas as condições efetivas da proposta" do art. 37, XXI, da Constituição.

Uma inovação relevante da Lei n. 14.133/2021 é a possibilidade de se utilizar a matriz de alocação de riscos, com base no art. 103, alocando-os entre contratante e contratado, mediante indicação daqueles a serem assumidos pelo setor público ou pelo setor privado ou daqueles a serem compartilhados. No caso de utilização da matriz, a administração deverá definir a distribuição dos encargos ainda na fase preparatória. Tal previsão se mostra compatível com a Constituição pelo fato de que se trata de um direito patrimonial disponível e os licitantes terão conhecimento da alocação de riscos desde a publicação do Edital.

O referido equilíbrio, portanto, se refere à garantia de manutenção do binômio receita/encargo. Além de ter sede constitucional, também possui fundamento na Lei n. 14.133/2021, assim como em outros diplomas legislativos que tratam de contratos específicos (ex.: Lei n. 8.987). Ocorre que, durante a execução contratual, existem alguns riscos que podem afetar essa relação e, nesse contexto, podem gerar a reanálise do contrato administrativo.

Nesse sentido, o transcurso do tempo e eventual alterações nos encargos do contratado podem resultar no reequilíbrio econômico-financeiro do contrato ou no seu reajustamento. Estas alterações ocorrem nas hipóteses de **álea econômica ordinária**, quando fatos previsíveis influenciam sobre o contrato, e de **álea econômica extraordinária**, onde teremos algo imprevisível ou previsível, porém de consequência incalculáveis (teoria da imprevisão).

Na **álea econômica ordinária**, o fato que altera o equilíbrio econômico-financeiro é previsível e, portanto, a medida a ser adotada deve contar previsão nos instrumentos entre contratante e contratada. De acordo com a Lei n. 14.133/2021, o reajustamento pautado na álea econômica ordinária se divide em: *reajustamento em sentido estrito* e *repactuação.*

A Lei n. 14.133/2021 define o **reajustamento em sentido estrito** como sendo "forma de manutenção do equilíbrio econômico-financeiro de contrato consistente na *aplicação do índice de correção monetária previsto no contrato*, que deve retratar a variação efetiva do custo de produção, admitida a adoção de índices específicos ou setoriais" (art. 6º, LVIII). Nesse sentido, o índice a ser aplicado deve estar indicado expressamente no instrumento contratual a ser firmado entre as partes.

Além disso, o art. 25, § 7º, da Lei n. 14.133/2021, prevê que "independentemente do prazo de duração do contrato, será obrigatória a previsão no edital de índice de reajustamento de preço, com data-base vinculada à data do orçamento estimado e com a possibilidade de ser estabelecido mais de um índice específico ou setorial, em conformidade com a realidade de mercado dos respectivos insumos".

De outro lado, a Lei n. 14.133/2021 conceitua **repactuação** como sendo "forma de manutenção do equilíbrio econômico-financeiro de contrato utilizada para serviços contínuos com regime de dedicação exclusiva de mão de obra ou predominância de mão de obra, por meio da análise da variação dos custos contratuais, devendo estar prevista no edital com data vinculada à apresentação das propostas, para os custos decorrentes do mercado, e com data vinculada ao acordo, à convenção coletiva ou ao dissídio coletivo ao qual o orçamento esteja vinculado, para os custos decorrentes da mão de obra".

Como se observa, a *diferença* entre reajustamento em sentido estrito e repactuação está no seu objetivo. O reajustamento em sentido estrito corresponde a um índice para que o valor contratual seja atualizado com o passar do tempo. Por outro lado, a repactuação ocorre mediante a análise da variação dos cursos contratuais, considerando as propostas apresentadas no procedimento licitatório.

O TCU também já enfrentou a diferença entre os dois, ao afirmar que "a diferença entre *repactuação* e *reajuste* é que este é automático e realizado periodicamente, mediante aplicação de índice de preço que, dentro do possível, deve refletir os custos setoriais. Enquanto que naquela, de periodicidade anual, não há automatismo, pois é necessário demonstrar a variação dos custos do serviço. Para que ocorra a repactuação, com base na variação dos custos do serviço contratado, deve ser observado o prazo mínimo de um ano, mediante a demonstração analítica da variação dos componentes dos custos, devidamente justificada, não sendo admissível repactuação com base na variação do IGPM". (Acórdão 1105/2008-Plenário)

Repactuações dos contratos de prestação de serviços de natureza contínua subsequentes à primeira repactuação devem observar o prazo mínimo de um ano, contado a partir da data da última repactuação, a qual deve ocorrer uma única vez, no mesmo período (Acórdão 2255/2005-Plenário). O interregno mínimo de um ano está reforçado nos arts. 92, § 4º, e 135, § 3º, da Lei n. 14.133/2021.

Nos contratos para serviços contínuos com regime de dedicação exclusiva de mão de obra ou com predominância de mão de obra, o prazo para resposta ao pedido de repactuação de preços será preferencialmente de 1 (um) mês, contado da data do fornecimento da documentação prevista no § 6º do art. 135 da Lei n. 14.133/2021.

A repactuação está condicionada à demonstração analítica da variação dos custos contratuais, com data vinculada: à da apresentação da proposta, para custos decorrentes do mercado e ao acordo, à convenção coletiva ou ao dissídio coletivo ao qual a proposta esteja vinculada, para os custos de mão de obra (Lei n. 14.133/2021, art. 135). É vedado a órgão ou entidade contratante vincular-se às disposições previstas nos acordos, convenções ou dissídios coletivos de trabalho que tratem de obrigações e direitos que somente se aplicam aos contratos com a Administração Pública.

A repactuação poderá ser dividida em tantas parcelas quantas forem necessárias, observado o princípio da anualidade do reajuste de preços da contratação, podendo ser realizada em momentos distintos para discutir a variação de custos que tenham sua anualidade resultante em datas diferenciadas, como os decorrentes de mão de obra e os decorrentes dos insumos necessários à execução dos serviços. Quando a contratação envolver mais de uma categoria profissional, a repactuação poderá ser dividida em tantos quantos forem os acordos, convenções ou dissídios coletivos de trabalho das categorias envolvidas na contratação.

A repactuação será precedida de solicitação do contratado, acompanhada de demonstração analítica da variação dos custos, por meio de apresentação da planilha de custos e formação de preços, ou do novo acordo, convenção ou sentença normativa que fundamenta a repactuação.

Nesse sentido, já decidiu o TCU que "se à época da prorrogação do contrato de prestação de serviços contínuos, mediante termo aditivo, a contratada não pleiteou a repactuação a que fazia jus e a Administração decidiu prorrogar a avença com base neste quadro, não pode a contratada, após a assinatura do mencionado aditivo, requisitar o reequilíbrio, pois isto implicaria negar à Administração a faculdade de avaliar se, com a repactuação, seria conveniente, do ponto de vista financeiro, manter o ajuste. (Acórdão 477/2010-Plenário) Além disso, "a falta de providências do gestor para repactuação de contrato em razão de desoneração tributária da folha de pagamento da contratada configura irregularidade passível de sanção por parte do TCU". (Acórdão 1580/2015-Plenário)

Também já decidiu a referida Corte de Contas que: "o valor do contrato abaixo do de mercado não é causa suficiente para justificar seu reequilíbrio econômico-financeiro, uma vez que essa situação pode decorrer, por exemplo, de estratégia empresarial, de condições oferecidas na licitação ou de aumento de custos provocado pela variação normal de mercado, não se inserindo na álea econômica extraordinária e extracontratual". (Acórdão 2795/2013-Plenário)

O reajustamento em sentido estrito e a repactuação devem ser formalizados por simples apostila, na forma do art. 136, I, da Lei n. 14.133/2021.

A **álea econômica extraordinária**, por outro lado, se refere a fatos imprevisíveis ou previsíveis, porém de consequências incalculáveis, que afetem o equilíbrio econômico-financeiro contratual. O contratado, na hora de apresentar sua proposta, não aguardava aquela ocorrência. Trata-se do que a doutrina denominou de **teoria da imprevisão** e abrange qualquer hipótese que se caracterize como fato imprevisível ou previsível, porém de consequências incalculáveis. Alguns exemplos: caso fortuito ou força maior, fato da administração e fato do príncipe.

Já decidiu o TCU que "o *desequilíbrio econômico-financeiro* do contrato é caracterizado pela comprovação, inequívoca, de alteração nos custos dos insumos do contrato. Essa alteração deve ser em montante de tal ordem que *inviabilize* a execução do contrato, em decorrência de fatos imprevisíveis, ou previsíveis, porém de consequências incalculáveis, retardadores ou impeditivos da execução do ajustado, ou, ainda, em caso de força maior, caso fortuito ou fato do príncipe, configurando álea econômica extraordinária e extracontratual". (Acórdão 3495/2012-Plenário)

Podemos conceituar:

- **caso fortuito ou força maior:** correspondem a fatos externos, não causados pelas partes contratuais, que são imprevisíveis (decorrentes de ato do homem ou da natureza) e influenciam consideravelmente na relação contratual (ex: chuva forte que destrói parte da obra);
- **fato da administração:** O desequilíbrio, nesta hipótese, decorre de uma atuação específica do poder público contratante, descumprindo um encargo seu (ex: não promove as desapropriações necessárias à realização da obra no seu correto tempo);
- **fato do príncipe:** Também há desequilíbrio, porém decorrente de uma atuação geral e abstrata (extracontratual) do poder público (ex: aumento de um tributo incidente diretamente sob o fornecimento do bem ou serviço).

Conforme o art. 134 da Lei n. 14.133/2021: "os preços contratados serão alterados, para mais ou para menos, conforme o caso, se houver, após a data da apresentação da proposta, criação, alteração ou extinção de quaisquer tributos ou encargos legais ou a superveniência de disposições legais, com comprovada repercussão sobre os preços contratados".

O TCU bem delimitou os conceitos de reequilíbrio econômico financeiro, reajustamento em sentido estrito e repactuação: "*reequilíbrio econômico* é o reestabelecimento da relação contratual inicialmente ajustada pelas partes, por conta da ocorrência de álea extraordinária, superveniente ao originalmente contratado. O *reajuste de preços* é a reposição da perda do poder aquisitivo da moeda por meio do emprego de índices de preços prefixados no contrato administrativo. A *repactuação*, referente a contratos de serviços contínuos, ocorre a partir da variação dos componentes dos custos do contrato, devendo ser demonstrada analiticamente, de acordo com a Planilha de Custos e Formação de Preços". (Acórdão 1827/2008-Plenário)

13. RECEBIMENTO DO OBJETO CONTRATUAL

Uma vez firmado o contrato, a administração pública deverá receber o objeto. A Lei n. 14.133/2021 trata desse recebimento, conforme o tipo de contratação:

TIPO DE CONTRATAÇÃO	FORMA DE RECEBIMENTO
Contratação de **obras** e **serviços**	a) **provisoriamente**, pelo responsável por seu acompanhamento e fiscalização, mediante termo detalhado, quando verificado o cumprimento das exigências de caráter técnico;
	b) **definitivamente**, por servidor ou comissão designada pela autoridade competente, mediante termo detalhado que comprove o atendimento das exigências contratuais.
Contrato de **compras**	a) **provisoriamente**, de forma sumária, pelo responsável por seu acompanhamento e fiscalização, com verificação posterior da conformidade do material com as exigências contratuais;
	b) **definitivamente**, por servidor ou comissão designada pela autoridade competente, mediante termo detalhado que comprove o atendimento das exigências contratuais.

No ato de recebimento, o objeto do contrato poderá ser rejeitado, no todo ou em parte, quando estiver em desacordo com o contrato. Vale destacar que o recebimento provisório ou definitivo **não excluirá** a responsabilidade civil pela solidez e pela segurança da obra ou serviço nem a responsabilidade ético-profissional pela perfeita execução do contrato, nos limites estabelecidos pela lei ou pelo contrato.

Quanto aos prazos e métodos do recebimento, a administração pública possui liberdade para definir em regulamento ou contrato, considerando as peculiaridades da contratação. Salvo disposição em contrário constante do edital ou de ato normativo, os ensaios, os testes e as demais provas para aferição da boa execução do objeto do contrato exigidos por normas técnicas oficiais correrão por conta do contratado.

Em se tratando de projeto de obra, o recebimento definitivo pela Administração não eximirá o projetista ou o consultor da responsabilidade objetiva por todos os danos causados por falha de projeto. Além disso, o recebimento definitivo pela Administração não eximirá o contratado, pelo prazo mínimo de 5 (cinco) anos, admitida a previsão de prazo de garantia superior no edital e no contrato, da responsabilidade objetiva pela solidez e pela segurança dos materiais e dos serviços executados e pela funcionalidade da construção, da reforma, da recuperação ou da ampliação do bem imóvel, e, em caso de vício, defeito ou incorreção identificados, o contratado ficará responsável pela reparação, pela correção, pela reconstrução ou pela substituição necessárias.

14. PAGAMENTOS

O pagamento da administração pública deve obedecer a algumas regras, entre elas a observância da ordem cronológica para cada fonte diferenciada de recursos, subdividida nas seguintes categorias de contratos: I – fornecimento de bens; II – locações; III – prestação de serviços; IV – realização de obras. A inobservância imotivada da ordem cronológica enseja a apuração de responsabilidade do agente responsável, cabendo aos órgãos de controle a sua fiscalização.

Embora haja previsão para a observância da ordem cronológica, ela poderá ser alterada, mediante prévia justificativa da autoridade competente e posterior comunicação ao órgão de controle interno da Administração e ao tribunal de contas competente, exclusivamente nas seguintes situações:

> a) grave perturbação da ordem, situação de emergência ou calamidade pública;
>
> b) pagamento a microempresa, empresa de pequeno porte, agricultor familiar, produtor rural pessoa física, microempreendedor individual e sociedade cooperativa, desde que demonstrado o risco de descontinuidade do cumprimento do objeto do contrato;
>
> c) pagamento de serviços necessários ao funcionamento dos sistemas estruturantes, desde que demonstrado o risco de descontinuidade do cumprimento do objeto do contrato;
>
> d) pagamento de direitos oriundos de contratos em caso de falência, recuperação judicial ou dissolução da empresa contratada;
>
> e) pagamento de contrato cujo objeto seja imprescindível para assegurar a integridade do patrimônio público ou para manter o funcionamento das atividades finalísticas do órgão ou entidade, quando demonstrado o risco de descontinuidade da prestação de serviço público de relevância ou o cumprimento da missão institucional.

Transparência: O órgão ou entidade deverá disponibilizar, mensalmente, em seção específica de acesso à informação em seu sítio na internet, a ordem cronológica de seus pagamentos, bem como as justificativas que fundamentarem a eventual alteração dessa ordem.

Vinculação ao objeto: O pagamento é vinculado ao objeto contratual. Nesse sentido, disposição expressa no edital ou no contrato poderá prever pagamento em conta vinculada ou pagamento pela efetiva comprovação do fato gerador. No caso de controvérsia sobre a execução do objeto, quanto a dimensão, qualidade e quantidade, a parcela incontroversa deverá ser liberada no prazo previsto para pagamento.

Apesar disso, na contratação de obras, fornecimentos e serviços, inclusive de engenharia, poderá ser estabelecida remuneração variável vinculada ao desempenho do contratado, com base em metas, padrões de qualidade, critérios de sustentabilidade ambiental e prazos de entrega definidos no edital de licitação e no contrato.

O pagamento poderá ser ajustado em base percentual sobre o valor economizado em determinada despesa, quando o objeto do contrato visar à implantação de processo de racionalização, hipótese em que as despesas correrão à conta dos mesmos créditos orçamentários, na forma de regulamentação específica. A utilização de remuneração variável será motivada e respeitará o limite orçamentário fixado pela Administração para a contratação.

Pagamento antecipado: Como regra, não será permitido pagamento antecipado, parcial ou total, relativo a parcelas contratuais vinculadas ao fornecimento de bens, à execução de obras ou à prestação de serviços.

Porém, a antecipação de pagamento somente será permitida se propiciar sensível economia de recursos ou se representar condição indispensável para a obtenção do bem ou para a prestação do serviço, hipótese que deverá ser previamente justificada no processo licitatório e expressamente prevista no edital de licitação ou instrumento formal de contratação direta. A Administração poderá exigir a prestação de garantia adicional como condição para o pagamento antecipado. Caso o objeto não seja executado no prazo contratual, o valor antecipado deverá ser devolvido.

15. NULIDADE CONTRATUAL

A declaração de nulidade contratual é uma medida que causa impactos de diversas naturezas e, por isso, a sua análise deve ocorrer com cautela, observando as disposições da Lei n. 14.133/2021 e as diretrizes da legislação administrativa correlata. Nesse sentido, vale destacar que a Lei n. 14.133/2021 privilegia, sempre que possível, o saneamento de irregularidades, inclusive com a convalidação de atos administrativos, devendo a nulidade ser apenas a última medida a ser decretada.

Nesse sentido, constatada irregularidade no procedimento licitatório ou na execução contratual, caso não seja possível o saneamento, a decisão sobre a suspensão da execução ou sobre a declaração de nulidade do contrato somente será adotada na hipótese em que se revelar medida de interesse público, com avaliação, entre outros, dos seguintes aspectos:

- impactos econômicos e financeiros decorrentes do atraso na fruição dos benefícios do objeto do contrato;
- riscos sociais, ambientais e à segurança da população local decorrentes do atraso na fruição dos benefícios do objeto do contrato;
- motivação social e ambiental do contrato;
- custo da deterioração ou da perda das parcelas executadas;
- despesa necessária à preservação das instalações e dos serviços já executados;
- despesa inerente à desmobilização e ao posterior retorno às atividades;
- medidas efetivamente adotadas pelo titular do órgão ou entidade para o saneamento dos indícios de irregularidades apontados;
- custo total e estágio de execução física e financeira dos contratos, dos convênios, das obras ou das parcelas envolvidas;
- fechamento de postos de trabalho diretos e indiretos em razão da paralisação;
- custo para realização de nova licitação ou celebração de novo contrato;
- custo de oportunidade do capital durante o período de paralisação.

Caso a paralisação ou anulação não se revele medida de interesse público, o poder público deverá optar pela continuidade do contrato e pela solução da irregularidade por meio de indenização por perdas e danos, sem prejuízo da apuração de responsabilidade e da aplicação de penalidades cabíveis. A decisão sobre a nulidade contratual, além de observar tais diretrizes, também deve se orientar pela LINDB, especialmente o seu art. 21.[254]

---

[254] LINDB: "Art. 21. A decisão que, nas esferas administrativa, controladora ou judicial, decretar a invalidação de ato, contrato, ajuste, processo ou norma administrativa deverá indicar de modo expresso suas consequências jurídicas e administrativas.

Eventual declaração de nulidade do contrato administrativo requererá análise prévia do interesse público envolvido e operará retroativamente, impedindo os efeitos jurídicos que o contrato deveria produzir ordinariamente e desconstituindo os já produzidos. Caso não seja possível o retorno à situação fática anterior, a nulidade será resolvida pela indenização por perdas e danos, sem prejuízo da apuração de responsabilidade e aplicação das penalidades cabíveis. Ao declarar a nulidade do contrato, a autoridade, com vistas à continuidade da atividade administrativa, poderá decidir que ela só tenha eficácia em momento futuro, suficiente para efetuar nova contratação, por prazo de até 6 (seis) meses, prorrogável uma única vez.

A nulidade não exonerará a Administração do dever de indenizar o contratado pelo que houver executado até a data em que for declarada ou tornada eficaz, bem como por outros prejuízos regularmente comprovados, desde que não lhe seja imputável, e será promovida a responsabilização de quem lhe tenha dado causa.

Nenhuma contratação será feita sem a caracterização adequada de seu objeto e sem a indicação dos créditos orçamentários para pagamento das parcelas contratuais vincendas no exercício em que for realizada a contratação, sob pena de nulidade do ato e de responsabilização de quem lhe tiver dado causa.

16. MEIOS ALTERNATIVOS DE RESOLUÇÃO DE CONTROVÉRSIAS

Atualmente, o uso de meios alternativos de resolução de controvérsias é estimulado no âmbito da administração pública.[255] Fala-se em uma

---

Parágrafo único. A decisão a que se refere o *caput* deste artigo deverá, quando for o caso, indicar as condições para que a regularização ocorra de modo proporcional e equânime e sem prejuízo aos interesses gerais, não se podendo impor aos sujeitos atingidos ônus ou perdas que, em função das peculiaridades do caso, sejam anormais ou excessivos".

[255] Nesse sentido, vale conferir: PALMA, Juliana Bonacorsi de. *Sanção e acordo na administração pública*. São Paulo: Malheiros, 2016; AMARAL, Paulo Oster-

nova fase vivenciada na gestão de conflitos administrativos, que poderia ser denominada de administração pública consensual. As legislações estão sendo adaptadas para viabilizar o uso desses meios e a Lei n. 14.133/2021 conta com tópico específico sobre o assunto. Vale destacar que essa não é uma inovação originária da nova lei, haja vista que a produção normativa para permitir o uso de métodos adequados de solução de conflitos pelo Poder Público já vinha se desenvolvendo há algum tempo.[256]

Nesse sentido, nas contratações regidas pela Lei n. 14.133/2021, poderão ser utilizados meios alternativos de prevenção e resolução de controvérsias, notadamente a conciliação, a mediação, o comitê de resolução de disputas e a arbitragem. Esses meios devem ser utilizados em controvérsias relacionadas a direitos patrimoniais disponíveis, como as questões relacionadas ao restabelecimento do equilíbrio econômico-financeiro do contrato, ao inadimplemento de obrigações contratuais por quaisquer das partes e ao cálculo de indenizações.

A arbitragem será sempre de direito e observará o princípio da publicidade. O processo de escolha dos árbitros, dos colegiados arbitrais e dos comitês de resolução de disputas observará critérios isonômicos, técnicos e transparentes.

---

nack. *Arbitragem e administração pública*: aspectos processuais, medidas de urgência e instrumentos de controle. Belo Horizonte: Fórum, 2012; e SOUZA, Luciane Moessa de. *Meios consensuais de solução de conflitos envolvendo entes públicos*: negociação, mediação e conciliação na esfera administrativa e judicial. Belo Horizonte: Fórum, 2012.

256 Para entender mais sobre o assunto, *vide*: NEVES, Cleuler Barbosa das; FERREIRA FILHO, Marcílio da Silva. Dever de consensualidade na atuação administrativa. *Revista de Informação Legislativa*: RIL, v. 55, n. 218, p. 63-84, abr./jun. 2018. Disponível em: <http://www12.senado.leg.br/ril/ edicoes/55/218/ril_v55_n218_p63>; FERREIRA FILHO, Marcílio da Silva. Arranjos institucionais de redução de litigiosidade e instrumentos de gestão interorganizacional direcionados a resultados. *Interesse Público – IP*, Belo Horizonte, ano 21, n. 115, p. 103-126, maio/jun. 2019; e VARELLA, Marcelo; FERREIRA FILHO, Marcilio. Políticas públicas consensuais e o estímulo à negociação pelo agente público. *A&C – Revista de Direito Administrativo & Constitucional*, Belo Horizonte, ano 18, n. 74, p. 147-173, out./dez. 2018. DOI: 10.21056/aec.v19i74.929.

Os contratos poderão ser aditados para permitir a adoção dos meios alternativos de resolução de controvérsias.

17. IMPUGNAÇÕES, PEDIDOS DE ESCLARECIMENTOS E RECURSOS

A Lei n. 14.133/2021 prevê três instrumentos para que os interessados impugnem atos proferidos ao longo do procedimento licitatório ou contratual.

INSTRUMENTO	CABIMENTO	PRAZO
Impugnação ao Edital ou solicitação de esclarecimento	Qualquer pessoa é parte legítima para impugnar edital de licitação por irregularidade na aplicação desta Lei ou para solicitar esclarecimento sobre os seus termos.	**Até 3 (três) dias úteis** antes da data de abertura do certame, sendo que a resposta deverá ser divulgada em sítio eletrônico oficial no prazo de até 3 (três) dias úteis, limitado ao último dia útil anterior à data da abertura do certame.
Recurso administrativo	Cabível contra: 1) ato que defira ou indefira pedido de pré-qualificação de interessado ou de inscrição em registro cadastral, sua alteração ou cancelamento; 2) julgamento das propostas; 3) ato de habilitação ou inabilitação de licitante; 4) anulação ou revogação da licitação; 5) extinção do contrato, quando determinada por ato unilateral e escrito da Administração.	**3 (três) dias úteis**, contado da data de intimação ou de lavratura da ata.
Pedido de reconsideração	Cabível relativamente a ato do qual não caiba recurso hierárquico.	**3 (três) dias úteis**, contado da data de intimação.

Embora o prazo para recurso nas hipóteses acima especificadas seja de 3 (três) dias úteis, a Lei n. 14.133/2021 estabelece um prazo mais elástico para o caso de recurso contra aplicação de sanções administrativas. Quando se tratar de penalidades, o prazo recursal passa a ser de 15 (quinze) dias úteis, contado da data da intimação. Vale destacar que, contra a pena de declaração de inidoneidade para licitar somente é cabível pedido de reconsideração, no mesmo prazo referido.

No caso de recurso contra julgamento das propostas ou ato de habilitação ou inabilitação de licitante a intenção de recorrer deverá ser manifestada imediatamente, sob pena de preclusão, e o prazo para apresentação das razões recursais será iniciado na data de intimação ou de lavratura da ata de habilitação ou inabilitação ou, na hipótese de adoção da inversão de fases, da ata de julgamento. Além disso, a apreciação dar-se-á em fase única.

O instrumento recursal será dirigido à autoridade que tiver editado o ato ou proferido a decisão recorrida, que, se não reconsiderar o ato ou a decisão no prazo de 3 (três) dias úteis, encaminhará o recurso com a sua motivação à autoridade superior, a qual deverá proferir sua decisão no prazo máximo de 10 (dez) dias úteis, contado do recebimento dos autos.

O acolhimento do recurso implicará invalidação apenas de ato insuscetível de aproveitamento. O prazo para apresentação de contrarrazões será o mesmo do recurso e terá início na data de intimação pessoal ou de divulgação da interposição do recurso. Será assegurado ao licitante vista dos elementos indispensáveis à defesa de seus interesses.

O recurso e o pedido de reconsideração terão efeito suspensivo do ato ou da decisão recorrida até que sobrevenha decisão final da autoridade competente. Na elaboração de suas decisões, a autoridade competente será auxiliada pelo órgão de assessoramento jurídico, que deverá dirimir dúvidas e subsidiá-la com as informações necessárias.

18. CONTROLE DAS CONTRATAÇÕES

As contratações públicas se submetem ao controle administrativo, legislativo e judicial pertinente, com o objetivo de manter os ajustes dentro dos limites da legalidade e sempre atendendo ao interesse público. A Lei n. 14.133/2021 prevê, nesse sentido, que a administração pública deve buscar adotar práticas contínuas e práticas contínuas e permanentes de gestão de riscos e de controle preventivo, inclusive mediante adoção de recursos de tecnologia da informação.

A implementação das práticas será de responsabilidade da alta administração do órgão ou entidade e levará em consideração os custos e os benefícios decorrentes de sua implementação, optando-se pelas medidas que promovam relações íntegras e confiáveis, com segurança jurídica para todos os envolvidos, e que produzam o resultado mais vantajoso para a Administração, com eficiência, eficácia e efetividade nas contratações públicas.

Além disso, a legislação prevê três linhas de defesa a que as contratações se submetem:

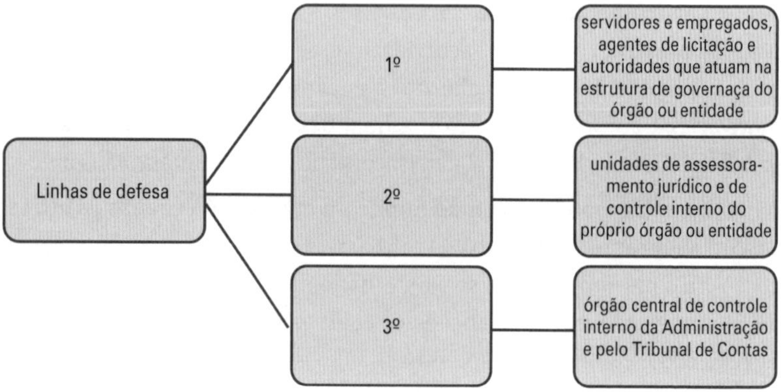

Essa divisão se alinha com o princípio da segregação de funções, na medida em que permite que diferentes pessoas possam identificar eventuais vícios no procedimento. Todos os agentes que atuam nas linhas de defesa possuem, dentro dos limites da lei, competência para analisar os atos do procedimento licitatório e a execução da contratação.

Para viabilizar a realização do controle, as autoridades que exercem tais funções nas linhas de defesa devem acesso irrestrito aos documentos e às informações necessárias à realização dos trabalhos, inclusive aos documentos classificados pelo órgão ou entidade nos termos da Lei n. 12.527, de 18 de novembro de 2011, e o órgão de controle com o qual foi compartilhada eventual informação sigilosa tornar-se-á corresponsável pela manutenção do seu sigilo.

Ademais, a Lei n. 14.133/2021, em seu art. 169, § 3º, prevê que os integrantes das linhas de defesa devem adotar duas medidas de acordo com a hipótese constatada:

HIPÓTESE	CONSEQUÊNCIA
Quando constatarem simples impropriedade formal.	Adotarão medidas para o seu saneamento e para a mitigação de riscos de sua nova ocorrência, preferencialmente com o aperfeiçoamento dos controles preventivos e com a capacitação dos agentes públicos responsáveis.
Quando constatarem irregularidade que configure dano à Administração.	Sem prejuízo das medidas acima, adotarão as providências necessárias para a apuração das infrações administrativas, observadas a segregação de funções e a necessidade de individualização das condutas, bem como remeterão ao Ministério Público competente cópias dos documentos cabíveis para a apuração dos ilícitos de sua competência.

A Lei n. 14.133/2021 também estabelece algumas regras sobre o **procedimento de fiscalização** dos órgãos de controle. Na sua atuação, tais órgãos devem considerar critérios de oportunidade, materialidade, relevância e risco e devem considerar as razões apresentadas pelos órgãos e entidades responsáveis e os resultados obtidos com a contratação.

Razões do órgão ou entidade: O órgão ou entidade responsável pelo procedimento deve apresentar razões da prática dos atos quando solicitado pelos órgãos de controle, o que deve acontecer até a conclusão da fase de instrução do processo e não poderão ser desentranhadas dos autos. Porém, a omissão na prestação das informações não impedirá as deliberações dos órgãos de controle nem retardará a aplicação de qualquer de seus prazos de tramitação e de deliberação.

Os órgãos de controle desconsiderarão os documentos impertinentes, meramente protelatórios ou de nenhum interesse para o esclarecimento dos fatos. Essa medida, no entanto, deve ser devidamente fundamentada nos autos. Além disso, qualquer licitante, contratado ou pessoa física ou jurídica poderá representar aos órgãos de controle interno ou ao tribunal de contas competente contra irregularidades na aplicação desta Lei.

Manifestação dos gestores: A fiscalização desenvolvida pelos órgãos de controle também deverá viabilizar oportunidade de manifestação aos gestores sobre possíveis propostas de encaminhamento que terão impacto significativo nas rotinas de trabalho dos órgãos e entidades fiscalizados, a fim de que eles disponibilizem subsídios para avaliação prévia da relação entre custo e benefício dessas possíveis proposições.

Procedimentos objetivos e imparciais: Os procedimentos adotados devem ser objetivos e imparciais, incluindo a elaboração de relatórios tecnicamente fundamentados, baseados exclusivamente nas evidências obtidas e organizados de acordo com as normas de auditoria do respectivo órgão de controle, de modo a evitar que interesses pessoais e interpretações tendenciosas interfiram na apresentação e no tratamento dos fatos levantados.

Definição de objetivos: Nos regimes de empreitada por preço global, empreitada integral, contratação semi-integrada e contratação integrada, devem ser definidos os objetivos da fiscalização, atendidos os requisitos técnicos, legais, orçamentários e financeiros, de acordo com as finalidades da contratação, devendo, ainda, ser perquirida a conformidade do preço global com os parâmetros de mercado para o objeto contratado, considerada inclusive a dimensão geográfica.

Suspensão cautelar do processo licitatório: No caso de suspensão cautelar do processo licitatório, o tribunal de contas deverá pronunciar-se definitivamente sobre o mérito da irregularidade que tenha dado causa à suspensão no prazo de 25 (vinte e cinco) dias úteis, contado da data do recebimento das informações, prorrogável por igual período uma única vez, e definirá objetivamente: as causas da ordem de suspensão e o modo como será garantido o atendimento do interesse público obstado pela suspensão da licitação, no caso de objetos essenciais ou de contratação por emergência. A decisão deverá definir as medidas necessárias e adequadas, em face das alternativas possíveis, para o saneamento do processo licitatório, ou determinar a sua anulação.

Ao ser intimado da ordem de suspensão do processo licitatório, o órgão ou entidade deverá, no prazo de 10 (dez) dias úteis, admitida a prorrogação: I – informar as medidas adotadas para cumprimento da decisão; II – prestar todas as informações cabíveis; e III – proceder à apuração de responsabilidade, se for o caso.

Capacitação de servidores: Os tribunais de contas deverão, por meio de suas escolas de contas, promover eventos de capacitação para os servidores efetivos e empregados públicos designados para o desempenho das funções essenciais à execução desta Lei, incluídos cursos presenciais e a distância, redes de aprendizagem, seminários e congressos sobre contratações públicas.

IX – COMENTÁRIOS FINAIS

A Lei n. 14.133/2021 ainda será interpretada e adaptada em diversos aspectos para viabilizar sua aplicação prática, embora já seja possível extrair um saldo positivo na otimização do procedimento licitatório. A fase de adaptação, inicialmente prevista para o período de dois anos, já revela que os órgãos públicos encontrarão algumas dificuldades operacionais para aplicar as novas disposições, que serão vencidas com o passar do tempo. O fato é que os mecanismos criados e o quadro montado para o gestor têm características que apontam para um cenário positivo no alcance de resultados pela administração pública.

Ainda existe a possibilidade de modificação da Lei n. 14.133/2021 para ampliação do prazo de transição, que seria, inicialmente, de dois anos. No entanto, uma eventual iniciativa nesse sentido provavelmente só será decidida próximo ao termo do prazo fixado no art. 191 da legislação. Nesse tempo, os órgãos públicos tentarão se adaptar a uma nova realidade.

Os desafios futuros envolvem pontos diversos como: a regulamentação de dispositivos da Lei n. 14.133/2021, a operacionalização do diálogo competitivo, a criação dos planos de contratações públicas, entre outros. É importante que os órgãos públicos busquem capacitar os seus agentes para entender da Lei n. 14.133/2021 e, em especial, tentem adequar sua organização administrativa para atuar em compasso com as novas disposições da lei.

No geral, a Lei n. 14.133/2021 se apresenta como um instrumental positivo para subsidiar a atuação dos agentes públicos. No entanto, o alcance de resultados dependerá diretamente de como as normas serão interpretadas e operacionalizadas pelos diversos agentes que atuam no procedimento licitatório. Nesse sentido, salutar é a continuidade de estudos, pesquisas e análises técnicas sobre a nova lei.

REFERÊNCIAS

ALESSI, Renato. *Instituciones de derecho administrativo.* Trad. Por Buenaventura Pellisé Prats. Barcelona: Bosch, 1960, Tomo I.

AMARAL, Paulo Osternack. *Arbitragem e administração pública*: aspectos processuais, medidas de urgência e instrumentos de controle. Belo Horizonte: Fórum, 2012.

ARAGÃO, Alexandre Santos de; MARQUES NETO, Floriano de Azevedo (Coord.). *Direito administrativo e seus novos paradigmas.* Belo Horizonte: Fórum, 2012.

ÁVILA, Humberto. Repensando o "Princípio da Supremacia do Interesse Público sobre o Particular. *Revista Eletrônica sobre a Reforma do Estado (RERE),* Salvador, Instituto Brasileiro de Direito Público, n. 11, set./nov., 2007. Disponível em: <http://www.direitodoestado.com.br/rere.asp>. Acesso em: 3 fev. 2022.

BAPTISTA, Patrícia. *Transformações do direito administrativo.* Rio de Janeiro: Renovar, 2003.

CARVALHO FILHO, José dos Santos. *Processo Administrativo Federal*: comentários à Lei n. 9.784, de 29-1-1999. 5. ed. rev., ampl. e atual. São Paulo: Atlas, 2013.

COELHO, Inocêncio Mártires; FERREIRA FILHO, Marcílio da Silva. Indeterminação do Direito e segurança jurídica: diretrizes para uma interpretação estrutural dos modelos jurídicos. *Revista do Instituto de Hermenêutica Jurídica – RIHJ,* Belo Horizonte, ano 16, n. 24, p. 81-100, jul./dez. 2018.

FERREIRA FILHO, Marcílio da Silva. *A aplicação subsidiária e supletiva da Lei n. 13.105/2015* (Novo Código de Processo Civil) ao processo administrativo: extensão e interpretação. Fórum Administrativo – FA, Belo Horizonte, ano 16, n. 184, p. 68-79, jun. 2016.

_______. Arranjos institucionais de redução de litigiosidade e instrumentos de gestão interorganizacional direcionados a resultados. *Interesse Público – IP*, Belo Horizonte, ano 21, n. 115, p. 103-126, maio/jun. 2019.

FREITAS, Juarez. *O controle dos atos administrativos e os princípios fundamentais*. 5. ed., rev. e ampl. São Paulo: Malheiros, 2013.

JUSTEN FILHO, Marçal. Art. 20 da LINDB: dever de transparência, concretude e proporcionalidade nas decisões públicas. *Rev. Direito Adm.*, Rio de Janeiro, Edição Especial: Direito Público na Lei de Introdução às Normas de Direito Brasileiro – LINDB (Lei n. 13.655/2018), p. 13-41, nov. 2018.

MADUREIRA, Cláudio Penedo. Advocacia pública: órgão do Estado ou do Poder Executivo? *Quaestio Juris*. Vol. 9, n. 02, Rio de Janeiro, 2016. p.1155-1174.

MEDAUAR, Odete. *O direito administrativo em evolução*. São Paulo: Editora Revista dos Tribunais, 1992.

MELLO, Celso Antônio Bandeira de. *Curso de direito administrativo*. 25. ed. rev. e atual. São Paulo: Malheiros, 2008.

MENDONÇA, José Vicente Santos de. Art. 21 da LINDB: indicando consequências e regularizando atos e negócios. *Rev. Direito Adm.*, Rio de Janeiro, Edição Especial: Direito Público na Lei de Introdução às Normas de Direito Brasileiro – LINDB (Lei n. 13.655/2018), p. 43-61, nov. 2018.

NEVES, Cleuler Barbosa das; FERREIRA FILHO, Marcílio da Silva. Contrapesos de uma Administração Pública consensual: legalidade versus eficiência. *Interesse Público – IP*, Belo Horizonte, ano 19, n. 103, p. 49-77, maio/jun. 2017.

_______. Dever de consensualidade na atuação administrativa. *Revista de Informação Legislativa*: RIL, v. 55, n. 218, p. 63-84, abr./jun. 2018. Disponível em: <http://www12.senado.leg.br/ril/edicoes/55/218/ril_v55_n218_p63>.

PALMA, Juliana Bonacorsi de. *Sanção e acordo na administração pública*. São Paulo: Malheiros, 2016.

PIETRO, Mari Sylvia Zanella Di. *Direito Administrativo*. 24. ed. São Paulo: Atlas, 2011.

SALES, Pedro Carneiro. Regime Diferenciado de Contratações Públicas e contratação por resultados no Brasil. *Revista Digital de Direito Administrativo*, vol. 6, n. 1, p. 124-148, 2019.

SANTOS, Mauro Sérgio dos. *Curso de direito administrativo*. 2. ed. rev. e ampl. Salvador: Juspodivm, 2016.

SILVA, José Afonso da. A Advocacia Pública e Estado Democrático de Direito. *Revista de Direito Administrativo*, Rio de Janeiro, n. 230, out./dez. 2002, p. 281-289.

SIQUEIRA, Mariana de. *Interesse público no direito administrativo brasileiro*: da construção da moldura à composição da pintura. Rio de Janeiro: Lumen Juris, 2016.

SOUZA, Luciane Moessa de. *Meios consensuais de solução de conflitos envolvendo entes públicos*: negociação, mediação e conciliação na esfera administrativa e judicial. Belo Horizonte: Fórum, 2012.

_______. O papel da Advocacia Pública no Estado Democrático de Direito: da necessidade de sua contribuição para o acesso à Justiça e o desenvolvimento institucional. *Revista de Direito Administrativo & Constitucional*, Belo Horizonte, ano 8, n. 34, p. 141-174, out./dez. 2008.

VARELLA, Marcelo; FERREIRA FILHO, Marcilio. Políticas públicas consensuais e o estímulo à negociação pelo agente público. *A&C – Revista de Direito Administrativo & Constitucional*, Belo Horizonte, ano 18, n. 74, p. 147-173, out./dez. 2018. DOI: 10.21056/aec.v19i74.929.

ZAGO, Livia Maria Armentano Koenigstein. *Princípio da impessoalidade*. Rio de Janeiro: Renovar, 2001.